Normandie
mit dem Wohnmobil

In der Normandie findet man immer wieder ein Plätzchen mit Blick auf das Meer.

Ines Friedrich

NORMANDIE MIT DEM WOHNMOBIL

Die schönsten Routen
von Mont-Saint-Michel bis nach Le Tréport

BRUCKMANN

INHALT

Was für ein herrlicher Anblick ist so ein Regenbogen über Strand und Meer.

WILLKOMMEN IN DER NORMANDIE

Die Normandie ist ein Eldorado für den Individualisten unter den Campingfreunden, ein Paradies für den Naturliebhaber und eine wahre Freude für den Kulturinteressierten. Lassen Sie sich überraschen!

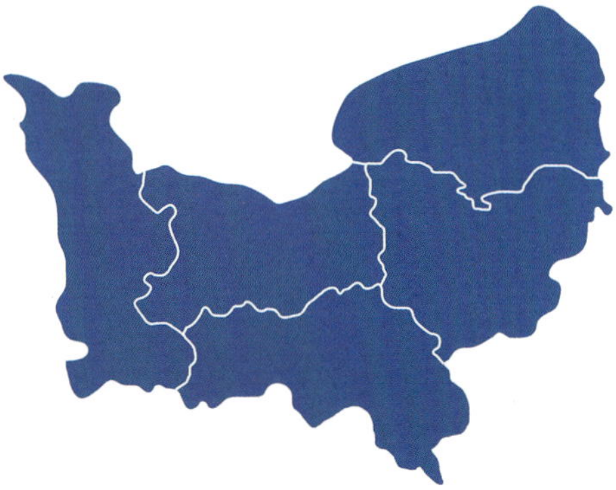

30 000 km² ...

... Fläche hat die Normandie, sie ist damit die achtgrößte Region Frankreichs. Die ostwestliche Ausdehnung beträgt 150 km und von Nord nach Süd sind es etwas über 100 km. In den beiden Landstrichen Basse- und Haute-Normandie leben insgesamt 3,2 Millionen Menschen.

600 km ...

... Länge hat die Küste der Normandie, die sich entlang des Ärmelkanals zieht. Nur 100 km beträgt bei Cherbourg die Entfernung nach England, die schmalste Stelle mit 34 km liegt am Cap Gris-Nez in der Straße von Dover. Der Ärmelkanal ist maximal 248 km breit und mit 500 Schiffen pro Tag das meistbefahrene Schifffahrtsgebiet der Welt.

3,5 Millionen ...

... Menschen besuchen jährlich den Klosterberg Mont-Saint-Michel, der damit die größte Touristenattraktion der Normandie ist. Die Insel im Wattenmeer hat einen Durchmesser von etwa 300 m, der Berg selbst ist 92 m hoch und das Kloster erhebt sich 157 m über dem Meer. Seit 1979 gehören der Mont-Saint-Michel und seine Bucht zum UNESCO-Weltkulturerbe.

14 m …

… kann der Tidenhub in der Normandie betragen. Damit herrscht in der 500 km² großen Bucht des Mont-Saint-Michel der mächtigste Gezeitenunterschied Europas. Bis zu 6 km zieht sich das Wasser bei Ebbe zurück, um dann bei Flut mit einer Geschwindigkeit von 30 km/h wieder in die Bucht hineinzuströmen.

70 % …

… aller Streuobstwiesen Frankreichs befinden sich in der Normandie. Hier wachsen auf 10 Millionen Bäumen zu 90 % Cidre-taugliche Apfelsorten, aus denen pro Jahr etwa 1,1 Millionen Liter des moussierenden Apfelweins gekeltert werden – die größte Produktionsmenge weltweit. Wegen seines geringen Alkoholgehaltes von max. 5 % ist Cidre in der Normandie ein täglicher Begleiter. Auf der 40 km langen Route de Cidre laden 20 Hersteller zur Verkostung ein.

27 000 t …

… Austern und 19 000 t Muscheln werden jedes Jahr in der Normandie geerntet, die damit Frankreichs größte Muschelregion ist. Die Coquille Saint-Jacques, auch »große Pilgermuschel« genannt, muss mindestens 11 cm groß sein und ist die edelste aller Muscheln. Gut zwei Drittel aller Jakobsmuscheln Frankreichs werden zwischen Oktober und Mai vor der Küste der Normandie geerntet, als wichtigster Fischereihafen hierfür gilt Port-en-Bessin.

Der kleine Hafen von Honfleur in idyllischer Altstadtkulisse mit typisch normannischem Fachwerk

DIE SCHÖNE VIELSEITIGE

In kaum einer Region Frankreichs lässt sich so viel entdecken und erleben wie in der verzaubernden und kontrastreichen Normandie.

DIE SCHÖNE VIELSEITIGE

Wer hätte gedacht, dass es über die Normandie so viel zu erzählen gibt?! Ihre abwechslungsreichen Landstriche bezaubern durch ihre mal sanfte, mal wilde Schönheit. Und jeder Quadratkilometer dieser nordwestlichen Region Frankreichs birgt pure Geschichte, die zum Teil unser heutiges Europa geprägt hat.

REGION MIT VIEL GESCHICHTE

Beginnen wir mit dem römischen Staatsmann Gaius Julius Caesar, der, wie wir von Asterix und Obelix wissen, um 54 v. Chr. ganz Gallien eroberte. Nach vier Jahrhunderten unter gallorömischer Herrschaft besetzte der Frankenkönig Chlodwig die Gebiete nördlich der Loire und bestimmte Rouen zum ersten Bischofssitz. Bald wurden überall im Land großen Abteien wie in Jumièges gegründet und im Jahre 709 beauftragte der Bischof von Avranches den Bau des berühmten Klosters auf dem Mont-Saint-Michel.

Der heutige Name der Normandie leitet sich von dem Volksstamm der Normannen ab. Ab dem 9. Jahrhundert nämlich kamen die Nordmänner mit ihren wendigen Schiffen über das Meer, brandschatzten ganze Städte und unterwarfen die Bevölkerung. Der fränkische König Karl der Einfältige ernannte den Wikinger Rollo im Jahre 911 zum ersten Herzog der Normandie.

Die wohl bedeutendste Herrscherpersönlichkeit des Landes war sicherlich Wilhelm der Eroberer, der 1066 mit der legendären Schlacht von Hastings zum König von England wurde. Auch Richard Löwenherz hat

Abendstimmung in Poleposition mit Traumblick

die normannische Geschichte geprägt, und erst seit Mitte des 15. Jahrhunderts gehört die Normandie zu Frankreich. Am 6. Juni 1944 begann an den Landungsstränden die Befreiung Europas vom Nationalsozialismus, und die Erinnerung an die »Operation Overlord« ist nach wie vor allgegenwärtig.

KONTRASTREICHE ERLEBNISSE

Dieser Reiseführer begleitet den Wohnmobilurlauber auf einer fast 2000 Kilometer langen Rundreise durch eine äußerst abwechslungsreiche Landschaft. Ausflüge in die gebirgige »normannische Schweiz« stehen genauso auf dem Programm wie die gigantische Dünenlandschaft der Halbinsel Cotentin oder der Besuch der berühmten Alabasterküste. Die endlos erscheinenden feinen Sandstrände sind ein Traum, die ständig wechselnde Farbe des Meeres bezaubert und die Sonne beleuchtet strahlend weiße Klippen. Immer wieder laden pittoreske Hafenstädtchen wie Honfleur, mondäne Seebäder wie Deauville oder historische Kleinode wie Domfront zum Verweilen ein. Es gibt so viel zu entdecken und zu erleben! Die normannische Hauptstadt Rouen ist unbedingt einen Besuch wert, die UNESCO-Stadt Le Havre ist zu Recht etwas ganz Besonderes und den berühmten Wandteppich von Bayeux muss man sowieso gesehen haben. Den beeindruckenden Anblick des in der Sonne leuchtenden Mont-Saint-Michel wird der Reisende mit Sicherheit niemals vergessen!

↑ Austernzucht ist Schwerstarbeit
↓ Poiré ist ein Birnenschaumwein

SAVOIR-VIVRE IN DER NORMANDIE

Calvados, Cidre und Camembert sind die drei großen »C« der Normandie, aber auch Austern, Jakobsmuscheln und eine grandiose Auswahl an frischem Fisch machen die Region für den Gourmet zum Paradies. Jeder normannischen Spezialität ist natürlich auch ein Fest gewidmet und sicherlich reicht ein Urlaub nicht aus, um alles zu schmecken, zu riechen und zu genießen. Ein Grund mehr, um im nächsten Jahr einfach wiederzukommen! In dem Zusammenhang muss noch erwähnt werden, dass die Region ein Eldorado für den Wohnmobilurlauber ist, denn nirgendwo sonst in Europa ist die Stell- und Campingplatzdichte größer als hier – willkommen in der Normandie!

ZU BEGINN: ANREISE IN DIE NORMANDIE

»Nur aufs Ziel zu sehen, verdirbt die Lust am Reisen.«

Friedrich Rückert (deutscher Dichter)

Der Urlaub mit dem Wohnmobil beginnt bekanntlich vor der eigenen Haustür – warum also auf der Fahrt in die Normandie an so vielen schönen Orten vorbeifahren? Je nachdem, aus welcher Region Deutschlands der Reisende kommt, werden im Folgenden mehrere Übernachtungsmöglichkeiten vorgeschlagen, die sich in besonders interessanten Orten oder in besonders reizvoller Landschaft befinden. Allen ist gemein, dass sie nahe der Hauptstrecken in Richtung Normandie liegen, um nicht auf den unsicheren Autobahnraststätten übernachten zu müssen.

AUF DEM WEG AUS DEUTSCHLANDS SÜDEN

Metz, 57000 Metz, Frankreich
GPS: 49.123775, 6.168793
Allée de Metz Plage, metz.fr
Kostenpflichtiger Stellplatz für 10 Mobile auf einem Parkareal vor dem Camping Municipal. Der Platz liegt direkt an der Mosel, das historische Zentrum mit Cafés und Restaurants ist fußläufig erreichbar. Bezahlung per Parkscheinautomat; Wasser und Entsorgung Grauwasser sind inklusive, kein Strom. Der Stellplatz ist ganzjährig nutzbar, der Campingplatz nebenan ist von Mitte April bis Ende September geöffnet.
Entfernung zur Autobahn A 4 ca. 7 km

Soissons, 02200 Frankreich
GPS: 49.392918, 3.326885
Avenue du Mail, tourisme-soissons.com
Der preiswerte Campingplatz liegt am Fluss Aisne am Ortsrand von Soissons. Das sehenswerte historische Zentrum der Merowingerstadt ist fußläufig erreichbar. Der ruhige Platz ist von Anfang April bis Ende Oktober geöffnet, ansonsten stehen einige ganzjährige Serviceplätze zur Verfügung.
Entfernung zur N 31 ca. 2 km

AUF DEM WEG AUS DER MITTE DEUTSCHLANDS

Blegny, 4670, Belgien
GPS: 50.685718, 5.723284
Blegny-Mine, 23 Rue Lambert Marlet, blegnymine.be
Gebührenfreie Übernachtungsmöglichkeit für 20 Mobile an einer ehemaligen Zeche, die zum UNESCO-Welterbe gehört. Die interessante Besichtigung der Mine und die Nutzung des Parkplatzes sind von Anfang März bis Ende November möglich. Ver- und Entsorgung sind kostenlos, Strom gegen Gebühr. Es besteht eine Busverbindung nach Lüttich/Liège.
Entfernung zur Autobahn A 27 ca. 6 km

Crespin, 59154, Frankreich
GPS: 50.419757, 3.662695
Rue du Vivier, crespin.fr
Zweckmäßiger, ruhiger und gebührenfreier Übernachtungsplatz für 3 Mobile direkt hinter der belgischen Grenze; am Ortsrand gelegen, ins Zentrum sind es 500 m. Asphalt, Ver- und Entsorgung vorhanden, Wasser kostenpflichtig, kein Strom. Sehr schöne Wandermöglichkeiten im Parc Naturel Régional Scarpe-Escaut.
Entfernung zur Autobahn A 2 ca. 5 km

AUF DEM WEG AUS DEM NORDEN DEUTSCHLANDS

Venlo, 5928 Niederlande
GPS: 51.392889, 6.149104
Jachthavenweg 50, wsvdemaasvenlo.nl
Kostenpflichtiger Stellplatz für 20 Mobile direkt an der Marina mit schönem Blick auf den Fluss Marne. Dusche, WC sowie Ver- und Entsorgung sind inklusive, Strom kostet extra. Die Bezahlung erfolgt beim Hafenmeister. Der Stellplatz ist auch für große Fahrzeuge geeignet und von Anfang Mai bis Ende Oktober geöffnet.
Entfernung zur Autobahn ca. 4 km

Gravelines, 59820 Frankreich
GPS: 50.988776, 2.122747
Rue du Port, ville-gravelines.fr
Gebührenpflichtiger Stellplatz für 50 Mobile am Port de Plaisance an einem Kanal, der mit dem Meer verbunden ist. Das Ortszentrum mit einer Vauban-Befestigungsmauer ist fußläufig erreichbar. Ver- und Entsorgung befinden sich in der nicht weit entfernten Rue de la Gendarmerie. Gravelines liegt zwischen Dunkerque und Calais und besitzt einen schönen Strand.
Entfernung zur Autobahn A 16 ca. 5 km

↑ Normannisches Fachwerk vom Feinsten

↓ Schöner Blumenschmuck allerorten

Gold Beach – Blick auf Arromanches-les-Bains und den Hafen Mulberry

Ein Bummel durch die sehenswerte Altstadt von Rouen

1

DURCH DAS IDYLLISCHE TAL DER SEINE GEN SÜDEN

Eine wunderschöne Tour entlang der Lebensader der Normandie

Unsere große Normandie-Rundreise startet in der besuchenswerten Hauptstadt Rouen im Département Seine-Maritime. Hier beginnt eine spannende Zeitreise durch die historische Normandie, wo die Seine schon immer eine entscheidende wirtschaftliche Rolle spielte. Der Fluss ist mit den hohen Kreidefelsen auch landschaftlich etwas ganz Besonderes – malerisch mäandert er durch einen großen Naturpark.

Der Besuch von Rouen, der Hauptstadt der Region Normandie, ist für jeden Kulturinteressierten ein Muss. Die lebendige Stadt ist nur 140 Kilometer von Paris entfernt und der perfekte Einstieg in die normannische Kulturlandschaft. In der bezaubernden Altstadt liegen alle Sehenswürdigkeiten nah beieinander, um aber die Stadt so richtig genießen zu können, sollte der Reisende wenigstens eine Übernachtung einplanen. Nach einem erlebnisreichen Stadtbummel und anschließendem Abendessen in einem der unzähligen Restaurants oder Bistros heißt das Ziel um 22 Uhr nämlich **Cathédrale Notre-Dame**. Hier erlebt der Besucher von Juni bis September mit Einbruch der Dunkelheit eine phänomenale Licht- und Tonshow, die »Cathédrale de Lumière«. Dabei werden auf die gotische Fassade einige fantastische Geschichten zur Normandie und zur Stadt projiziert – ein unvergessliches Erlebnis, das eine Stunde lang zum Staunen einlädt.

IN DER HERZOGSTADT ROUEN

Die reich geschmückte Kathedrale mit ihren sieben Türmen ist auch tagsüber ein Blickfang, denn sie erstrahlt je nach Tageszeit in einem anderen Licht. Dies hat einst den Maler Claude Monet (1840–1926) zu seiner

ROUTE 1

START- UND ENDPUNKT
Rouen und Giverny

STRECKENLÄNGE
68 km

REINE FAHRZEIT
1,5 Stunden

Start Rouen
D914
D6014 40 km
Les Andelys

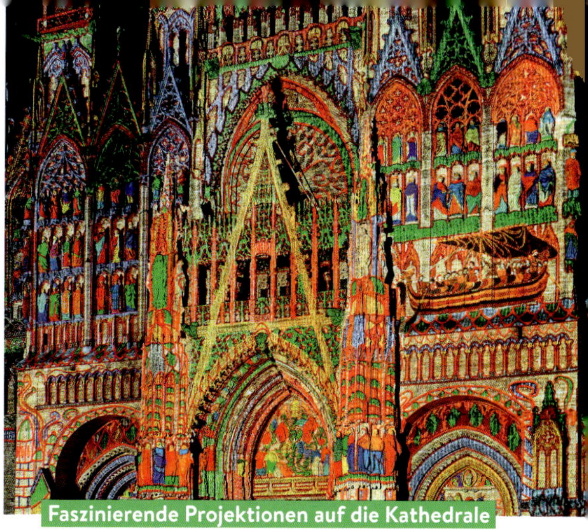
Faszinierende Projektionen auf die Kathedrale

berühmten, aus 30 Werken bestehenden Bildserie inspiriert, die er in seinem provisorischen Atelier im Obergeschoss der heutigen Touristeninformation in den Jahren 1892/93 geschaffen hat.
Der Vierungsturm der aus hellem Sandstein erbauten Cathédrale Notre-Dame besitzt mit seinen 151 Metern die höchste Domspitze Frankreichs, bis 1880 war die Kathedrale sogar das höchste Gebäude der Welt. Der Turm auf der rechten Seite sticht schon aufgrund seiner Farbe ins Auge – es ist der sogenannte Butterturm aus dem 15. Jahrhundert. Der Bau des »Tour de Beurre« wurde angeblich mithilfe eines Buttererlasses finanziert, den jeder Bürger zu errichten hatte, der während der Fastenzeit Butter und Milch konsumieren wollte.
Seit über 900 Jahren erhebt sich die Kathedrale von Rouen über die Altstadt, aber auch ihr Inneres ist bemerkenswert. Die normannischen Herzöge, beginnend mit dem Wikinger Rollo, fanden hier ihre letzte Ruhestätte, und auch das Herz von Richard Löwenherz liegt in einem Sarkophag im Chorumgang. Er bestimmte schon zu Lebzeiten, dass sein Körper in drei Teilen und an drei verschiedenen Orten begraben werden sollte. Das imposante Langhaus ist mit Arkaden und Emporen gegliedert und mit feinsten Rosetten geschmückt, ganz ungewöhnlich ist

eine steinerne Treppe im nördlichen Querhaus, die einen direkten Zugang zur Bibliothek ermöglichte.

Die Kathedrale von Rouen zählt zu Recht zu den schönsten Kirchen Europas, und von hier fällt der Blick schon auf die nächste, ganz besondere Sehenswürdigkeit der Stadt. Die **Gros-Horloge**, die große Uhr mit einem Durchmesser von 2,50 Metern, ist in einen Torbogen eingelassen, der die Fußgängerzone überspannt. Das heute wohl am häufigsten fotografierte Gebäude von

Rouen stellte zur Zeit seiner Beauftragung ein Prestigeobjekt der Bürgerschaft dar. Seit über 500 Jahren zeigt die kunstvoll gefertigte astronomische Uhr fortwährend die Zeit an. Im angeschlossenen Beffroi, dem Stadtturm aus dem 14. Jahrhundert, wird dieses älteste Uhrwerk Frankreichs, sein Mechanismus und das Leben damals per Audioguide sehr gut erklärt.

Mit ihren uralten, teils schiefen und überhängenden Fachwerkhäusern führt die Shoppingmeile Rue du Gros Horloge nach wenigen Schritten zum **Vieux Marché**. An diesem ehrwürdigen Platz, dessen Pflaster teilweise original erhalten wurde, ist **Jeanne d'Arc**, die Jungfrau von Orléans, auf einem Scheiterhaufen verbrannt worden. Schon 1456 wurde nach ihrer Rehabilitierung ein vergoldetes Bronzekreuz an dieser Stelle errichtet, und seit 1979 lädt die ungewöhnliche **Église Sainte-Jeanne-d'Arc** zum Gedenken ein. Das Dach der Kirche versinnbildlicht von außen die Rauchwolken des Scheiterhaufens, das Gewölbe innen die lodernden Flammen. Eine ganz außergewöhnliche Stimmung herrscht in dieser grandiosen, modernen Kirche, deren wunderschöne Glasfenster teils aus der 1944 zerstörten Kirche St-Vincent stammen. Das **Historial Jeanne d'Arc** im ehemaligen Bischofspalast neben der Kathedrale erinnert auf 1000 Quadratmetern an die Geschichte und den Mythos der französischen Nationalheldin. Audioguides in deutscher Sprache machen

Die Église Sainte-Jeanne-d'Arc am Vieux Marché beeindruckt von außen und innen.

SPECIAL

FRANKREICHS BEFREIERIN

Während des Hundertjährigen Krieges hatte Jeanne d'Arc mehrfach die Vision, dass sie Frankreich von den Engländern erlösen würde. Wie von ihr prophezeit, konnte sie Orléans 1429 befreien und Karl VII. wurde in Reims zum französischen König gekrönt. Die Befreiung von Paris jedoch misslang, Jeanne d'Arc wurde verraten und an die Engländer verkauft. Im Alter von nur 19 Jahren wurde sie am 30. Mai 1431 auf dem Marktplatz von Rouen verbrannt und ihre Asche wurde in die Seine gestreut. Bis heute wird Jeanne d'Arc, 1920 heiliggesprochen, als Befreierin Frankreichs verehrt.

Église Saint-Maclou im Abendlicht

die Ausstellung sehr gut verständlich und erlebbar.

Während des Stadtbummels sollte man unbedingt am **Palais de Justice** vorbeischlendern. Das wohl schönste Bauwerk der Stadt markiert den Übergang von der Flamboyantgotik zur Renaissance. Es wurde gegen Ende des Mittelalters auf den Überresten des ehemaligen jüdischen Viertels errichtet, das nach der Vertreibung der Juden 1306 zerstört worden war. Ganz wichtig ist noch der Spaziergang zur **Église Saint-Maclou,** einem der schönsten Zeugnisse der Hochgotik. Das gesamte Gebäude und auch die Fassade beeindrucken mit einer harmonischen, stilistischen Eleganz. Etwas ganz Besonderes sind die fünf fächerförmig angeordneten Portalvorbauten, durch die die lichtdurchflutete Kirche betreten wird, während abends die Église von außen eindrucksvoll illuminiert ist.

Nur wenige Schritte entfernt ist **Aître de Saint-Maclou** einen Besuch wert. Es handelt sich hierbei um einen der letzten noch erhaltenen spätmittelalterlichen Pestfriedhöfe, an dessen kreuzgangähnlicher Galerie düstere Totentanz-Schnitzereien zu entdecken sind. Zur eigenen Erbauung gibt es erfreulicherweise im Innenhof aber auch ein nettes Café.

Rouen wurde während des Zweiten Weltkriegs stark zerstört, doch glücklicherweise entschieden sich die Stadtväter nach Kriegsende zu einem behutsamen Wiederaufbau, bei dem die historische Gliederung und Bausubstanz wenn möglich beibehalten wurde. Somit wähnt man sich auch in dem ehemaligen Gerberviertel im Nordosten der Altstadt in mittelalterlicher Umgebung. Hier herrscht eine wirklich einzigartige Atmosphäre und es gibt ein legendäres Nachtleben. Ein kleiner Bach durchfließt die **Rue Eau de Robec**, in der sich ein Lokal an das andere reiht. 25 000 Studenten leben in Rouen – bei 110 000 Einwohnern – und hier trifft sich die Szene. Recht international geht es zu, ob man also mexikanisch, japanisch, italienisch, koreanisch oder französisch speisen will, für jeden Geschmack ist etwas

Tipp

BISOU

Das auch bei Einheimischen beliebte italienische Restaurant hat ein gemütliches Kellerambiente und einige Sitzgelegenheiten im Freien. Eine Reservierung wird empfohlen.
6 Rue Thomas Corneille,
Tel. +33 2 35 07 47 17, bisourouen.fr

dabei. Apropos Geschmack: Es gibt kaum einen authentischeren Ort, um die Spezialitäten der Normandie zu sehen, zu riechen und zu schmecken als die regionalen Märkte. Der schönste Wochenmarkt von Rouen, der »Marché Saint-Marc«, findet dienstags, freitags, samstags und sonntags ganz in der Nähe der Église Saint-Maclou statt.
Natürlich gibt es in einer Stadt wie Rouen noch viele wunderschöne Dinge zu entdecken und zahlreiche Museen zu verschiedensten Interessensgebieten stehen zur Verfügung, daher sollte jeder Besucher sein Lieblingseckchen finden. Übrigens bieten mehrere Museen in Rouen kostenlosen Zugang zu ihren Dauerausstellungen an. Hierzu und zu vielem mehr gibt das Office de Tourisme gegenüber der Kathedrale gern Auskunft.
Die Seine, die wirtschaftliche und kulturelle Hauptschlagader der Normandie, fließt durch Rouen, und der Fluss ist bis hierher sogar für Seeschiffe befahrbar. Am Ufer des Flusses haben sich zahlreiche Industriebetriebe angesiedelt, denn Rouen besitzt, obwohl etwa 120 Kilometer von der Atlantikmündung entfernt, den fünftgrößten Hafen Frankreichs. Auf einer Seine-Insel, der Île Lacroix, befindet sich der offizielle Wohnmobilstellplatz, von dem das Zentrum nach 25 Minuten zu Fuß erreicht ist.

Les Andelys
D313
D316
D313
D5 28 km
Giverny

IM TAL DER SEINE

Les Andelys liegt etwa 40 Kilometer südlich von Rouen und wer Zeit und Lust hat, kann die gesamte Strecke direkt an der Seine entlangfahren, die hier in großen Schleifen durch die Normandie mäandert. Am rechten Seine-Ufer ist der pittoreske Ortsteil **Petit Andely** angesiedelt, der mittels einer Brücke mit der anderen Flussseite verbunden ist. In diesem landschaftlich besonders reizvollen Seine-Tal, umgeben von beeindruckenden Kalksteinfelsen, drei Seen und viel Grün, stehen dem Wohnmobilisten nicht nur sehr schöne Wander- und Fahrradwege zur Verfügung, sondern auch gleich drei Campingplätze.

In der Rue Eau de Robec finden sich viele urige Lokale.

Der pittoreske Ortsteil Petit Andely zwischen Seineufer und Kalksteinfelsen

Dominiert wird die Region von den imposanten Ruinen des **Château Gaillard**, das nachts sehr ansprechend illuminiert ist.

SPECIAL

EINE WICHTIGE LEBENSADER

Die Seine ist mit 775 Kilometern der drittlängste Fluss Frankreichs und sie verbindet die beiden wichtigsten Binnenhäfen Paris und Rouen. In ungewöhnlich großen Schleifen und vorbei an teils beeindruckenden Kreidefelsen windet sich die Seine durch die Normandie, bis sie schließlich bei Le Havre in den Ärmelkanal mündet. Entlang der abwechslungsreichen Flusslandschaft sind ab dem Mittelalter bedeutende Abteien, Burgen und Schlösser entstanden, im Unterlauf der normannischen Seine erstreckt sich ein 81000 Hektar großer Naturpark durch sattgrüne Wiesen und vorbei an idyllischen Gärten.

Die mächtige Befestigungsanlage thront auf einem Felsvorsprung mit weitem Blick in die Umgebung. An diesem strategisch gut gewählten Standort ließ Richard Löwenherz, König von England und Herzog der Normandie, zur Sicherung seines Reiches 1196 in nur einem Jahr eine Burg erbauen. Die Mauern des Bergfrieds waren 5 Meter dick und für die Wasserversorgung im Falle einer Belagerung wurde ein 120 Meter tiefer Brunnen in den Kalksteinfelsen geschlagen.
Wer nur eine kurze Besichtigung des Château Gaillard geplant hat, kann direkt den schönen Picknickplatz anfahren, von dem sich ein toller Blick über das Tal der Seine bietet und von dem die Burg in nur wenigen Schritten erreicht ist (49.239221, 1.406308; Achtung: Abfahrt unbedingt beachten).

RICHARD LÖWENHERZ UND DIE NORMANDIE

Eine der wichtigsten Herrschergestalten des Mittelalters ist Richard Löwenherz, und er wird uns auf dieser Reise durch die Normandie noch häufiger begegnen. Im Jahre 1189 erbte er nach dem Tod seines Vaters Heinrich II., König von England, Herzog der Normandie und von Aquitanien sowie Graf von Anjou, nicht nur die Titel, sondern auch ein Herrschaftsgebiet, das sich von England bis an die Pyrenäen erstreckte. Damit war Richard mächtiger als der französische König Philipp II., dem er als Herzog allerdings den Lehenseid schwören musste. Zusammen mit dem König begab sich Richard 1190 auf einen Kreuzzug, um das Heilige Land von den Sarazenen zu befreien. Schon zu Lebzeiten wurde Richard zu einer Legende, denn er war ein äußerst mutiger Krieger auf dem Schlachtfeld und erreichte schnell mehrere aufsehenerregende Siege.

Unter dem Vorwand, sich um sein französisches Reich kümmern zu müssen, verließ Philipp II. August ein Jahr später die Kreuzfahrer, 1192 schiffte sich auch Richard für die Heimreise ein. Nach einem Schiffbruch versuchte er, als Kaufmann verkleidet, das Heilige Römische Reich zu durchqueren, doch er wurde erkannt und an seinen Todfeind Leopold V. von Österreich übergeben. Der Erzherzog wiederum lieferte Richard an den Stauferkaiser Heinrich VI. aus, der dem Österreicher versprochen hatte, das zu erwartende Lösegeld von 35 000 Kilogramm Silber zu teilen. Nur mit Mühe konnte seine Mutter, Eleonore von Aquitanien, diese horrende Lösegeldforderung erfüllen, währenddessen wurde Richard auf der Burg Trifels in der Pfalz gefangen gehalten.

In der Zwischenzeit hatte der französische König Philipp II. einen Teil des normannischen Herzogtums erobert, doch entschlossen nahm Richard nach seiner Heimkehr diese Herausforderung an und schlug das gegnerische Heer zurück. Um die Straße nach Rouen abzuriegeln und die Schifffahrt auf der Seine zu kontrollieren, ließ er bei Petit Andely das Château Gaillard bauen, das zunächst als uneinnehmbar galt. Als Richard in Südfrankreich weilte, um einen Aufstand im Limousin niederzuschlagen, wurde er von einem Pfeil in die Schulter getroffen. Die

Die mächtige Ruine des Château Gaillard wacht über der Seine.

Wunde entzündete sich und am 6. April 1199 starb Richard Löwenherz mit nur 41 Jahren. Sein Nachfolger wurde sein Bruder Johann Ohneland, unter dessen Herrschaft das Reich nach und nach zerfiel. Im Jahre 1204 gelang es Philipp II. sogar, Château Gaillard zu erobern, wodurch die gesamte Normandie an das Königreich Frankreich fiel. Richard Löwenherz gilt bis heute als populärster König Englands, obwohl er sein Inselreich kaum kannte und auch des Englischen nicht mächtig war.

↑ Monets verwunschener Seerosenteich
↓ Monets Arbeitszimmer kann besucht werden.

DAS »TOR ZUR NORMANDIE«

Weiter geht die Fahrt auf landschaftlich schöner Strecke immer an der Seine entlang gen Süden. Kurz vor der Brücke nach **Vernon** sei ein kurzer Stopp empfohlen (49.097824, 1.489443), um das Fotomotiv der Region nicht zu verpassen. Das Bild des kleinen Fachwerkhauses, einer ehemaligen Mühle, das auf den Pfeilern einer mittelalterlichen Brücke die Zeit überdauert hat, ist wirklich zauberhaft. Nebenan erhebt sich das **Château Tourelles**, das zu den Wehranlagen der alten Brücke gehörte, die Vernon und den Seine-Übergang absichern sollte.
Die 25 000 Einwohner zählende Stadt Vernon war einst das Einfallstor der Franzosen in die Normandie, und wer hier herrschte, kontrollierte die Schifffahrt auf der Seine und der Île-de-France. Von Rollo, dem ersten Herzog der Normandie gegründet, erlebte Vernon aufgrund der Lage immer wieder kriegerische Auseinandersetzungen

SPECIAL

DER ERSTE HERRSCHER

Rollo, der erste Herzog der Normandie, war ein Nachfahre der nordischen Wikinger, die bereits gegen Ende des 8. Jahrhunderts immer wieder mit ihren wendigen Schiffen an der Küste auftauchten, die Seine hinunterfuhren, Dörfer plünderten und später die Bevölkerung unterwarfen. Im Jahre 911 übergab der französische König Karl der Einfältige das untere Seine-Tal als Lehen an Rollo, der zum Christentum übertrat und damit als königlicher Vasall offiziell anerkannt wurde. Sein Sohn Wilhelm Langschwert vergrößerte das normannische Reich bis zum Mont-Saint-Michel.

Le vieux Moulin de Vernon ist das Fotomotiv der Region.

und wurde auch während des Zweiten Weltkrieges stark zerstört. So gibt es nur noch einen kleinen Altstadtbereich rund um die Église Notre-Dame, wo mittwochs am Vormittag und samstags den ganzen Tag ein farbenfroher Wochenmarkt abgehalten wird (Parkmöglichkeit Parking de la République: 49.090590, 1.485163).

GIVERNY UND DER MALER CLAUDE MONET

Knapp 500 Einwohner zählt der kleine Ort Giverny, der jedes Jahr in den Sommermonaten über 600 000 Besucher empfängt. Damit liegt hier am Ufer der Epte nach dem Mont-Saint-Michel die am zweithäufigsten besuchte Sehenswürdigkeit der Normandie. Der Impressionist Claude Monet war von der schönen Landschaft um Giverny und dem Licht der Normandie so begeistert, dass er 1883 beschloss, sich hier niederzulassen. Monet machte aus seinem Garten ein Paradies voller Perspektiven, Symmetrien und Farben, die noch heute begeistern. Auf ganz bewusst regelmäßig angelegten Blumenbeeten schuf er mit unterschiedlichen Höhen Volumen und mischte die einfachsten Blumen mit seltenen Sorten – wichtig waren ihm stets die Farbkompositionen. Nach zehn Jahren kaufte Monet noch das Nachbargrundstück, auf dem er einen Wassergarten anlegen ließ. Gespeist von einem kleinen Bach und inspiriert von japanischen Gärten, entstand der nahezu verwunschene Seerosenteich, der in einem der berühmtesten Werke von Claude Monet verewigt ist. Der Maler starb 1926 und liegt auf dem kleinen Dorffriedhof von Giverny begraben. Durch den Krieg stark in Mitleidenschaft gezogen, schenkte die Familie 1966 das Anwesen der Académie des Beaux-Arts. **Maison et Jardins de Claude Monet** wurden im Sinne des Malers restauriert und sind seitdem sieben Monate pro Jahr zu bestaunen. Das ganze Dorf lebt von den vielen Touristen und so gibt es Souvenirshops mit Tüchern und Regenschirmen mit Monet-Motiven, nette Cafés in idyllischen Gärten und auch einige Restaurants.

PRAKTISCHE HINWEISE

TOURISTINFORMATIONEN

Office de Tourisme Rouen
Place de la Cathédrale,
76000 Rouen,
Tel. +33 2 32 08 32 40,
visiterouen.com

Office de Tourisme Vernon
36 Rue Carnot,
27200 Vernon,
Tel. +33 2 32 51 39 60,
nouvelle-normandie-tourisme.fr

MUSEEN/AUSFLÜGE/ ATTRAKTIONEN

Historial Jeanne d'Arc
7 Rue Saint-Romain,
76000 Rouen,
Tel. +33 2 35 52 48 00,
historial-jeannedarc.fr
Umfassende Ausstellung auf fünf Etagen im ehemaligen Bischofspalast gegenüber der Kathedrale Notre-Dame, Audioguide auch in deutscher Sprache, von Dienstag bis Sonntag ganzjährig geöffnet.

Gros Horloge et Beffroi
Rue du Gros Horloge,
76000 Rouen, rouen.fr
Besichtigung des Uhrwerkes, inklusive Erklärungen per Audioguide über den Mechanismus der astronomischen und ältesten Uhr Frankreichs, im Stadtturm neben der Uhr, täglich außer Montag.

Fondation Claude Monet
84 Rue Claude Monet,
27620 Giverny,
Tel. +33 2 32 51 28 21,
fondation-monet.com
Haus und Gärten des Malers Claude Monet sind von Anfang April bis Anfang Oktober zu besichtigen. In dem Anwesen gibt es einen großen Souvenirshop mit Monet-Geschenkideen.

Camping Les Trois Rois liegt direkt an der Seine.

Der Stellplatz von Rouen liegt auf der Île Lacroix.

STELL- UND CAMPINGPLÄTZE

S 100 **Aire de Camping-Cars Rouen** (S. 170 E1)
Rue Sainte-Amélie,
76100 Rouen
GPS: 49.430183, 1.105731
Der kostenlose Stellplatz für ca. 15 Mobile liegt am Ende der Seine-Insel Île Lacroix mit Blick auf den Fluss und die Stadt. Etwa 25 Minuten Fußweg in das historische Zentrum, die Bushaltestelle Nr. 11 befindet sich am nahen Eislaufstadion. Der Platz ist asphaltiert, schattenlos und hat weder Strom noch Ver- und Entsorgung. Maximaler Aufenthalt zwei Tage, ganzjährig nutzbar.

C 101 **Camping Les Trois Roi** (S. 171 G4)
Île Trois Rois, 24 Rue Gilles Nicolle, 27700 Les Andelys,
Tel. +33 2 32 54 23 79,
camping-troisrois.com
GPS: 49.235269, 1.400092
Der 3-Sterne-Campingplatz liegt direkt am Ufer der Seine mit Blick auf das nachts beleuchtete Château Gaillard. Der großzügige Platz hat einen beheizten Schwimmbereich, einen Spielplatz, einen Multisportplatz und ein Restaurant mit Brötchenservice. Es gibt drei Seen in der Umgebung, der Ort mit Geschäften ist 300 Meter entfernt. Der Campingplatz ist von Mitte März bis Mitte November geöffnet.

S 102 **Wohnmobilstellplatz Giverny** (S. 171 H6)
D5 Parking, 27620 Giverny
GPS: 49.073178, 1.529702
Der kostenlose Platz ist Teil eines Großparkplatzes am Ortsrand von Giverny. Es gibt keinerlei Ver- und Entsorgung, der Untergrund ist Schotter, eine Übernachtung ist gestattet. Schöner Blick ins Grüne, Fahrradweg nach Vernon. Zum Anwesen von Claude Monet sind es etwa 400 Meter Fußweg, im Ort gibt es mehrere Restaurants.

Die Kathedrale von Evreux ist ein imposanter Anblick.

2

AUF DEN SPUREN NORMANNISCHER HERZÖGE

Eine beeindruckende Route durch die historische Normandie

Diese Reiseetappe führt in das Herz der Normandie, zu historischen Orten mit prächtigen Kathedralen und zu einer Burg, in der europäische Geschichte geschrieben wurde. Die Hochebene um den Parc Naturel Régional du Perche ist für den Wanderer und Radler ein Paradies, das berühmteste Gestüt Frankreichs wird den Pferdefreund begeistern und herausragende Museen den vielseitig Kulturinteressierten.

Évreux, Hauptstadt des Département Eure, hat eine 2000-jährige Geschichte, die für die Stadt und ihre Bewohner allerdings mehr als einmal sehr leidvoll gewesen ist. Dolmen und Menhire beweisen, dass die Region schon von Kelten bewohnt war, bis die Römer ganz Gallien eroberten. Im Laufe der Jahrhunderte überfielen Normannen, Engländer und Franzosen die Stadt und alle hatten nichts Besseres zu tun, als den Ort zu plündern und zu verwüsten. Auch während der Französischen Revolution (1789–1799) wurde Évreux teilweise zerstört, dann folgte der Deutsch-Französische Krieg von 1870/1871 und zu allem Leid schließlich die Bombardements im Zweiten Weltkrieg. Beim Wiederaufbau berücksichtigten die Stadtplaner die einstigen Straßenzüge, aber vor allen Dingen das Flüsschen Iton, das sich mit mehreren Armen durch das Zentrum schlängelt, trägt zum Charme des Ortes bei.

Das prächtige Rathaus von Évreux

ALTEHRWÜRDIGE BISCHOFSSTADT

Vom Stellplatz kommend, führt die Erkundungstour an der spätgotischen **Abteikirche Saint-Taurin** vorbei, die dem ersten Bischof der Stadt gewidmet ist und den prunkvollsten vergoldeten Altar des mittelalterlichen Frankreich besitzt. Die Rue Joséphine, die Haupteinkaufsstraße, verführt mit einigen Cafés zum Einkehren und mit netten Spezialitätengeschäften zum Einkaufen. Bald darauf ist die repräsentative Place du Général de Gaulle erreicht. Der weite Platz wird von dem wunderschönen Hôtel de Ville, dem Rathaus der Stadt, dominiert. Davor steht sehr wirkungsvoll ein monumentaler Springbrunnen, und den Abschluss bildet das **Théâtre Municipal** im Beaux-Arts-Stil. Gegenüber sticht noch der markante, 44 Meter hohe **Tour de l'Horloge** ins Auge, der Ende des 15. Jahrhunderts entstand und eine zwei Tonnen schwere Glocke birgt, die jede Stunde schlägt.

Die imposante **Cathédrale Notre-Dame** ist gar nicht zu verfehlen, denn ihre Türme sind bereits von Weitem zu sehen. Das sakrale Bauwerk beeindruckt schon von außen mit seinem spätgotischen Fassadenschmuck und dem einzigartigen Glockenturm von 1465, auch »Silberturm« genannt wegen seiner besonderen Turmspitze. Im Kircheninneren entsteht durch einige fantastische Buntglasfenster, die zu den schönsten in ganz Frankreich gehören, ein ganz besonderes Licht. Überaus beeindruckend ist aber auch die moderne Quoirin-Orgel, die im Jahre 2006

ROUTE 2

START- UND ENDPUNKT
Évreux und Falaise

STRECKENLÄNGE
184 km

REINE FAHRZEIT
2,5 Stunden

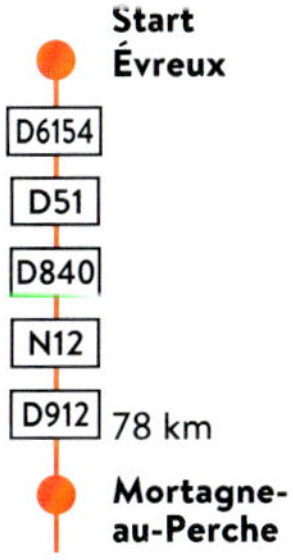

Mortagne-au-Perche
D912
N12
D112 38 km
Alencon

eingeweiht wurde und deren Klang bei Gottesdiensten und Kirchenkonzerten bezaubert. Nebenan beherbergt der ehemalige Bischofssitz heute ein städtisches Museum, dessen Dauerausstellung sogar kostenlos besichtigt werden kann. Ein kurzer idyllischer Spaziergang entlang des Flüsschens Iton mit kleinen Waschhäusern und blumengeschmückten Brückchen führt zum Uhrenturm zurück, zu Recht gehört Évreux zu den **Villes et Villages Fleuris** mit drei Blümchen. Wer noch ein wenig weiterbummeln möchte, begibt sich in die andere Richtung zum Parc François Mitterrand und dem botanischen Garten. Der Wochenmarkt von Évreux findet auf der zentralen Place Clemenceau jeden Mittwoch- und Samstagvormittag statt.

DIE GRAFSCHAFT PERCHE

Die Anfahrt in das Städtchen **Mortagne-au-Perche** führt durch eine sanft hügelige Landschaft mit ausgedehnten Wäldern und vorbei an nahezu unendlichen Feldern. Der 3800 Einwohner zählende Ort liegt im Département Orne und thront 255 Meter über dem Meeresspiegel auf einer Anhöhe. Von der Übernachtungsmöglichkeit am Sportgelände, dem Carré du Perche mit einer his-

torischen Zuschauertribüne, hat man nicht nur einen schönen Blick in den regionalen Naturpark Perche, von hier sind auch bestens Wander- und Fahrradtouren möglich (48.520489, 0.540172).
Mortagne-au-Perche trägt die Auszeichnung »Petite Cité de Caractère« zu Recht, denn das sympathische Städtchen hat wirklich Charakter. Eine geradezu erstaunliche Anzahl von historischen Gebäuden und Sehenswürdigkeiten ist zu entdecken. Das Zentrum bildet die **Église Notre-Dame** an der Place du Général de Gaulle, auf dem Samstag am Vormittag auch der Wochenmarkt abgehalten wird. Hier ist natürlich die Spezialität der Region zu erwerben, die Blutwurst »Boudin noir«, der am dritten Märzwochenende sogar das berühmte Blutwurstfest gewidmet ist. Darüber hinaus befinden sich rund um das lebendige Herz des kleinen Ortes einige nette Boutiquen, Souvenirläden und Ateliers.

SPECIAL

VILLES ET VILLAGES FLEURIS

Seit 1972 gibt es in Frankreich einen Wettbewerb um den schönsten blumengeschmückten Ort, eine Idee, die ursprünglich kleine Ortschaften vor dem Vergessen bewahren sollte. Aus den anfangs 600 teilnehmenden Gemeinden sind mittlerweile mehr als 12 000 geworden, denn die Auszeichnung garantiert etwas Tourismus und die Verbesserung der Lebensbedingungen für die Einwohner. Die jährlich neu ausgetragene Klassifizierung wird auf regionaler Ebene vorgenommen, die Jury entscheidet auch, welcher Kandidat sich um die vierte Blume bewerben darf, den Grand Prix, der für ganz Frankreich national vergeben wird.

↑ In Mortagne-au-Perche gibt es einiges zu entdecken. ↓ Skulptur im Garten der Mairie

Von altertümlichen Häusern umsäumte Pflastersteinsträßchen tragen zum Charme der Petite Cité bei und eines von mehreren »Monuments historiques« ist die Kornkammer gleich neben der Kirche. Bei einem Bummel durch das mittelalterliche Mortagne-au-Perche kommt man am altehrwürdigen **Hôtel du Tribunal** vorbei, das in einem 350 Jahre alten Haus untergebracht ist und dessen Restaurant zur Einkehr einlädt. In unmittelbarer Nähe befindet sich auch das **Porte Saint-Denis**, ein Tor aus dem 12. Jahrhundert, das einst in eine Festung führte. In der Rue Saint-Denis sind noch die Überreste

Im Maison d'Ozé von Alençon befindet sich das Office de Tourisme.

der alten Burgmauer zu entdecken, und im Haus der Grafen von Perche ist ein kleines Museum untergebracht. Vom öffentlich zugänglichen Garten des Rathauses, in dem oft einige Skulpturen ausgestellt sind, genießt man ein schönes Panorama in die weite Umgebung, und unter dem Gebäude kann eine kleine Krypta erkundet werden.

Auf der Weiterfahrt durch die dünn besiedelte Grafschaft Perche fallen zahlreiche Pferdekoppeln auf, denn hier wird eine ganz besondere Pferderasse gezüchtet: das Percheron. Dies ist ein stattliches Kaltblut, das ein durchschnittliches Stockmaß von 1,66 Metern hat, bis zu 900 Kilogramm wiegt und zumeist ein Schimmel ist. Das Pferd wurde einst in dieser landwirtschaftlich geprägten Region als schweres Arbeitspferd vor den Pflug oder die Kutsche gespannt und auch heute noch wird es zur Waldarbeit oder beim Weinanbau eingesetzt. Auch als Ritterpferd der hiesigen Grafen war das Percheron einst sehr beliebt und in der Nähe von Argentan kann der Interessierte sich im französischen Nationalgestüt **Haras du Pin** (siehe Seite 34) mit dieser Pferderasse näher beschäftigen (Parkmöglichkeit: 48.739700, 0.145547). Übrigens war eines der größten Pferde aller Zeiten der 1902 in den

SPECIAL

PETITES CITÉS DE CARACTÈRE

In Frankreich gibt es eine Auszeichnung für kleine Ortschaften mit historischem Charakter und mehr als 200 Gemeinden sind mittlerweile Teil dieser geschützten Marke. Die Vereinigung wurde 1976 ins Leben gerufen, um unbekannte Orte mit kulturellem Erbe vor dem Vergessen zu bewahren. Fünf obligatorische Kriterien sind zu erfüllen: bemerkenswertes Kulturgut, weniger als 6000 Einwohner, architektonisch einheitliches Stadtbild, mehrjähriges Programm zur Erhaltung des Kulturerbes und touristische Förderung im Gemeindegebiet.

USA geborene Percheronhengst Dr. Le Gear – mit einem Stockmaß von 2,13 Metern und einem Gewicht von 1372 Kilogramm.

EHEMALIGE STADT DER HERZÖGE

Alençon ist die lebendige Hauptstadt des Départements Orne und besitzt heute etwa 26 000 Einwohner. Hier wird gelebt und gearbeitet, und die großzügige Innenstadt rund um die Église Notre-Dame lädt zum Bummeln und Shoppen ein. Die Kirche erinnert mit ihrer gebogenen Form an Saint-Maclou in Rouen, bemerkenswert ist auch der elegante Portalvorbau mit drei großen Bögen. Der Bummel durch die Stadt der Herzöge – »Ancienne Cité des Ducs« – startet, vom Stellplatz kommend, am Office de Tourisme, das im schönsten Profanbau von Alençon, dem **Maison d'Ozé**, untergebracht ist und in dessen Garten sich ein schöner Park befindet. Hier an der Place de la Magdeleine findet donnerstags und samstags am Vormittag auch der Wochenmarkt statt.

Spaziert man nun noch ein wenig die Fußgängerzone entlang, ist schon bald die **Halle au Blé** erreicht. Der riesige kreisrunde Getreidespeicher ist frei zugänglich und von einer gewaltigen Glaskuppel gekrönt. Noch ein Stückchen weiter steht der Justizpalast, der von zwei wuchtigen Rundtürmen flankiert ist, die einst zum herzoglichen Schloss gehörten. Bis 2010 diente die Burg als Gefängnis, im einstigen Gefängnishof befindet sich heute der schön angelegte Parc Simone Veil. Die Blütezeit des Städtchens Alençon, das schon im 15. Jahrhundert in den Rang des Herzogtums erhoben wurde, begann Mitte des 17. Jahrhunderts. Madame La Perrière nämlich hatte eine wunderschöne Spitze kreiert, die der venezianischen ähnlich sah, aber bei Weitem erschwinglicher war. Die Technik war lange Zeit geheim und die Spitze gerade groß in Mode, sodass mehr als 8000 Menschen in der königlichen Spitzenmanufaktur beschäftigt wurden. Der Markenname »Point d'Alençon« wurde im Jahre 2010 sogar von der UNESCO zum immateriellen Weltkulturgut erklärt und zahlreiche besonders schöne Beispiele sind im Musée des Beaux-arts zu bewundern. Alençon ist aber auch in Pilgerkreisen wohlbekannt, denn hier erblickte die heilige Thérèse von Lisieux am 2. Januar 1873 das Licht der Welt. Ihr Elternhaus, **Maison Natale de Sainte Thérèse** in der Rue Saint-Blaise, besitzt eine Kapelle und kann besichtigt werden.

Alencon
D112
D26
D958
D219
D752
33 km
Saint-Cristophe-le-Jajolet

Alençon hat ein lebendiges Zentrum.

Monument aux morts in Argentan

Der Fluss Sarthe fließt durch die Stadt und an seinem Ufer sind nicht nur schöne Wege angelegt worden, hier befinden sich auch der offizielle, kostenlose Wohnmobilparkplatz (48.427390, 0.093611) sowie der gemeindeeigene Campingplatz. Das Zentrum ist von beiden fußläufig zu erreichen.

LAND DER SCHLÖSSER UND PFERDE

Durch das **Pays d'Argentan** führt die landschaftlich reizvolle Route an ausgedehnten Feldern, Wäldern und Pferdegestüten (frz. haras) vorbei. Die Region besitzt mehrere historische Herrenhäuser, die teilweise besichtigt werden können, aber besonders das **Château de Sassy** ist einen Besuch wert. Am Rand des Waldes von **Écouves**, in dem man herrlich wandern kann, steht dieses Schloss aus dem 18. Jahrhundert. Während ihrer Reise durch die Normandie 1967 residierte Königin Elisabeth II. von England hier und das Zimmer, in dem sie übernachtete, wird während der Besichtigung gezeigt. Aber auch die prachtvolle Bibliothek mit 30 000 Büchern und weitere repräsentative Räumlichkeiten mit wertvollen Wandteppichen und edlem Mobiliar stehen bei der 45-minütigen Führung auf dem Programm. Den wunderschönen klassischen Garten mit seinen Terrassen, der Orangerie und der kleinen Kapelle aus dem 15. Jahrhundert kann jeder Besucher für sich erkunden.

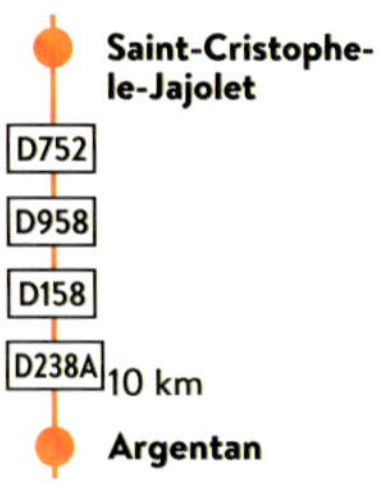

Das Schloss Sassy gehört zur Gemeinde **Saint-Christophe-le-Jajolet** (48.665679, 0.006622), die etwa 240 Einwohner zählt. Jedes Jahr am letzten Juli- und am ersten Oktobersonntag allerdings bevölkern wahre Heerscharen von Wallfahrern das Miniörtchen und ganze Wagenkolonnen fahren rund um die kleine Dorfkirche. In ihrem Eingang wacht nämlich der heilige Christophorus, Schutzpatron aller Reisenden »zu Lande, zu Wasser und in der Luft«. Somit ist er auch für den motorisierten Wohnmobilfahrer zuständig, der ihn ewig behüten möge!

Argentan liegt am Zusammenfluss von Orne und Ure und war einst ebenfalls für

AUSFLUG

FRANKREICHS ÄLTESTES GESTÜT

Bereits 1715 wurde das prachtvolle »Haras National du Pin« nahe Argentan vom Sonnenkönig Ludwig XIV. gegründet. Das Gestüt, bekannt auch als »Versailles der Pferde«, gilt als Symbol für die französische Pferdezucht. Jedes Jahr organisiert es verschiedene Veranstaltungen, das größte Turnier ist das internationale Vielseitigkeitsturnier »Le Grand Complet«, bei dem über 370 Reiter teilnehmen. Im Juli und August findet jeden Donnerstag um 15 Uhr eine Pferdeshow mit Musik im Innenhof des Gestütes statt und ein kleines Museum zeigt die Geschichte der Pferdezucht in der Normandie.

In der ehemaligen Chapelle Saint-Nicolas residiert das Office de Tourisme.

seine Spitzenproduktion berühmt. Inmitten eines schönen Parks, ganz in der Nähe des gemeindeeigenen Campingplatzes, zeigt das »Maison des Dentelles« in einem kleinen Museum einige wunderschöne Exemplare dieser speziellen Kunst. Empfehlenswert ist auch der Besuch des **Musée Fernand Léger – André Mare**, das sich diesen aus Argentan stammenden und sehr bedeutenden Künstlern des 20. Jahrhunderts widmet. Ersterer gilt als Pionier des Kubismus und der zweite hatte sich der Kunst des Art déco verschrieben.

Alle historisch bedeutsamen Gebäude des Städtchens gruppieren sich um die Place du Marché, wo am Dienstagvormittag der große Wochenmarkt abgehalten wird. In der einstigen Schlosskapelle **Chapelle Saint-Nicolas** ist das Office de Tourisme untergebracht und gegenüber steht die **Église Saint-Germain**, die im schönsten Flamboyantstil Elemente der Gotik und Renaissance vereint. In dem ehemaligen herzoglichen Château des Ducs ist heute die Justiz ansässig und hinter diesem Gebäudeensemble beginnt der weltliche Bereich der Stadt. Als einziger Rest der ehemaligen, im Zentrum gelegenen Burganlage ist der Donjon übrig geblieben, der in den

KULTUR

KIRCHEN IM FLAMBOYANTSTIL

Vor allen Dingen in der Normandie, der Bretagne und im nahen Belgien sind fast alle historischen Kirchen im »style flamboyant« (flammend) gebaut. In der Spätgotik des 15. Jahrhunderts, also an der Grenze zur Renaissance, bevorzugte man eine sakrale Architektur, bei der das Äußere der Kirchen mit filigranen Maßwerk-Formen verziert wurde, die geradezu dramatisch flammenartig in den Himmel ragen. Giebel und Spitzen von Bögen wurden also bewusst verlängert, diese Stilrichtung wird auch als Sondergotik bezeichnet.

Reiterstatue von Wilhelm dem Eroberer in Falaise

Sommermonaten bestiegen werden kann und einen schönen Rundumblick über die Stadt ermöglicht.

HEIMAT VON WILHELM DEM EROBERER

Falaise liegt im Süden des Départements Calvados und wirbt damit, das »Herz der Normandie« zu sein, was geografisch tatsächlich der Fall ist. Aber auch historisch hat sich hier etwas zugetragen, das die weitere europäische Geschichte wesentlich geprägt hat. Falaise war einst die Hauptstadt der Herzöge der Normandie, und wenig standesgemäß verliebte sich Robert, der jüngste Sohn von Herzog Richard II., in die Gerberstocher Arlette. Im Jahre 1027 wurde Wilhelm der »Bastard« geboren, der in Ermangelung eines legitimen Nachfolgers noch minderjährig das normannische Erbe antrat und später zu einer der bedeutendsten Herrscherpersönlichkeiten des Mittelalters wurde. Der sterbende König Eduard von England hatte Wilhelm die englische Krone versprochen, die der angelsächsische Adlige Harald II. allerdings ebenfalls beanspruchte. So kam es 1066 zur Schlacht von Hastings, und der siegreiche Wilhelm, der nun den Beinamen »der Eroberer« trug, wurde zum englischen König gekrönt.

Eine beeindruckende Reiterstatue von **Guillaume le Conquérant**, wie er im Französischen heißt, steht am Eingang zur Burg. Das Château ist ganz außergewöhnlich restauriert worden: Neben den alten Gebäudeteilen sind neue aus Stahl und Beton entstanden, ein bewusster, faszinierender Kontrast. Für die Besichtigung der Burganlage erhält jeder Besucher ein Tablet mit Touchscreen, sodass man die Räumlichkeiten mit ihrer historischen Möblierung ansehen kann. Szenen werden lebendig und Hintergrundinformationen erläutern Details, während es über zahlreiche Treppen aufwärts und abwärts geht. Ein sehr eindrucksvolles Besuchserlebnis auch für Kinder.

Tipp

SPANNEND ZU LESEN

Freunden historischer Romane sei das Buch Das zweite Königreich von Rebecca Gablé empfohlen. Um die erfundene Begleitperson Cædmon herum erzählt die Geschichte den Aufstieg Wilhelm des Eroberers vom Bastard zum König von England. Von der Schlacht von Hastings über die glanzvolle Krönung, die Intrigen in den royalen Kreisen bis hin zu dem prunkvollen Leben des Bischofs von Bayeux – der Roman entspricht den historischen Gegebenheiten und ist der ideale Begleiter für die Reise durch die Normandie.

Diese größte Burganlage Europas, die auf dem Felsvorsprung einer Klippe (frz. falaise) thront, dominiert das Städtchen gleichen Namens. Wer nicht auf dem schönen Campingplatz mit Blick auf das nachts illuminierte Schloss übernachten möchte, findet auf der anderen Seite der Burganlage einen großen Parkplatz, auf dem auch übernachtet werden darf (48.892635, -0.203906).
Falaise hat eine erstaunlich lebendige Innenstadt mit vielen kleinen Geschäften, fantastischen Patisserien (Konditoreien) und auch Boucherien (Metzgereien), in denen diverse normannische Spezialitäten wie zum Beispiel die »Boudin noir« (schwarze Blutwurst) angeboten wird. Nach einem netten Bummel ist die Einkehr in der Bar du Centre sicherlich eine gute Idee, um bei einem Café oder Apéritif das Treiben auf der großen Place Belle Croix in aller Ruhe zu genießen. Hier findet am Samstag auch der Wochenmarkt statt.
Auf unserer Reise durch die Normandie werden wir immer wieder auf Museen und Gedenkstätten zum Zweiten Weltkrieg treffen, hier in Falaise widmet man sich dieser traurigen Geschichte aus einem ganz besonderen Blickwinkel. Im **La Mémorial de Falaise**, im Jahre 2016 eröffnet, steht die Zivilbevölkerung im Mittelpunkt. Die Dauerausstellung zeigt anhand originaler Fotos, Bekanntmachungen und Erinnerungsstücken auf sehr eindrucksvolle Art und Weise das Leben und Leiden der Franzosen während der deutschen Besatzung. Auch die Verfolgung der Juden, die Deportation der vielen französischen Zwangsarbeiter und der Widerstand der Résistance wird nicht ausgespart – ein wirklich beeindruckendes Museum.

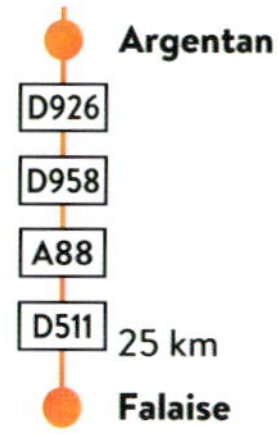

SPECIAL

DIE KESSELSCHLACHT VON FALAISE

Nach dem erfolgreichen Verlauf des D-Days und dem Vordringen der alliierten Truppen kam es im August 1944 zur sogenannten Kesselschlacht in der Region Falaise, der größten Schlacht um die Normandie. Die US-Armee nahm die deutsche Wehrmacht von Westen und Süden her in die Zange, während englische und kanadische Soldaten von Caen aus in Richtung Falaise vorrückten. 10 000 Deutsche starben, 45 000 Wehrmachtssoldaten ergaben sich, 400 Panzer, 7000 Fahrzeuge und fast 1000 Geschütze mussten zurückgelassen werden.

↓ Château Gauillaume-le-Conquérant
↘ La Mémorial de Falaise ist ein Museum.

PRAKTISCHE HINWEISE

TOURISTINFORMATIONEN

Office de Tourisme Évreux
11 Rue de la Harpe,
27000 Évreux,
Tel. +33 2 32 24 04 43,
lecomptoirdesloisirs-evreux.fr

Office de Tourisme Mortagne-au-Perche
36 Place du Général de Gaulle,
61400 Mortagne-au-Perche,
Tel. +33 2 33 83 34 37,
tourisme-mortagne-au-perche.fr

Office de Tourisme Alençon
Maison d'Ozé, Place de la Magdeleine, 61000 Alençon,
Tel. +33 2 33 80 66 33,
alencon.fr

Office de Tourisme Argentan
Chapelle Saint-Nicolas, Place du Marché, 61200 Argentan,
Tel. +33 2 33 67 12 48,
tourisme-argentan-intercom.fr

Office de Tourisme, Falaise
5 Place Guillaume le Conquérant, 14700 Falaise,
Tel. +33 2 31 90 17 26,
falaise-tourisme.com

MUSEEN/AUSFLÜGE/ ATTRAKTIONEN

Musée Évreux
2 Esplanade Anne Baudot,
27000 Évreux,
Tel. +33 2 32 31 81 90,
evreux.fr
Das städtische Museum ist im ehemaligen Bischofspalast neben der Kathedrale untergebracht. Auf fünf Etagen werden Exponate von der Antike über Tapisserien aus dem Mittelalter bis zur Gegenwartskunst ausgestellt, montags geschlossen.

Musée des Beaux-arts et de la Dentelle
Cour Carrée de la Dentelle,
61000 Alençon,
Tel. +33 2 33 32 40 07,
museedentelle.cu-alencon.fr
Im Erdgeschoss des Museums sind Werke bedeutender europäischer Künstler des 17. bis 19. Jahrhunderts ausgestellt, der erste Stock ist der Spitzenproduktion gewidmet, außer Montag täglich geöffnet.

Haras National du Pin
61310 Le Pin au Haras,
Tel. +33 2 33 36 68 68,
haras-national-du-pin.com
Von Juni bis Ende September kann das Gestüt täglich von 10 bis 18 Uhr besichtigt werden. Tickets sind online erhältlich, die Besucheranzahl ist begrenzt. Parkplatz: 48.739700, 0.145547

Château de Sassy
Saint-Christophe-le-Jajolet,
61570 Boischampré,
Tel. +33 2 33 35 32 66,
chateaudesassy.fr
GPS: 48.655632, 0.004179
Ab Anfang April ist das Schloss täglich mit Voranmeldung per Führung zu besichtigen. Der Schlossgarten kann frei gegen eine kleine Gebühr besucht werden.

Musée Fernand Léger – André Mare
6 Rue de l'Hôtel de Ville,
61200 Argentan,
Tel. +33 2 33 16 55 97,
musees-argentan.fr
Das Museum ist im Elternhaus von Fernand Léger untergebracht und in den Sommermonaten ganztags, ansonsten von Dienstag bis Sonntag nur nachmittags geöffnet.

Château Guillaume-le-Conquérant
Place Guillaume le Conquérant, 14700 Falaise,
Tel. +33 2 31 41 61 44,
chateau-guillaume-leconquerant.fr
Die Besichtigung der Burg ist außer im Januar das ganze Jahr möglich.

La Mémorial de Falaise – La Guerre des Civils
Place Guillaume le

Aire Camping-Car Park de Évreux

Camping du Château in Falaise

Conquérant, 14700 Falaise, Tel. +33 2 31 06 06 45, memorial-falaise.fr
Zum besseren Verständnis ist es empfehlenswert, einen Audioguide mitzunehmen. Sehenswert ist im Foyer auch der Film mit Originalaufnahmen. Das Museum ist von April bis Oktober geöffnet.

STELL- UND CAMPINGPLÄTZE

S 200 **Aire Camping-Car Park de Évreux** (S. 173 G1)
Rue du Pré Margot, 27000 Évreux, Tel. +33 1 83 64 69 21, campingcarpark.com
GPS: 49.022987, 1.138457
Der kostenpflichtige Stellplatz für sechs Mobile liegt zehn Gehminuten vom Zentrum entfernt. Ver- und Entsorgung sowie Strom sind im Preis inklusive. Der Platz ist mit einer Schranke gesichert, die Zufahrt ist nur mit der Pass'Étapes-Karte möglich. Diese kann vorab für einmalig fünf Euro über die Website des Betreibers erworben oder am Parkscheinautomaten bezahlt und ausgedruckt werden.

C 201 **Camping de Gueramé** (S. 174 B6)
65 Rue de Gueramé, 61000 Alençon, Tel. +33 2 33 26 34 95, cu-alencon.fr
GPS: 48.425817, 0.072681
Der kleine Camping Municipal mit 54 großen Stellflächen ist etwa 15 Minuten zu Fuß vom Zentrum entfernt und befindet sich in der Nähe des Flusses Sarthe, wo es auch eine Kanustation gibt. Der Platz ist parzelliert und hat viel Grün. Die Sanitäranlagen sind behindertengerecht und beheizt. Der Campingplatz ist von Anfang April bis Ende September geöffnet, Serviceplätze mit Euro-Relais-Station vor dem Gelände stehen das ganze Jahr zur Verfügung.

C 202 **Camping Municipal de la Noë** (S. 177 G4)
34 Rue de la Noë, 61200 Argentan, Tel. +33 2 33 36 05 69, tourisme-argentan-intercom.fr
GPS: 48.739948, -0.016794
Der kleine, gemeindeeigene Campingplatz mit 23 Stellflächen liegt ganz zentral in unmittelbarer Nähe des historischen Zentrums und ist 500 Meter vom Fluss Orne entfernt. Die Plätze sind parzelliert und ansprechend begrünt. Der Campingplatz ist von Mitte April bis Anfang Oktober geöffnet. Außerhalb des Platzes befindet sich eine Servicestelle mit Euro-Relais-Station, die das ganze Jahr zugänglich ist.

C 203 **Camping du Château** (S. 177 F2)
1 Rue du Val d'Ante, 14700 Falaise, Tel. +33 2 31 90 16 55, camping-falaise.com
GPS: 48.89582, -0.20506
Der gepflegte Terrassenplatz liegt direkt unterhalb der Burg, die nachts illuminiert ist, das Stadtzentrum mit zahlreichen Geschäften ist in zehn Minuten erreicht. Die Sanitärräume sind beheizt, ein Gemeinschaftsraum ist vorhanden, Brötchenservice wird angeboten. Der Campingplatz ist von Mitte April bis Mitte Oktober geöffnet.

An einem sonnigen Tag geht es mit dem Kanu über den Orne nahe Clécy.

3

ERLEBNISREICHE RUNDFAHRT DURCH DIE NORMANNISCHE SCHWEIZ

Aktiv unterwegs in einer der schönsten Regionen der Normandie

Spektakulär beginnt diese Route durch die Suisse Normande mit ihren zerklüfteten Bergen, tiefen Schluchten und steilen Ufern, die der Fluss Orne durch das Armorikanische Massiv gegraben hat. Klettern, Wandern, Mountainbiking, Paragliding, Kanufahren – abwechslungsreicher können die Freizeitmöglichkeiten kaum sein. Und dann steht noch einer der »schönsten Umwege Frankreichs« auf dem Programm.

Westlich des geschichtsträchtigen Pays de Falaise beginnt die normannische Schweiz, die Teil eines Gebirges ist, das sich durch die gesamte Bretagne, das Pays de la Loire und einen Teil der Normandie zieht. Hier haben sich die Orne und ihre Nebenflüsse tief in die pittoreske Hügellandschaft gegraben, sodass man traumhafte Wandertouren mit spannenden Kanufahrten verbinden kann.

Der Klettersteig in Clécy ist familientauglich.

SPORTLERPARADIES CLÉCY

Clécy ist unser erster Anlaufpunkt durch die abwechslungsreiche Landschaft der **Suisse Normande**, und hier wird dem Urlauber schon alles geboten, was das Sportlerherz begehrt: Es gibt einen Golfplatz, eine Paragliding-Station, diverse Kletterrouten und Klettersteige, unzählige Wander- und Mountainbikestrecken sowie die Möglichkeit, Tret- bzw. Elektroboote zu mieten oder die Orne per Kanu oder Kajak zu erkunden. Wer kein eigenes Kanu dabeihat, kann selbiges gegenüber dem Campingplatz am Wassersportzentrum Beau Rivage mieten. Der Verleiher transportiert den Wassersportler per Bus ein Stückchen flussaufwärts, von wo es gemütlich auf der idyllischen und ruhigen Orne zurück nach Clécy geht. Eine Kanu-Tour auf der Orne ist ein wirklich nettes Erlebnis.

ROUTE 3

START- UND ENDPUNKT
Clécy und Domfront

STRECKENLÄNGE
88 km

REINE FAHRZEIT
1,5 Stunden

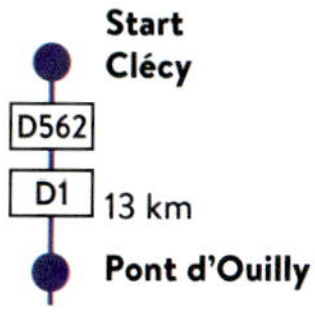

In unmittelbarer Nähe wartet dann die nächste Herausforderung, der Klettersteig Via Ferrata, der parallel zur Orne über felsige Steilhänge, Wackelbrücken und schmale Balken in etwa einer Stunde an den spektakulärsten Linien der Klippen entlangführt. Der Steig gilt als leicht und ist auch für Nichtgeübte und Kinder machbar. Das Office de Tourisme von Clécy hält Wanderkarten mit unterschiedlichen Routen für den Urlauber bereit. Unbedingt empfehlenswert ist die Tour zum Aussichtspunkt **Rochers de la Houle**, von dem man ein grandioses Panorama über das Tal der Orne genießt und in dessen Nähe auch der Startplatz der Paraglider ist.

Unweit des Campingplatzes gibt es noch eine Attraktion, die man sich nicht entgehen lassen sollte: Die Ausstellung **Chemin de Fer Miniature** zeigt in einer ehemaligen Kalkbrennerei eine der größten Modelleisenbahn-Installationen Europas. 240 Lokomotiven mit 400 Waggons düsen durch zahlreiche Tunnel, über Steigungen und Gefälle, alles mit viel Liebe zum Detail rekonstruiert – ein Spaß für Jung und Alt. Wer nicht auf dem Camping Les Rochers des Parcs stehen möchte, findet auf der anderen Seite des Ortes in der Rue du Stade noch einen gebührenfreien, zweckmäßigen Stellplatz mit Ver- und Entsorgung (48.918857, -0.481077).

AUF DER ROUTE DES CRÊTES

Diese Höhenstraße zieht sich etwa 65 Kilometer durch die normannische Schweiz, vorbei an netten Dörfern und zahlreichen Picknickplätzen, von denen man wunderschöne Aussichten genießen kann. Hier lassen sich

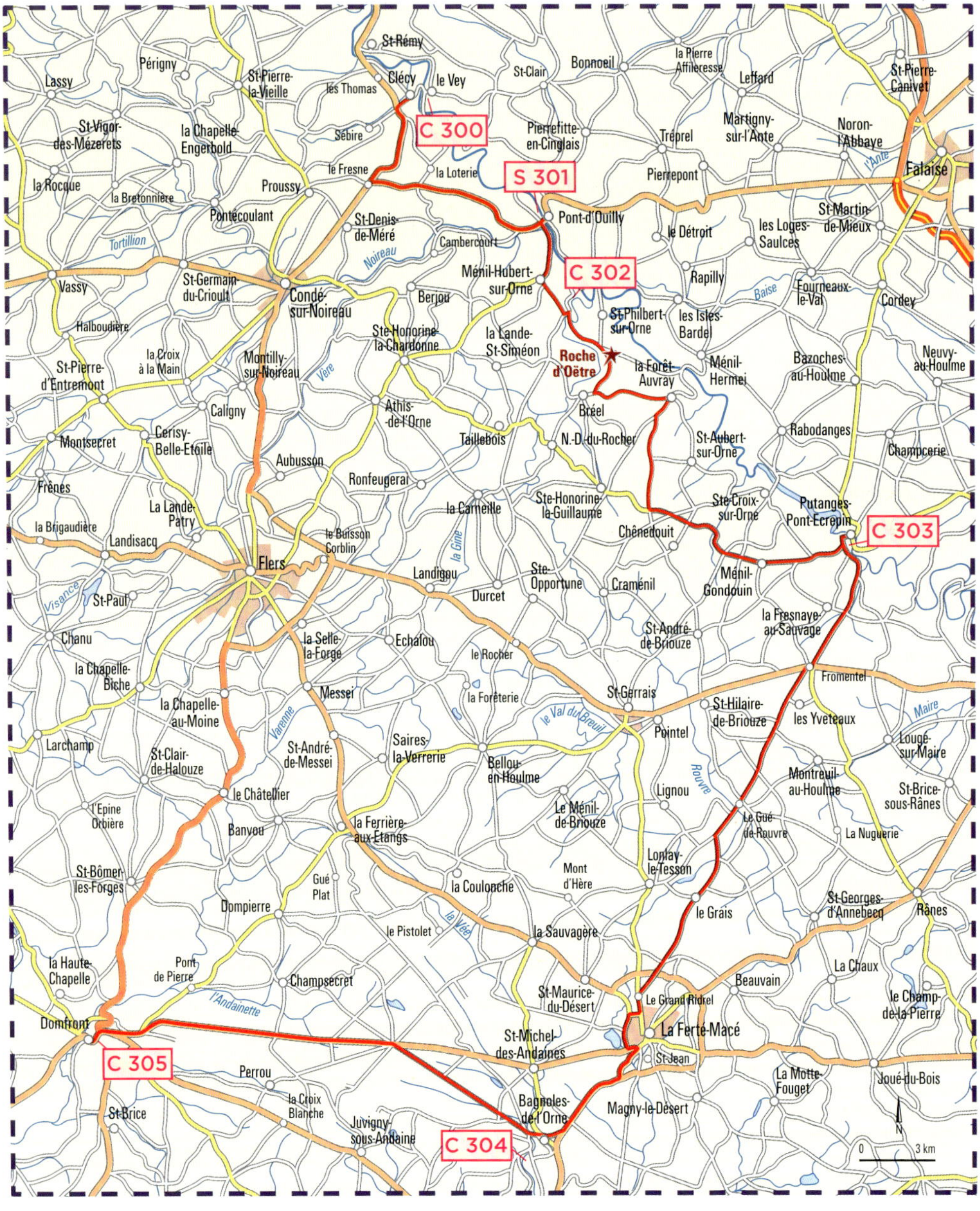

Nahe Clécy treiben kleine Kaskaden den Orne an auf seinem Weg durch die Suisse Normande.

unzählige Wanderrouten erkunden, die zum Teil auf dem französischen Fernwanderweg GR 36 verlaufen. Er erstreckt sich vom Ärmelkanal über mehr als tausend Kilometer bis ans Mittelmeer.

Pont-d'Ouilly, durch die namensgebende, blumengeschmückte Brücke zweigeteilt, liegt am Zusammenfluss von Orne und Le Noireau, an dessen Mündung sich auch das hiesige Wassersportzentrum Base de Plein Air befindet. Es können zwei unterschiedlich lange Touren unternommen werden, die eine endet nach zwei Stunden und fünf Kilometern an einer Schleuse. Die Halbtagestour führt über 13 Kilometer bis nach Clécy, was allerdings nur bei ausreichendem Wasserstand möglich ist. Ab der jeweiligen Endstation werden die Wassersportler nebst Kanus wieder nach Pont-d'Ouilly zurücktransportiert. Die Kanutour ist vor allen Dingen für Anfänger etwas ganz Besonderes und sehr spannend. Sie verläuft über einige kleine Wehrstufen, am schönen Stellplatz vorbei durch eine bezaubernde Landschaft, denn die eigentlich ruhige Orne hat sich hier im Laufe von Millionen Jahren tief in den Felsen gegraben. Übrigens finden auch Angelfreunde hier ein Paradies vor, denn der Fluss ist Heimat von Forellen, Barschen, Hechten, Karpfen und vielen mehr.

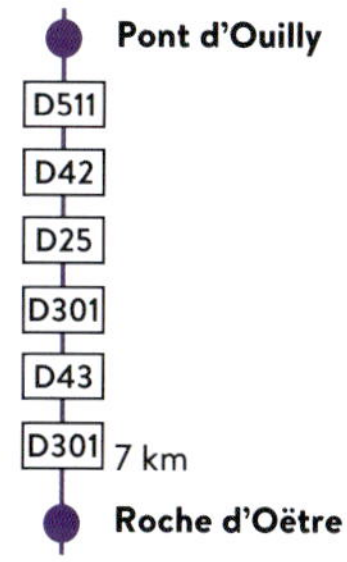

Das kleine sympathische Örtchen lebt vom Tourismus, es gibt einen schlichten, gemeindeeigenen Campingplatz (48.871399, -0.411265) neben dem Wassersportzentrum und einen ausgesprochen schön angelegten Stellplatz am Ortsrand direkt am Fluss. Dem Urlauber stehen einige Cafés und Restaurants zur Verfügung, man kann in Pont-d'Ouilly also problemlos einige wunderschöne und erholsame Urlaubstage verbringen.

Tipp

TANZ AM FLUSS

Nahe der Brücke geht es fröhlich zu: Am Ufer der Orne wird in den Sommermonaten auf der Terrasse des Ausflugslokals La Guinguette jeden Sonntagnachmittag ab 15 Uhr zu Livemusik getanzt.
paysdefalaise.fr/agenda/guinguette-au-bord-de-lorne

Der Roche d'Oëtre gehört zu den höchsten Gipfeln der Suisse normande.

EIN SPEKTAKULÄRER AUSSICHTSFELSEN

Normannische Schweiz – das hört sich nach hohen Bergen an, tatsächlich aber beschreibt der Begriff eine zerklüftete Hügellandschaft mit meist dichter Vegetation und tiefen Schluchten, welche die Flüsse Orne und Rouvre in das Gestein gegraben haben. Keine Erhebung in der Suisse Normande ist höher als 400 Meter über dem Meeresspiegel und doch gibt es den ein oder anderen spektakulären Gipfel mit grandiosem Panorama. Eines der beliebtesten Ausflugsziele hier ist der **Roche d'Oëtre**, der das Tal der Rouvre dominiert und einer der ältesten Berge Frankreichs ist. Nur wenige Gehminuten vom Infozentrum entfernt ist der 118 Meter hohe Granitfelsen erreicht und der Besucher schaut vorsichtig die steil abfallende Felswand hinunter in das bewaldete Tal. Weit schweift der Blick über die schier endlos wirkende Bocage, diese typisch normannische Landschaftsform, bei der Felder und Wiesen durch Heckenwälle begrenzt sind.

Es wäre sehr schade, würde man sich nicht die Zeit nehmen, um wenigstens eine der hier möglichen Wanderungen zu genießen. Der »Sentier du Granite« zum Beispiel ist ein acht Kilometer langer Rundweg, der zu Beginn steil in das Tal hinuntergeht, dann auf schmalen Pfaden dem Flüsschen Rouvre folgt, um im weiteren Verlauf durch den Ort Bréel und entlang weitläufiger Felder und Wiesen zum Infozentrum zurück zu führen. Dem müden Wandersmann steht hier ein Ausflugslokal zur Verfügung, und auf dem hinteren Teil des Parkplatzes kann der Wohnmobilist auch eine ruhige Nacht verbringen. Wer länger in der Region verweilen möchte, dem sei der vier Kilometer entfernte Camping de la Rouvre empfohlen.

EINE SEHENSWERTE KURIOSITÄT

Auf dem Weg gen Süden ist ein kleiner Stopp angesagt, denn direkt an der D 15 steht ein ungewöhnliches Kirchlein, die **Église de Ménil-Gondouin**. Es geschah im Jahre 1873, als der Abbé Paysant zum Pfarrer der kleinen Gemeinde ernannt wurde. In seinen fast 50 Dienstjahren verwandelte der Gottesmann das bisher schmucklose Gebäude in eine »lebendige und sprechende Kirche«, die absolut sehenswert ist. Sowohl innen wie außen sind Wände und Boden vollständig mit biblischen Schriften, Zitaten und bunten Heiligenfiguren bemalt – man kann sich gar nicht sattsehen. Die Kirche ist von Anfang April bis Ende September den ganzen Tag geöffnet und kann frei und kostenlos besichtigt werden (Parkmöglichkeit: 48.754362, -0.292119). Nur wenige Kilometer weiter folgt mit **Putanges-le-Lac** ein netter Ort, der sich direkt am großen **Rabodanges-See** befindet. Der lang gestreckte See, der sich aus der Orne speist, liegt in einem schmalen Tal am Eingang der Schlucht Gorges de Saint-Aubert. Er ist mehr als 6 Kilometer lang, aber nur 150 Meter breit, und eine reichhaltige Fauna und Flora ist rundum zu entdecken. Für den aktiven Urlauber stehen diverse Wassersportmöglichkeiten zur Verfügung: Segeln, Wasserski, Kanufahren, Stand-up-Paddling und natürlich Angeln und Wandern. Im Ortszentrum von Putanges existieren noch einige Geschäfte, Cafés sowie Restaurants, Donnerstagvormittag findet hier ein Wochenmarkt statt und wie in der Normandie fast selbstverständlich, gibt es auch einen kleinen Camping Municipal.

Die kuriose Église de Ménil ist einen Stopp wert.

WELLNESS IM NATURPARK

Inmitten des **Parc Naturel Régional Normandie-Maine** liegt der Kurort **Bagnoles-de-l'Orne**. Die von Trauerweiden gesäumte Orne durchfließt das Städtchen, ein idyllischer See lädt zum Genusswandeln ein, im Kurpark sind 150 verschiedene Baumarten zu entdecken und die typischen Häuser aus der Zeit der Belle Époque mit ihren Erkern und Türmchen bezaubern. Ein bisschen kommt man sich vor, als ob zu Beginn des 20. Jahrhunderts hier die Zeit stehen geblieben wäre, aber das täuscht, denn nach wie vor ist Bagnoles der bedeutendste Kurort im Nordwesten Frankreichs. Die Thermalquellen sprudeln täglich mit 26 Grad angenehm temperiertes Wasser hervor und im Thermalkomplex kann sich der Besucher mit den verschiedensten Spa-Behandlungen verwöhnen lassen.

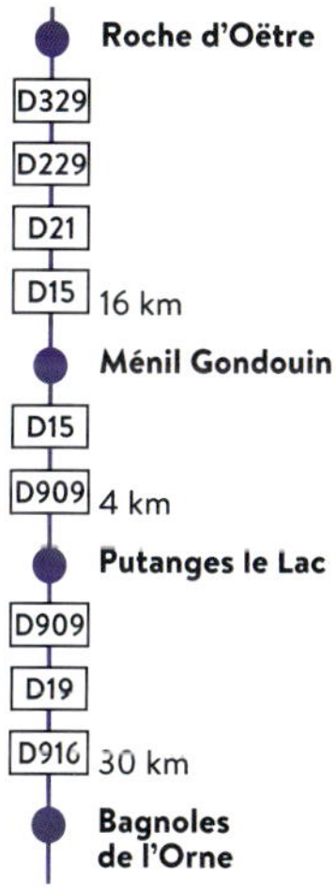

Wie es sich für ein prestigeträchtiges Kurbad gehört, gibt es natürlich auch das obligatorische Casino, eine Pferderennbahn und einen Golfplatz für die illustren Gäste. In den Monaten März bis Oktober lockt am Nach-

Straßenkunst in Bagnoles-de-l'Orne

mittag noch ein Ausflug der besonderen Art, die 3,5 Kilometer lange Draisinenfahrt **Vélo-rail des Andaines** auf einer alten Bahnstrecke – ein Spaß für Groß und Klein. Das ausgedehnte Waldgebiet **Forêt des Andaines** rund um Bagnoles bietet dem sportlich Ambitionierten einen Kletterfelsen, einen Trimm-dich-Pfad und natürlich zahlreiche Wander- und Fahrradrouten.
Auf der Place du Marché im Zentrum wird Dienstag und Samstag am Vormittag der Wochenmarkt aufgebaut, und hier steht etwas erhöht die **Église Sacré-Cœur**, die aufgrund ihrer Art-déco-Architektur und ihrer bunten Glasfenster rund um das Thema Wasser sehenswert ist. Es führt eine Treppe hinauf, deren moderne Bemalung von einem der Straßenkunstfestivals stammt, die jeden Freitag in den Monaten Juli und August veranstaltet werden. Für den kurzen Stadtbesuch bietet sich der ruhige, aber etwas schräge Parkplatz am Kurpark an (48.559679, -0.420831; kein Übernachtungsverbot), ansonsten ist man auf dem Camping Municipal de la Vée gut aufgehoben.

Tipp

LE BISTROT SAINT JULIEN

Mitten auf dem Marktplatz der Altstadt und umgeben von mittelalterlichen Fachwerkhäusern kann man hier sehr gemütlich sowohl innen wie auf der Terrasse eine Auszeit genießen. Für den kleinen Hunger und Durst ist bestens und zu moderaten Preisen gesorgt. Domfront, Place Saint-Julien, Tel. +33 2 33 37 14 60, Mittwoch geschlossen

EINER DER »SCHÖNSTEN UMWEGE«

Domfront, ganz im Westen des Départements Orne gelegen, thront 80 Meter über dem Tal der Varenne und ist geradezu bezaubernd. Das Städtchen trägt nicht nur die Auszeichnung »Ville et villages fleuris« mit drei Blümchen, sondern auch die der »Petite Cité avec caractère« – und wurde völlig zu Recht mit dem nationalen Label »Schönster Umweg Frankreichs« versehen. Schon im 9. Jahrhundert gegründet, hat Domfront seinen mittelalterlichen Charakter bis heute bewahrt und lädt mit charmanten Plätzen und Gässchen zum Bummeln ein. Im 11. Jahrhundert wurde hier oben auf dem leicht zu verteidigenden Felsen auch eine Burg gebaut, die allerdings 1608 von Henri IV geschleift wurde. Heute sind nur noch Reste zu erkunden.
Das nachts illuminierte **Château** steht in einer wunderschönen Parkanlage, von der sich ein herrlicher Blick bietet. Aus der Zeit

der Romanik stammt auch die Église Notre-Dame-sur-l'Eau, die außerhalb des Stadtzentrums steht und deren Name auf die Lage am Fluss Varenne hinweist. Im Zentrum der Altstadt sollte der Besucher unbedingt einen Blick in die Kirche **Saint-Julien** werfen, die 1926 auf einem Vorgängerbau errichtet wurde und seit 2013 nach aufwendiger Renovierung wieder jeden Tag besichtigt werden kann. Die Stahlbetonkirche besitzt einen Innenraum im byzantinischen Stil und ist für die Normandie so ungewöhnlich, dass der Anblick geradezu sprachlos macht.

Bagnoles de l'Orne
D335
D908
D976 18 km
Domfront

Der Altstadthügel von Domfront ist noch nahezu vollständig von einer alten Stadtmauer umgeben und von vielen Aussichtspunkten bietet sich ein tolles Panorama in die weite normannische Landschaft. Alle zwei Jahre findet im August in Domfront übrigens ein großes Mittelalterfest mit viel Spektakel sowie traditionellen Speisen und Getränken statt. Für den kleinen Stadtbummel – Wochenmarkt ist jeden Freitagvormittag auf der Place du Général de Gaulle – bietet sich der Parkplatz an der Place du Champ de Foire an (48.592293, -0.642283), für den längeren Aufenthalt sei der gemeindeeigene Camping du Champ Passais empfohlen.

AUSFLUG

LA VÉLOSCÉNIE

Der Fernradweg verbindet Paris mit dem Mont-Saint-Michel und verläuft auf autofreien Radwegen oder ruhigen Landstraßen. Er durchquert Naturparks, die Perche, das Städtchen Alençon, den Kurort Bagnoles-de-l'Orne und auch Domfront liegt auf dem Weg. Wer von hier aus ein wenig radeln möchte, erreicht auf einer ehemaligen Bahnstrecke Richtung Norden nach 20 Kilometern den Ort Flers, der Mont-Saint-Michel ist 80 Kilometer entfernt. Die mit der Auszeichnung »Voie Verte« (grüner Weg) klassifizierten Radwege sind in ganz Frankreich zu finden, Informationen dazu unter voiesvertes.com.

↓ Blick auf die Église Saint-Julien
↘ Die Burgruine von Domfront

PRAKTISCHE HINWEISE

TOURISTINFORMATIONEN

Office de Tourisme Clécy
Place du Tripot, 14570 Clécy, Tel. +33 2 31 79 70 45, suisse-normande-tourisme.com

Office de Tourisme La Roche d'Oëtre
Site de la Roche d'Oëtre, 61430 Saint-Philbert-sur-Orne, Tel. +33 2 31 59 13 13, montagnesdenormandie.fr/larochedoetre

Office de Tourisme du Pays de Putanges
1 Grande Rue, 61210 Putanges-le-Lac, Tel. +33 2 33 35 86 57, office-tourisme-putanges.com

Office de Tourisme Bagnoles-de-l'Orne
Place du Marché, 61140 Bagnoles-de-l'Orne, Tel. +33 2 33 37 85 66, bagnolesdelorne.com

Office de Tourisme Domfront
12 Place de la Roirie, 61700 Domfront, Tel. +33 2 33 38 53 97, ot-domfront.com

MUSEEN/AUSFLÜGE/ ATTRAKTIONEN

Wassersportzentrum Beau Rivage
La Cambronnerie, 14570 Clécy, Tel. +33 2 31 69 79 73
GPS: 48.913705, -0.476173
Es gibt Kanus für eine oder zwei Personen, die Schwimmwesten werden gestellt und sind obligatorisch. Es ist empfehlenswert, kurze Hose und Badeschlappen anzuziehen. Die Wassersportbasis ist von Ende März bis Ende September geöffnet.

Via Ferrata
La Cambronnerie, 14570 Clécy, Tel. +33 6 66 79 75 86, vertig.fr
Der Klettergartenbetreiber verleiht die komplette Schutzausrüstung und schult den Besucher mit einem Sicherheitstraining auf einem Testparcours.

Chemin de Fer Miniature
25 Rue d'Ermington, 14570 Clécy, Tel. +33 2 31 69 07 13, chemin-fer-miniature-clecy.com
Auf 310 Quadratmetern ist hier eine der größten Modelleisenbahn-Installationen Europas zu bewundern. Auf dem Gelände gibt es einen Spielplatz, ein Café und den Verkauf von Cidre aus eigener Produktion.

Wassersportzentrum Pont d'Ouilly Loisirs
11 Rue du stade René Vallée, 14690 Pont-d'Ouilly, Tel. +33 2 31 69 86 02, pontdouilly-loisirs.com
GPS: 48.870865, -0.410776
Verleih von SUPs und Kanus für eine oder zwei Personen, die Schwimmwesten werden gestellt und sind obligatorisch. Es ist empfehlenswert, kurze Hose und Badeschlappen anzuziehen. Es werden Touren über 5 oder 13 Kilometer angeboten. Die Wassersportbasis ist von Ende März bis Ende September geöffnet.

Eisenbahn-Draisine
Gare de Bagnoles, 61140 Bagnoles-de-l'Orne, Tel. +33 233 300115, tourisme-france.info
Der »Vélo-rail des Andaines« startet hinter dem alten Bahnhof, von März bis Oktober jeweils um 14, 15 und 16 Uhr. Die Draisine kann mit bis zu 4 Personen besetzt werden.

CAMPING- UND STELLPLÄTZE

C 300 **Camping Les Rochers des Parcs** (S. 176 D1)
8 Route du Viaduc,

Camping de la Vée, Bagnoles-de-l'Orne

Stellplatz Pont d'Ouilly an der Orne

14570 Clécy,
Tel. +33 231 697036,
camping-normandie-clecy.fr
GPS: 48.913803, -0.473897
Der Campingplatz liegt direkt am Fluss gegenüber der Wassersportbasis. Auf dem Platz ist eine nette Bar mit Imbiss und Brötchenservice, es werden auch Fahrräder verliehen. Das Ortszentrum ist etwa einen Kilometer entfernt. Der Campingplatz ist von Anfang April bis Ende September geöffnet.

S 301 **Aire de Camping-Cars Pont d'Ouilly** (S. 176 D2)
Rue de la Libération,
14690 Pont-d'Ouilly,
Tel. +33 2 31 69 26 26
GPS: 48.877930, -0.412545
Der gebührenpflichtige Stellplatz für 40 Mobile liegt direkt an der Orne. Der videoüberwachte Platz hat Strom sowie Ver- und Entsorgung und ist ansprechend begrünt. Es gibt eine gepflegte Liegewiese, eine Boulebahn und einen Grillplatz. Das Zentrum ist ca. 400 Meter entfernt. Der Platz ist durch eine Schranke abgesichert und ganzjährig nutzbar.

C 302 **Camping de la Rouvre** (S. 176 D2)
8 Chemin du Cul de Rouvre,
61430 Ménil-Hubert-sur-Orne, Tel. +33 233 648240,
larouvre.fr
GPS: 48.843190, -0.398372
Der kleine Platz liegt am Flüsschen Rouvre und mitten im Grünen, der Ort Ménil ist zwei Kilometer entfernt. Das Gelände ist nicht parzelliert, eine Snackbar und ein Minimarkt sind vorhanden. Der Campingplatz ist von Anfang April bis Mitte Oktober geöffnet.

C 303 **Camping Municipal du Val d'Orne** (S. 177 F4)
Chemin de Friche,
61210 Putanges-le-Lac,
Tel. +33 6 69 12 80 98,
office-tourisme-putanges.com
GPS: 48.760595, -0.245463
Dieser gemeindeeigene Platz liegt direkt an der Orne und unweit des Zentrums von Putanges. Außerhalb des Geländes gibt es eine Euro-Relais-Station, die das ganze Jahr zur Verfügung steht. Der kleine Campingplatz ist von Anfang April bis Ende September geöffnet.

C 304 **Camping Municipal de la Vée** (S. 176 D6)
5 Avenue du Président Coty,
61140 Bagnoles-de-l'Orne,
Tel. +33 2 33 37 87 45,
campingbagnoles delorne.com
GPS: 48.547810, -0.419892
Der gemeindeeigene Platz ist 600 Meter vom Thermalbad entfernt, auch das Zentrum ist fußläufig erreichbar. WLAN auf dem gesamten Gelände, Brötchenservice vorhanden. Der Campingplatz ist von Ende Februar bis Anfang November geöffnet.

C 305 **Camping Municipal du Champ Passais** (S. 176 B6)
Rue du Champ Passais,
61700 Domfront-en-Poiraie,
Tel. +33 2 33 37 37 66,
camping-municipal-domfront.jimdofree.com
GPS: 48.588821, -0.650535
Der gemeindeeigene, kleine Platz liegt unterhalb der Altstadt. Die Stellflächen sind nicht parzelliert. Die Servicestation für Wohnmobile ist außerhalb des Geländes und das ganze Jahr über benutzbar. Der Campingplatz ist von Mitte April bis Ende September geöffnet.

Urlaubsparadies Normandie mit kilometerlangen feinen Sandstränden

4

ENDLICH AM MEER!

Das Wunder des Abendlandes und die Bucht des Mont-Saint-Michel

Der Mont-Saint-Michel ist unbestritten die wichtigste und faszinierendste Sehenswürdigkeit in der Normandie und der Besuch des mächtigen Klosterberges wird wohl jedem Reisenden ewig in Erinnerung bleiben. Die Wegstrecke folgt dann der Bucht des Mont-Saint-Michel immer am Meer entlang bis nach Granville, und unterwegs warten traumhafte Strände auf den erholungssuchenden Urlauber.

Der **Mont-Saint-Michel** und seine Bucht gehören seit 1979 zum UNESCO-Weltkulturerbe. Der mächtige Klosterberg ist eine Sehenswürdigkeit der Superlative, die jährlich von drei Millionen Touristen und Pilgern besucht wird. Man kann sich gar nicht sattsehen, wenn die berühmte Silhouette immer näher kommt – fast überirdisch erscheint »La Merveille«, das Wunder des Abendlandes. Die vergoldete Statue des heiligen Michael thront auf dem höchsten Punkt der Abteikirche und leuchtet im Sonnenschein, und sicherlich wird so mancher Besucher Ehrfurcht vor diesem einzigartigen Bauwerk empfinden.

AUF DEM KLOSTERBERG

Im Inneren der Burgmauern fühlt man sich in eine andere Zeit versetzt, auch wenn sich Tausende von Touristen durch die Grande Rue schieben. Im Erdgeschoss der historischen Gebäude reihen sich ein Restaurant und ein Souvenirgeschäft an das andere, doch wer mal einen Blick nach oben wirft, wird eine wunderschöne mittelalterliche Architektur entdecken. Steil geht es die kopfsteingepflasterte Straße hinauf, und je weiter man nach oben kommt, desto ruhiger wird es, und schließlich ist der Eingang zum Kloster erreicht.

ROUTE 4

START- UND ENDPUNKT
Mont-Saint-Michel und Granville

STRECKENLÄNGE
62 km

REINE FAHRZEIT
1,5 Stunden

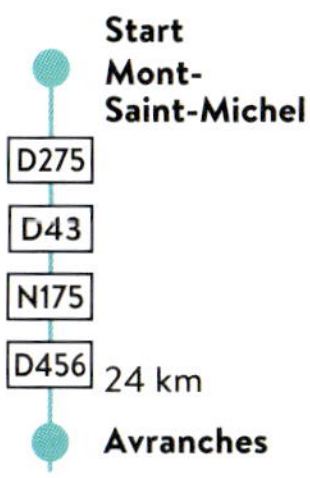

Der berühmte Klosterberg beeindruckt bereits aus der Ferne.

Das Touristenbüro zu Beginn der Grande Rue organisiert mehrmals täglich Führungen auch in deutscher Sprache und vergibt Audioguides, beides ist für die Besichtigung des Klosterberges sicherlich spannend und hilfreich. Während der Mont-Saint-Michel frei erkundet werden kann, muss für den Besuch des Klosters Eintritt bezahlt werden – eine wirklich lohnenswerte Investition, denn dieses sakrale Gebäude ist mit keinem anderen Gotteshaus in Europa vergleichbar. Aufgrund des begrenzten Raumes hier auf dem Berg mussten im Laufe der Jahrhunderte alle Erweiterungen übereinander gebaut werden, und die labyrinthartig geschachtelten Räume und Krypten erscheinen wie ein Wunderwerk der Statik. Schneckenförmig windet sich das Klostergebäude um den Berg herum und auf dem höchsten Punkt erhebt sich die Abteikirche. Dem schönen Kreuzgang mit seinen zierlichen Spitzbogenarkaden aus dem Jahre 1228 folgt das Refektorium, wo die Mönche einst ihre Mahlzeiten einnahmen, und so geht es weiter treppauf und treppab.

KLEINE KLOSTERGESCHICHTE

Die Geschichte des Mont-Saint-Michel beginnt im Jahre 708, als der Erzengel Michael dem Bischof von Avranches erschien und ihm den Auftrag gab, auf dem aus dem Meer ragenden Granitfelsen eine Kapelle zu errichten. Unzählige Pilger strömten bald herbei, und zwei Jahrhunderte später wurde ein Benediktinerkloster gegründet. Das Kloster wuchs und wurde erweitert, bis schließlich der gesamte Berg mit seinen gerade mal

300 Metern Durchmesser als erhabenes Heiligtum aus dem Wattenmeer herausragte. Während des Hundertjährigen Krieges wurden die Festungsmauern verstärkt, und tatsächlich ist es den Engländern nie gelungen, Mont-Saint-Michel einzunehmen. Nach der Französischen Revolution wurde das Kloster aufgehoben und bis 1863 als Gefängnis genutzt. Seit 1969 lebt hier auf dem berühmten Klosterberg wieder eine Handvoll Mönche vom Orden der Fraternités Monastiques de Jérusalem, an deren Gottesdiensten der Besucher auch teilnehmen kann.
Nicht nur von der spektakulären Terrasse, die an das Hauptportal der Abteikirche grenzt, hat man einen weiten Blick in die Bucht. Wer auf der Festungsmauer wieder zurückspaziert, erkennt die unglaubliche Weite des Wattenmeeres.

SPIEL DER GEZEITEN

Kommen wir zum zweiten Superlativ des Mont-Saint-Michel, nämlich zur gleichnamigen 500 Quadratkilometer großen Bucht, in der mit bis zu 14 Metern der größte Tidenhub Europas herrscht. Dieser Unterschied zwischen dem niedrigsten und höchsten Wasserstand ist wirklich gewaltig, und bei Ebbe ist der Horizont nicht mehr zu sehen. Einst war der Klosterberg vollständig von Wasser umgeben. Nachdem 1879 die Insel aber durch einen Damm mit dem Festland verbunden worden war, begann die Bucht zu versanden. Nur noch zweimal im Monat, bei Vollmond und bei Neumond, war der Mont-Saint-Michel vollständig vom Meer umspült. Seit 2014 ist der Damm durch eine 700 Meter lange, geschwungene Brücke ersetzt, auf der die Besucher den Klosterberg zu Fuß oder per Pendelbus erreichen können (Radfahren ist nicht erlaubt). Gleichzeitig ermöglicht ein Gezeiten-Staudamm am Fluss Couesnon, dass das Meerwasser bei Flut gestaut wird,

Während Ebbe kann die Klosteranlage zu Fuß oder zu Pferd umrundet werden.

um mit beginnender Ebbe das Wasser inklusive Sand wieder hinauszuspülen.
Der Küstenfluss bildet hier im Unterlauf übrigens die Grenze zur Bretagne, wohin der Mont-Saint-Michel ursprünglich sogar gehörte. Anfang des 15. Jahrhunderts begann der Couesnon jedoch seinen Lauf zu verändern. Er fließt seitdem westlich des

AUSFLUG

ZU FUSS DURCHS WATT

So idyllisch eine Wattwanderung erscheinen mag, sie ist hier nur mit ausgebildeten Guides erlaubt. Die Flut bricht oft mit einer Geschwindigkeit von 30 km/h herein, das entspricht dem Galopp eines Pferdes. Das gewaltige Hereinströmen des Wassers, Treibsand, vollgelaufene Priele und plötzlicher Seenebel hat schon mancher Wanderer unterschätzt und mit dem Leben bezahlt. In Genêts auf der gegenüberliegenden Seite der Bucht gibt es mehrere Veranstalter für Wanderungen durchs Watt inklusive Rücktransport per Bus. Buchungen unter traverseebaie.com, cheminsdelabaie.com oder traversee-montsaintmichel.com.

Der faszinierende Mont-Saint-Michel ist aus allen Himmelsrichtungen zu sehen.

Mont-Saint-Michel in das Meer und der Klosterberg befindet sich somit in der Region Normandie.

Wer nicht länger in der Region verweilen möchte, dem sei der für Wohnmobile reservierte Parkplatz P8 (48.608369, -1.507937) empfohlen. Dieser liegt im hinteren Teil des gewaltigen Parkareals, das Übernachten ist erlaubt, allerdings gibt es keinerlei Ver- und Entsorgung. Das Infozentrum, der kostenlose Shuttlebus und Restaurants sind nach wenigen Schritten erreicht.

IN DER BUCHT MONT-SAINT-MICHEL

Avranches ist zweifellos einen Zwischenstopp wert, nicht nur wegen des zentralen, kostenlosen Stellplatzes, sondern weil es in dem traditionsreichen Städtchen einiges zu entdecken gibt. Die Rue Louis Millet führt vom Wohnmobilplatz direkt zum Touristenbüro, wo ein deutschsprachiger, kostenloser Stadtplan erhältlich ist. In unmittelbarer Nähe stehen in der Rue de Geôle auf einer Anhöhe die Ruinen des **Château d'Avranches**, das frei erkundet werden kann, und natürlich hat man von hier oben einen tollen Blick über die Dächer der Stadt.

Schon zur Zeit der Gallier besiedelt, wurde Avranches nach der Christianisierung schnell zur Bischofsstadt, in der Aubert von

Tipp

WOMOS WILLKOMMEN!

Dem Wohnmobilreisenden, der auch die Bretagne erkunden will, möchte ich mein Buch *Bretagne mit dem Wohnmobil. Die schönsten Touren zwischen dem Golfe du Morbihan und dem Mont-Saint-Michel* ans Herz legen, das ebenfalls im Bruckmann-Verlag erschienen ist. Wie die Normandie ist die Bretagne ein Paradies für Camper, denn es gibt wohl wenige Regionen in Europa, in der die Wohnmobilisten so herzlich willkommen sind wie im Nordwesten Frankreichs.

Avranches, Gründer des Mont-Saint-Michel, seine Wirkungsstätte hatte. Diese Verbindung und die Nähe zur Klosterinsel sind sicherlich auch der Grund, warum während der Französischen Revolution 4000 wertvolle Bücher und 200 einzigartige Handschriften aus der Klosterbibliothek hierher in Sicherheit gebracht wurden und heute im **Scriptorial** zu bewundern sind. Die wichtigste Reliquie, der durchlöcherte Schädel des heiligen Aubert, ruht in der **Basilika Saint-Gervais** und wird jährlich von Tausenden Gläubigen besucht. Der Legende nach hatte Erzengel Michael den Bischof mehrfach aufgefordert, auf der Felseninsel eine Kapelle zu bauen, aber erst nachdem er seinen Finger in dessen Schädel gebohrt hatte, wurde sein Wunsch erfüllt und der Mont-Saint-Michel entstand. Der Stadtbummel führt nun durch das lebendige Zentrum von Avranches, in dem zahlreiche Geschäfte, Cafés und Bistros zu finden sind. Nach Überquerung der Rue de la Constitution ist schon bald die imposante **Église Notre-Dame-des-Champs** erreicht und genau gegenüber liegt der Eingang zum **Jardin des Plantes d'Avranches**. Der öffentliche Park mit seinen zwölf Themengärten ist ein wahres Idyll und von hier bietet sich auch ein wunderschöner Panoramablick auf den Mont-Saint-Michel. Vom hinteren Ausgang des Gartens liegt der Stellplatz nur wenige Schritte entfernt. Der große, farbenfrohe Wochenmarkt von Avranches findet jeden Samstag am Vormittag rund um die Place du Marché statt.

Avranches
D911
D35
E2 11 km
Genêts
D35
E2
D911
D241 7 km
Saint-Jean-le-Thomas

Genêts ist, wie schon erwähnt, Ausgangspunkt für die geführten Wattwanderungen zum Mont-Saint-Michel. Wer lieber allein durch die Gegend spaziert, dem sei ein 13 Kilometer langer Rundwanderweg entlang der Bucht und durch die hiesigen Salzwiesen empfohlen. Hierzu kann man entweder am Parkplatz **Le Grouin du Sud** (48.686355, -1.480397) aufbrechen oder am Camping Côté Ô Mont-Saint-Michel starten. Der Weg, der zum Teil auf dem Sentier des

Unterwegs auf dem Zöllnerpfad Sentier des Douaniers GR223

Ein Gezeiten-unabhängiges Badebecken ist bei Ebbe eine perfekte Alternative.

Douaniers GR 223 (siehe unten) verläuft und rot/weiß markiert ist, bietet immer wieder wunderschöne Ausblicke auf den Klosterberg. Er durchquert Genêts, Le Grand Port und Saint-Léonard und kommt auch am **Ecomusée de la Baie du Mont-Saint-Michel** vorbei. Hier erfährt der Interessierte viel über Fauna und Flora in der Bucht und man lernt unter anderem die mühseligen Arbeitsschritte der Salzherstellung kennen.
Der Gourmet unter den Wohnmobilisten sollte im Übrigen einmal das feine Fleisch des Salzlammes probieren, das hauptsächlich auf den Salzwiesen rund um Mont-Saint-Michel weidet. Die Wiesen werden regelmäßig vom salzhaltigen Meerwasser überschwemmt und das Fleisch erhält so seinen besonderen Geschmack.
Jedes Jahr im August findet in Genêts das Salzwiesen-Fest statt, bei dem neben Speis und Trank auch Produkte aus Lammwolle angeboten werden.

BADEN UND WANDERN

Wir befinden uns im Département Manche, ein Name, der wörtlich übersetzt »Ärmel« bedeutet. Der Verwaltungsbezirk mit der Hauptstadt Saint-Lô erstreckt sich vom Mont-Saint-Michel über die gesamte Halbinsel Cotentin bis zum Ärmelkanal und besitzt 355 Kilometer Küstenlinie mit fantastischen Stränden und grandiosen Wandermöglichkeiten (manche-tourismus.com).
Bei **Saint-Jean-le-Thomas** finden wir den ersten schönen Sandstrand vor, der bei Ebbe schier endlos zu sein scheint. Der Badeort selbst hat außer einem wirklich angenehmen Stellplatz nicht viel zu bieten, aber sich ein wenig auszuruhen, zu baden und in der

AUSFLUG

SENTIER DES DOUANIERS GR 223

Der »Zöllnerweg« ist ein Küstenweg, im Französischen »Sentier du Littoral« genannt. Er führt über 446 Kilometer vom Mont-Saint-Michel einmal um die gesamte Halbinsel Cotentin herum und endet in Honfleur. Der Weg führt meist auf schmalen Pfaden immer am Meer entlang und diente einst dem Aufspüren von Schmugglern. GR steht für »Grande Randonnée« (Fernwanderweg) und ist eine eingetragene Marke. Alle GR-Wanderwege sind mit zwei Querbalken rot/weiß markiert.

Sonne zu faulenzen ist ab und zu auch mal erstrebenswert.

Ein wunderschöner Teilabschnitt des Fernwanderweges GR 223 verbindet den Ort mit Carolles-Plage, unbedingt sollte der Urlauber aber zumindest zum ehemaligen Beobachtungsposten **Cabane Vauban** wandern und den Rückweg zum Parkplatz durch das **Vallée du Lude** nehmen. Wer diesen kleinen, drei Kilometer langen Rundgang machen möchte, findet eine Parkmöglichkeit an der Beschilderung »Cabane Vauban« (48.742947, -1.565050). Der Weg ist mit einem gelben Streifen markiert, feste Schuhe und etwas Trittsicherheit sind empfehlenswert. Das Flüsschen Lude ist übrigens gerade mal 6,9 Kilometer lang und an seinem Ufer kann man problemlos von der Quelle bis zur Mündung Port du Lude entlangspazieren.

Carolles-Plage und **Saint-Pair-sur-Mer** besitzen gemeinsam einen sechs Kilometer langen Strand und insgesamt acht Campingplätze, stellvertretend werden hier ein Stellplatz und Camping l'Étoile de Mer beschrieben. Die Badeorte gehen nahtlos ineinander über und bieten eigentlich alles, was das Urlauberherz begehren könnte: Segelschulen, Tennisplätze, Minigolf, Paragliding, ein Casino sowie Restaurants in Hülle und Fülle. Die reizvolle Klippenlandschaft lädt zum Wandern ein und der feine Sandstrand ist einfach ein Traum.

Ein Sonnenuntergang über dem Meer ist immer wieder schön.

↑ In der Altstadt der Seeräuberstadt Granville

↓ Granville und die lange Strandpromenade

EINE ALTE SEERÄUBERSTADT

Granville ist zweigeteilt: Die moderne Unterstadt (Basse Ville) besitzt ein lebendiges Zentrum voller Geschäfte, Cafés sowie Restaurants, und auf dem Cours Jonville findet jeden Samstagvormittag der Wochenmarkt statt. Den Besuchern steht weiterhin ein Strand nebst einem Gezeiten-unabhängigen Badebecken zur Verfügung, ein Thalassozentrum und natürlich gibt es auch das obligatorische Casino. Aus dem großen Hafen der Stadt segelten bereits im 15. Jahrhundert Schiffe zum Kabeljaufang in die Gewässer vor Neufundland und Granville wurde zu einem wichtigen Umschlagsplatz. Aus der einstigen »Freibeuterstadt« starteten aber auch Seeleute zu Kapernfahrten, denn Ludwig XIV. hatte Freibriefe zum Überfallen und Plündern von Schiffen verfeindeter Nationen ausgeschrieben. Heute liegen hier im Hafen von Granville edle Jachten, Fischerboote, Ausflugsdampfer und der Dreimastschoner »Marité«, das letzte Holzschiff der Neufundlandflotte, das besichtigt werden kann.

Einige steile Treppen führen von der Rue du Port aus in die Oberstadt (Haute Ville), die auf einem Felsvorsprung thront. Hier oben steht auch die Église Notre-Dame, umgeben von mittelalterlichem Charme. Am Ende der Altstadt ist nicht nur ein wunderschöner Blick vom **Pointe du Roc** auf die Bucht vom Mont-Saint-Michel gegeben, auf dem großen Plateau steht auch der Leuchtturm Phare de Granville, und zwei deutsche Bunker aus dem Zweiten Weltkrieg können besichtigt werden. Nur wenige Schritte entfernt befindet sich der offizielle Wohnmobilstellplatz der Stadt, von dem alle Sehenswürdigkeiten bestens zu erreichen sind. Entlang der alten Festungsmauern kann man die Haute Ville mit einem gemütlichen Spaziergang einmal umrunden und genießt dabei schöne Ausblicke auf den Hafen und den Strand.

Aufgrund der golfstrombedingten milden Temperaturen hatte sich Granville bereits im 19. Jahrhundert zu einem angesehenen Seebad gemausert, in dem sich der europäische Geldadel ein Stelldichein gab. Auch der hier geborene Modeschöpfer Christian Dior

AUSFLUG

ZU DEN CHAUSEY-INSELN

Im Hafen von Granville starten das ganze Jahr über die Jolie-France-Boote zu den vorgelagerten Îles Chausey. Der Archipel besteht aus vielen kleinen Inseln, von denen bei Ebbe 365 zu sehen sind und bei Flut 52. Die Hauptinsel Grande Île, die 2 Kilometer lang und nur wenige 100 Meter breit ist, wird noch von einigen Fischern bewohnt. Es gibt ein Schlösschen, ein Fort, eine Kapelle und einen 39 Meter hohen Leuchtturm, der bestiegen werden kann. Ansonsten gehören die Inselchen den Kormoranen, von denen hier 350 Pärchen nisten sollen – Fernglas nicht vergessen!

Musée Christian Dior

Granville besitzt eine Ober-und Unterstadt.

kehrte immer wieder gern aus Paris in seine Heimatstadt zurück. Sein Elternhaus im Stil der Belle Époque thront hoch über der Steilküste auf der anderen Seite der Stadt. Die Villa **Les Rhumbs** ist seit 1997 ein sehenswertes Museum, in dem jährlich wechselnde Ausstellungen an die fantastischen Kreationen des Modeschöpfers erinnern und die Haute Couture des modernen Hauses Dior zeigen. Der exquisite Garten der Villa kann frei besichtigt werden und von hier führt eine Treppe hinunter zur Promenade, die im Zentrum von Granville nach einem erlebnisreichen Stadtrundgang endet. Für den längeren Aufenthalt in der Umgebung sei der Camping de l'Ermitage im Nachbarort Donville-les-Bains empfohlen. Eines der ganz großen Feste der Region ist im Übrigen der Karneval von Granville, der seit 2016 sogar zum immateriellen Kulturerbe der UNESCO gehört. Jedes Jahr wird zur Faschingszeit, ursprünglich das Abschiedsfest der Hochseefischer, fünf Tage lang mit mehr als 100 000 Karnevalisten, über 40 Wagen und Tonnen von Konfetti gefeiert.

Skulptur am Pointe du Roc

PRAKTISCHE HINWEISE

TOURISTINFORMATIONEN

Office de Tourisme Mont-Saint-Michel
Grande Rue,
50170 Le Mont-Saint-Michel,
Tel. +33 2 33 60 14 30,
ot-montsaintmichel.com

Office de Tourisme Avranches
2 Rue du Général de Gaulle,
50300 Avranches,
Tel. +33 2 33 58 00 22,
ot-montsaintmichel.com

Office de Tourisme Genêts
4 Place des Halles,
50530 Genêts,
Tel. +33 2 33 89 64 00,
manche-tourisme.com

Office de Tourisme Saint-Pair-sur-Mer
9 Rue Saint-Michel,
50380 Saint-Pair-sur-Mer,
Tel. +33 2 33 91 30 03,
tourisme-granville-terre-mer.com

Office de Tourisme Granville
2 Rue Lecampion,
50400 Granville,
Tel. +33 2 33 91 30 03,
tourisme-granville-terre-mer.com

MUSEEN/AUSFLÜGE/ ATTRAKTIONEN

Abbatiale du Mont-Saint-Michel
Die Messen der Ordensgemeinschaft finden jeweils am So um 11.30 Uhr, Di–Sa um 12.15 und 18.30 Uhr statt, Treffpunkt ist 15 Minuten vor Beginn des Gottesdienstes an der Porte de l'Abbaye, abbaye-montsaintmichel.com.

Scriptorial – Museum der Handschriften des Mont-Saint-Michel
6 Place d'Estouteville,
50300 Avranches,
Tel. +33 2 33 79 57 00,
scriptorial.fr
Ein chronologisch und thematisch geordneter Rundgang führt durch die medial aufbereitete Ausstellung, in der jahrhundertealte Geheimnisse per Audioguide erklärt werden. Das Museum ist täglich außer montags geöffnet.

Ecomusée de la Baie du Mont-Saint-Michel
Route du Grouin du Sud,
50300 Vains,
Tel. +33 2 33 89 06 06,
patrimoine.manche.fr
Das Museum ist von Anfang April bis Ende September geöffnet.

Musée Christian Dior
1 Rue d'Estouteville,
50400 Granville,
Tel. +33 2 33 61 48 21,
musee-dior-granville.com
Es gibt jährlich wechselnde Ausstellungen, zum Beispiel »Chapeaux Dior«: Hier dreht sich alles um die vom Hause Dior entworfenen Hüte. Garten und Villa sind von Mitte April bis Ende Oktober zu besichtigen.

CAMPING- UND STELLPLÄTZE

C 400 **Camping du Mont-Saint-Michel** (S. 178 C6)
Route du Mont St Michel,
50170 Le Mont-Saint-Michel,
Tel. +33 2 33 60 22 10,
camping-montsaint michel.com
GPS: 48.614732, -1.509606
Der großzügige Campingplatz gehört zu einer Ferienanlage und liegt direkt am kostenlosen Shuttlebus und an der Promenade zum Klosterberg. Der Platz gehört zu einem Hotel, in dem sich auch die Rezeption befindet. Hier erhalt man einen Zugangscode. In unmittelbarer Nähe liegt das Infozentrum, es gibt Souvenirgeschäfte und Restaurants. Der Platz ist von Anfang April bis Ende September geöffnet. Eine Reservierung wird empfohlen.

Der kostenlose Stellplatz von Avranches

Der strandnahe Stellplatz von Carolles

S 401 Aire de Camping-Car Beauvoir (S. 178 C6)
Route du Mont St Michel, 50170 Beauvoir,
Tel. +33 2 33 60 96 12
GPS: 48.594261, -1.512194
Der kostenpflichtige Stellplatz ist vier Kilometer vom Mont-Saint-Michel entfernt. Es gibt eine Busverbindung zum Shuttlebus, der Klosterberg ist aber auch auf einem separaten Fahrradweg gut zu erreichen. Strom, Wasser und Entsorgung sind im Preis enthalten, WLAN ist frei. Der Platz für 150 Mobile ist ansprechend begrünt, in unmittelbarer Nähe sind Geschäfte und Restaurants angesiedelt. Der Platz ist ganzjährig nutzbar.

S 402 Aire de Camping-Cars La Bidonnière
(S. 178 C6)
5 Route de la Rive, 50170 Ardevon,
Tel. +33 6 25 55 30 70,
labidonniere.fr
GPS: 48.603635, -1.476941
Der kostenpflichtige Stellplatz liegt abseits des Trubels in ländlicher Umgebung und ist etwa sechs Kilometer vom Mont-Saint-Michel entfernt, schöner Blick über die Wiesen zum Klosterberg. Der Platz ist parzelliert, Strom sowie komplette Ver- und Entsorgung sind vorhanden. Brötchenservice ist möglich. Der Platz ist von Mitte März bis Ende Dezember nutzbar.

S 403 Aire Municipal Avranches (S. 178 D5)
Boulevard Léon Jozeau-Marigné, 50300 Avranches
GPS: 48.686497, -1.367888
Der gebührenfreie Stellplatz für 15 Mobile liegt unweit des lebendigen Zentrums der Stadt und in unmittelbarer Nähe des Jardin des Plantes. Der Platz ist etwas uneben, Ver- und Entsorgung sind kostenpflichtig, kein Strom. Die recht steile Anfahrt ist für sehr große Wohnmobile nicht empfehlenswert. Der Platz ist ganzjährig nutzbar.

C 404 Camping Côté Ô Mont-Saint-Michel
(S. 178 C5)
14 Route du Bec d'Andaine, 50530 Genêts,
Tel. +33 5 47 74 30 72,
cote-o.fr
GPS: 48.687822, -1.484353
Der 4-Sterne-Campingplatz besitzt einen großen Schwimmbadbereich mit beheiztem Außenpool und Wasserrutschen, eine Snackbar, einen Minishop, ein reichhaltiges Sportangebot und vieles mehr. Der Platz ist 500 Meter vom Meer entfernt, hier starten auch die Wattwanderungen. Der Platz ist von Anfang April bis Ende September geöffnet.

S 405 Aire de Camping-Cars Saint-Jean-le-Thomas
(S. 178 C4)
Boulevard Stanislas, 50530 Saint-Jean-le-Thomas
GPS: 48.725064, -1.523681
Der gemeindeeigene Stellplatz liegt oberhalb des Camping Municipal unweit des Strandes. Der gepflegte, ruhige Platz ist parzelliert, Was-

Der zentrumsnahe Stellplatz von Granville

Camping l'Étoile de Mer mit Meerblick

ser gegen Gebühr, Strom nur an der Ver- und Entsorgungsstation. Teilweise sehr schöner Blick auf das Meer, der Platz ist ganzjährig nutzbar.

S 406 Aire de Camping-Cars Carolles-Plage
(S. 178 C4)
Chemin des Pêcheurs,
50740 Carolles,
Tel. +33 2 33 61 93 75,
aireparkreservation.com
GPS: 48.759240, -1.570540
Der nüchterne Stellplatz liegt in unmittelbarer Nähe zum Meer, WC und Strandrestaurants vorhanden, tagsüber unruhig durch den öffentlichen Parkplatz. Der Platz ist ganzjährig nutzbar und nur nachts kostenpflichtig. Ver- und Entsorgung sind vorhanden, Strom und Wasser gegen Gebühr.

C 407 Camping l'Étoile de Mer (S. 178 C3)
88 Rue du Pont Bleu,
50380 Saint-Pair-sur-Mer,
Tel. +33 2 33 49 69 29,
camping-etoiledemer.com
GPS: 48.789594, -1.566895
Der gemeindeeigene Campingplatz hat direkten Zugang zum Strand, einige Plätze haben Meerblick. Am Platz gibt es eine Snackbar, ein kleines Lebensmittelgeschäft ist fußläufig erreichbar. Der Platz ist von Anfang April bis Ende Oktober geöffnet.

S 408 Aire de Camping-Cars Saint-Pair-sur-Mer
(S. 178 C3)
Avenue Léon Jozeau-Marigné,
50380 Saint-Pair-sur-Mer
GPS: 48.81741, -1.56942
Der gebührenpflichtige Stellplatz für 50 Mobile liegt im Ort neben einem Sportplatz, der Strand ist nur wenige Schritte entfernt, das Zentrum ist fußläufig erreichbar. WLAN, Ver- und Entsorgung sowie Strom und WC sind vorhanden. Der Platz ist ganzjährig nutzbar.

S 409 Aire de Camping-Cars Granville (S. 178 B3)
4 Rue du Roc,
50400 Granville,
ville-granville.fr
GPS: 48.83488, -1.61015
Der gebührenpflichtige Stellplatz für 20 Mobile liegt in der Oberstadt in der Nähe des Point du Roc, das Zentrum und alle Sehenswürdigkeiten sind fußläufig erreichbar. Strom und Wasser sind kostenpflichtig, Entsorgung ist vorhanden. Der Stellplatz ist ganzjährig nutzbar.

C 410 Camping de l'Ermitage (S. 178 C2)
Rue de l'Ermitage, 50350
Donville-les-Bains,
Tel. +33 2 33 50 09 01,
camping-ermitage.com
GPS: 48.852125, -1.580878
Der 3-Sterne-Campingplatz hat einen direkten Strandzugang und großzügige Stellplätze teils mit Meerblick, Haustiere sind erlaubt. Es gibt eine Snackbar, einen Pool und ein Wassersportzentrum. Granville ist fußläufig erreichbar. Der Platz ist von Anfang April bis Anfang November geöffnet.

Das Oldtimer-Rennen in Coutances ist ein Highlight für viele.

5

ALTEHRWÜRDIGE KULTUR UND HERRLICHE NATUR

Eine beliebte Ferienregion mit kilometerlangen feinen Sandstränden

Ein kleiner Ausflug führt in das bezaubernde Städtchen Villedieu-les-Poêles, die Stadt des Kupfers und der Glockengießerei, und in der Bischofsstadt Coutances lockt der Besuch einer der schönsten gotischen Kirchen der Normandie. Die Côte des Havres, zu Deutsch »Küste der Naturhäfen«, ist ein landschaftlicher Höhepunkt dieser Normandie-Reise und verläuft über 50 Kilometer bis zum Cap de Carteret.

Die kleine Stadt **Villedieu-les-Poêles** trägt einen ungewöhnlichen Namen: Wörtlich übersetzt bedeutet Villedieu »Stadt Gottes«, ein Hinweis darauf, dass der Ort im 11. Jahrhundert von der Glaubensgemeinschaft der Johanniter, dem späteren Malteserorden, gegründet wurde. Der Zusatz »les Poêles« nimmt Bezug auf die jahrhundertelange Tradition der Kupferbearbeitung. Seit dem Mittelalter werden hier nämlich Pfannen (poêles), Kessel, Messingwaren und vieles mehr hergestellt, und aufgrund dieser althergebrachten Handwerkstradition trägt die Stadt die Auszeichnung »Ville et Métiers d'Art«. Es ist das Label eines 1992 ins Leben gerufenen Vereins mit dem Ziel, Wirtschaft und kulturelles Wissen zu einen und die Entwicklung und Weitergabe von außergewöhnlichem Know-how zu fördern. 605 Kommunen haben mittlerweile diese Auszeichnung erhalten, die inzwischen auch ein wichtiges Werbeinstrument für den Tourismus geworden ist.

Villedieu-les-Poêles ist sehenswert.

TRADITION UND HANDWERK

Das traditionelle Erbe der Metallverarbeitung findet sich auch in der Glockengießerei »Fonderie de Cloches Cornille Havard« wieder. Die außergewöhnliche Werkstatt mitten im Zentrum von Villedieu-les-Poêles kann besichtigt werden, und die 30-minütige Führung (auch in deutscher Sprache) ist faszinierend. Wie in uralten Zeiten werden die Glocken gegossen und gebrannt, nur die Form wird heutzutage per Computer errechnet. Die Glockengießerei Cornille Havard kann sich über mangelnde Aufträge nicht beschweren: Es wird meist gleichzeitig an bis zu zehn Glocken gearbeitet, unter anderem stammen die neuen Glocken der Cathédrale Notre-Dame in Paris aus Villedieu-les-Poêles. Der lebhafte, 3500 Einwohner zählende Ort ist ein absolutes Wohlfühl-Städtchen, was schon am ausgesprochen nett angelegten Stellplatz beginnt. Mit schönem Blick auf die Kirche steht man unter Schatten spendenden Bäumen und die Altstadt ist nur wenige Gehminuten entfernt. Hier zeigen gleich mehrere Geschäfte eine riesige Auswahl an wunderschön gearbeiteten Gegenständen aus Kupfer, die in den Schaufenstern um die

ROUTE 5

START- UND ENDPUNKT
Villedieu-les-Pôeles und Barneville-Carteret

STRECKENLÄNGE
100 km

REINE FAHRZEIT
2 Stunden

Start Villedieu-les-Pôeles
D924
D9
D7
32 km
Coutances

C 510
Carteret
Cap de Carteret
Barneville-Carteret
St-Georges-de-la-Rivière
C 509
Portbail
S 508
Gennetot
St-Lô-d'Ourville
Château d'Omonville
Lindbergh-Plage
Denneville-Plage
la Poudrière
la Plage
St-Germain-Plage
S 507
Lessay
Créances
Armanville-Plage
Pirou
Château de Pirou
Pirou-Plage
C 506
Geffosses
Anneville-sur-Mer
S 505
la Mielle
Gouville-sur-Mer
C 504
Blainville-sur-Mer
S 503
Coutainville
Agon-Coutainville
Tourville-sur-Sienne
C 502
Coutances
Hôtel-Dieu
Gavray
S 500
Villedieu-les-Poêles
C 501
la Vallée
Fierville-les-Mines
St-Jacques-de-Néhou
Néhou
Reigneville-Bocage
Gourbesville
Amfreville
Ste-Mère-Eglise
Audouville-la-Hubert
le Mesnil
Besneville
St-Sauveur-le-Vicomte
Etienville
Les Moitiers-en-Bauptois
Chef-du-Pont
Carquebut
Blosville
Brucheville
Neuville-en-Beaumont
Varenguebec
Doville
Prétot-Ste-Suzanne
Houtteville
Houesville
St-Côme-du-Mont
Vierville
Angoville-au-Plain
Brévands
Neufmesnil
Baudreville
Coigny
Appeville
Baupte
Auvers
Carentan
Montgardon
Glatigny
la Haye-du-Puits
Lithaire
St-Jores
le Plessis-Lastelle
Méautis
Angoville-sur-Ay
St-Germain-sur-Ay
Vesly
Laulne
Gorges
St-Patrice-de-Claids
Nay
Sainteny
St-Georges-de-Bohon
Graignes (le Nouveau-Bourg)
Pissot
Raids
Auxais
Tribehou
Millières
la Feuillie
Périers
St-Sébastien-de-Raids
Marchésieux
Remilly-sur-Lozon
Vaudrimesnil
St-Sauveur-Lendelin
Feugères
le Mesnil-Vigot
le Mesnil-Eury
Muneville-le-Bingard
Montsurvent
Montcuit
Montreuil-sur-Lozon
Marigny
St-Gilles
Camprond
le Lorey
Brainville
la Vendelée
Cambernon
Cametours
Savigny
Carantilly
Belval
Montpinchon
Cerisy-la-Salle
St-Pierre-de-Coutances
Nicorps
Saussey
Regnéville-sur-Mer
Pointe d'Agon
Montchaton
Hyenville
Montmartin-sur-Mer
Contrières
St-Denis-le-Vêtu
Roncey
St-Martin-de-Cenilly
Soulles
la Haye-Bellefond
Annoville
Quettreville-sur-Sienne
Trelly
Guéhébert
le Guislain
Lingreville
Bourg-Sey
St-Denis-le-Gast
Hambye
Maupertuis
Lengronne
la Baleine
Muneville-sur-Mer
Cérences
Sourdeval-les-Bois
Percy
Bréhal
Chanteloup
Montaigu-les-Bois
St-Martin
Coudeville-sur-Mer
le Loreur
la Bloutière
Bréville-sur-Mer
Hudimesnil
le Mesnil-Rogues
le Mesnil-Garnier
Granville
Yquelon
Anctoville-sur-Boscq
St-Sauveur-la-Pommeraye
Équilly
Fleury
Pointe du Roc
la Maison Brûlée
Champrepus
Ste-Cécile
St-Pair-sur-Mer
St-Planchers
St-Jean-des-Champs
Folligny
le Tanu
N
0
5 km

Die imposante Cathédrale Notre-Dame in Coutances

Wette glänzen. In der Rue de Caen ist ein kleines Museum zur Kupferherstellung und zur Tradition der Spitzenklöppelei ansässig, der Reisende sollte hier aber auch mal einen Blick in den ein oder anderen idyllischen Hinterhof wagen. Jeden Dienstag findet auf der zentralen Place de la République einer der größten Wochenmärkte des Départements Manche statt, der Besucher aus der weiten Umgebung anlockt.

EXQUISITE NORMANNISCHE GOTIK

Auf dem Weg ans Meer sei dem Reisenden noch ein Stopp in dem historischen Städtchen **Coutances** empfohlen. Rund um die Altstadt des einstigen Bischofssitzes sind erstaunlich viele und großzügige Parkplätze zu finden, zum Beispiel an der Place Duhamel (49.047007, -1.442112; kein Übernachtungsverbot). Schon von Weitem ist die Silhouette der Cathédrale Notre-Dame zu sehen, die auf dem höchsten Punkt der Anhöhe thront und ein Meisterwerk der normannischen Gotik ist. Die Kathedrale gilt als eines der schönsten Gotteshäuser Frankreichs. Sehr elegant und ausgewogen strebt das sakrale Bauwerk dem Himmel entgegen, die Krönung ist der achteckige Vierungsturm mit seiner Arkadengalerie und der hohen Laterne. Diese eindrucksvolle Laterne zeigt auch im Inneren das gotische Streben nach Licht, und wer bei einer Führung von hier oben durch das Glasdach bis auf den Boden der Kathedrale blickt, sollte schon über etwas Schwindelfreiheit verfügen.

Unweit der Kathedrale ist der Jardin des Plantes in der Rue Quesnel Morinière unbedingt einen Besuch wert. Der frei zugängliche Park ist in Terrassenform angelegt und bezaubert mit den liebevoll gepflegten Tierskulpturen, üppigen Blumenbeeten, zahlreichen subtropischen Pflanzen und exotischen Bäumen. Bei einem kleinen Spaziergang durch die Altstadtgassen ist so manch nettes Spezialitätengeschäft zu entdecken, und einige einladende Restaurants haben Tisch und Stühle vor ihre

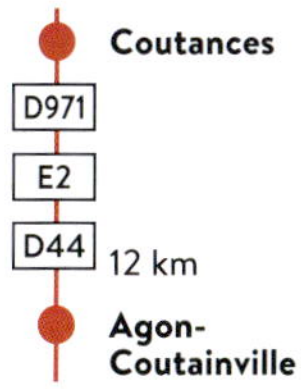

Tipp

LA FLAMBÉE DES CUIVRES

Die Crêperie bietet eine große Auswahl an außergewöhnlichen Galette- und Crêpe-Variationen. Die großen Portionen sind hausgemacht und werden frisch zubereitet, Reservierung ist dringend empfohlen. Eine Galette, in Deutschland nahezu unbekannt, ist die herzhafte Version der Crêpe. Ganz stilecht trinkt man dazu einen normannischen Cidre.
65 Rue du Général Huard,
Tel. +33 2 33 61 02 26

Wattlauf am schönen Strand von Agon-Coutainville

Türen gestellt. Der große Wochenmarkt von Coutances findet jeden Donnerstagvormittag auf der Place Général-de-Gaulle statt.

AN DER CÔTE DES HAVRES

Die »Küste der Naturhäfen« wurde durch acht aufeinanderfolgende Flüsse gebildet, deren Mündungsarme zum Teil riesige Landzungen schufen. Dazwischen gibt es feine Sandstrände hinter einer niedrigen Dünenkette, die nur von diesen natürlichen Einbuchtungen unterbrochen ist. Innerhalb der »Havres« haben sich ausgedehnte Salzwiesen entwickelt, auf denen bei Ebbe Schafe weiden, und im Hinterland wird hauptsächlich Gemüse angebaut. In dieser wenig besiedelten Region kann man auf verkehrsarmen Wegen ausgedehnte Fahrradtouren unternehmen und dem Wohnmobilfahrer mal ein paar Tage Ruhe gönnen.

Agon-Coutainville ist der traditionsreichste Badeort nicht nur an der Côte des Havres, sondern im gesamten Département Manche. Von Napoléon III gegründet, ist das Städtchen typisch für die Seebäder des 19. Jahrhunderts: Es gibt Häuser aus der Zeit der Belle Époque, ein Casino, eine lange Strandpromenade, zahlreiche Restaurants, kleine Bars und Souvenirläden. Aber in erster Linie macht der herrlich breite und unendlich lange Sandstrand Agon-Coutainville zu einem der beliebtesten Ferienorte in der Normandie. Animation und Beschäftigungsmöglichkeiten sind in den Sommermonaten reichlich vorhanden: Strand- oder Katamaransegeln, Surfing, Beachvolleyball oder einfach nur ein traumhafter Strandspaziergang bei Sonnenuntergang. Südlich des Ortes befindet sich das Landschaftsschutzgebiet um den Naturhafen von Regnéville mit dem Leuchtturm am Pointe d'Agon, und hier mündet zwischen gigantischen Sandflächen der Fluss Sienne ins Meer.

Blainville-sur-Mer liegt nördlich von Agon-Coutainville und hier gibt es gleich den nächsten großen Naturhafen (havre), in dessen unmittelbarer Nähe sich der schlichte

Camping de la Melette befindet. Zum Ort gehört das erste große Austernzuchtgebiet dieser Normandie-Reise und einige Züchter bieten die von den Franzosen so geliebten Meeresfrüchte sogar 24 Stunden rund um die Uhr im Automaten an. Wer sich doch lieber im Restaurant verwöhnen lässt, dem sei die Austern-Cabane La Vieille Digue oder die Strandbar La Cale auf der Landzunge La Plage empfohlen – Moules frites und ein Gläschen Muscadet dazu, was will man mehr?

Gouville-sur-Mer ist zwar nur wenige Kilometer entfernt, die Fahrt mit dem Wohnmobil dorthin sei allerdings jedem Urlauber ans Herz gelegt, denn hier steht man im wahrsten Sinne des Wortes in der ersten Reihe. Der offizielle Stellplatz ist mit Strom und kompletter Ver- und Entsorgung geradezu mustergültig, und der Blick über den Strand auf das weite Meer ist kaum zu übertreffen. Gemütlich im Wohnmobil sitzend kann man hier einmal sehr gut beobachten, mit welch rasender Geschwindigkeit sich das Wasser bei Ebbe zurückzieht und bei Flut wieder hereinströmt. Beim Spaziergang im Watt sei also immer Vorsicht geboten!

Tipp

LA VIEILLE DIGUE

Das urgemütliche Meeresfrüchterestaurant gehört zu einer Austernzucht und ist nicht weit vom Camping de la Melette entfernt. Es werden auch Huîtres gratinées, überbackene Austern, angeboten. Im Außenbereich stehen die Tische und Stühle mit sehr schönem Blick teilweise auf der Terrasse sowie im feinen Sand. Reservierung empfohlen:
Tel. +33 2 33 76 55 47.
GPS: 49.078622, -1.602459

↑ Badehäuschen am Strand von Gouville-sur-Mer
↓ Palourdes sind Venusmuscheln.

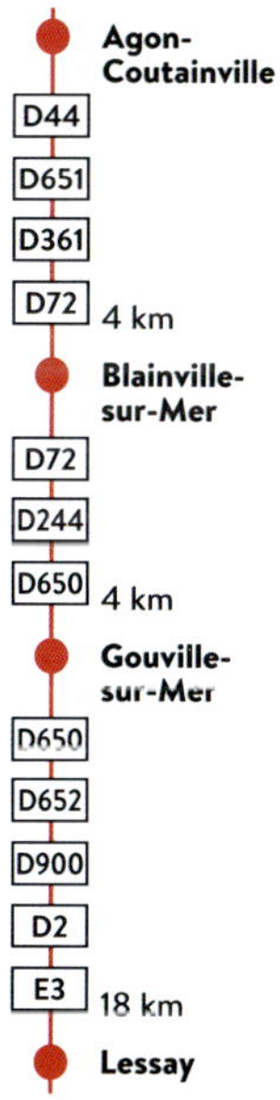

In unmittelbarer Nähe des Stellplatzes gibt es einige Strandbars, sodass niemand Hunger oder Durst leiden muss. Allerdings kann sich der Urlauber hier seine Mahlzeit auch mal selbst zusammensammeln, indem er sich im Wattfischen »Pêche à pied« übt. Zum Schutz von Jungtieren sind dabei allerdings einige Richtlinien zu beachten: Mies- (moules) und Venusmuscheln (palourdes) müssen mindestens 4 cm, Krabben (crabes) mindestens 6,5 cm groß sein und Garnelen (crevettes) mindestens 3 cm lang. Außerdem dürfen nicht mehr als drei Kilo pro Sorte Meeresfrucht inklusive Schale gesam-

Lessay
D900
D72
D650
D15
D50
22 km
Portbail
D50
D902
D903
10 km
Barneville-Carteret

melt werden. Beim »Fischen zu Fuß« sollte man wegen der scharfen Muschelschalen besser Badeschuhe oder Gummistiefel tragen. Hauptsächlich findet man bei Ebbe Venusmuscheln, die dann auch ganz schnell und unkompliziert im Wohnmobil zubereitet werden können – im Italienischen würde man das Gericht Spaghetti alle vongole nennen. Das Wahrzeichen des Ferienortes sind die vielen bunten Badehäuschen, die auf einer Düne einen bezaubernden Anblick bieten. Wer diesen wundervollen Strandabschnitt nicht auf dem Wanderweg GR 223 genießen möchte, kann in Gouville-sur-Mer zur Abwechslung eine Pferdekutschfahrt durchs Watt machen, Informationen dazu gibt es im Touristenbüro.

AUSFLUG

ZUM CHÂTEAU DE PIROU

Vom Stellplatz Gouville-sur-Mer aus lässt sich eine schöne Radtour unternehmen: An den Campingplätzen geht es vorbei und bei der ersten Möglichkeit links in einen Schotterweg. Dieser verläuft gut befahrbar hinter den Dünen bis nach Anneville-sur-Mer. Dort muss die D 650 überquert werden, um der Beschilderung Richtung Geffosses zu folgen. Der Radweg auf den ruhigen Feldstraßen ist nun perfekt gekennzeichnet und nach 13 Kilometern ist das Château de Pirou erreicht. Die Tour kann bis Créances bzw. Lessay erweitert werden, Hin- und Rückweg dann insgesamt etwa 50 Kilometer.

LOHNENSWERTER ZWISCHENSTOPP

Lessay ist dem Freund romanischer Sakralbauten sicherlich ein Begriff, denn die Abteikirche Sainte-Trinité aus dem 11. Jahrhundert ist für die Normandie das Paradebeispiel dieser Epoche. Die Église Abbatiale, gegründet zur Zeit Wilhelm des Eroberers, ist im Laufe der Jahrhunderte mehrfach fast zerstört worden und auch der Zweite Weltkrieg ging nicht spurlos an der Kirche vorbei. Unter Verwendung der alten Steine wurde das Gotteshaus innerhalb von zwölf Jahren originalgetreu wiederaufgebaut. Die mittelalterliche Atmosphäre ist auf beeindruckende Weise spürbar und die hochinteressante Geschichte der Kirche ist auf Infotafeln in deutscher Sprache nachzuverfolgen. Lessay selbst ist ein netter, ruhiger Ort, in dem rund um die Abteikirche einige Geschäfte und Restaurants vorhanden sind. Einmal im Jahr allerdings herrscht hier absoluter Ausnahmezustand, wenn am zweiten Septemberwochenende nämlich die »Foire de la Sainte-Croix« stattfindet. Mehr als 350 000 Besucher überfluten in den drei Tagen das 2000 Einwohner zählende Städtchen, um einen der größten Märkte Frankreichs zu erleben. 1500 Händler überbieten sich mit Lebensmitteln, Haushaltswaren sowie Bekleidung, und Pferde, Esel, Ziegen und Geflügel aller Art werden angeboten. Für das leibliche Wohl sorgen auf der Allée des Rôtisseurs an die 50 Grillwagen – ein riesiges Spektakel!

EINE KIRCHE ALS KUNSTGALERIE

Ein Ort zum Wohlfühlen ist **Portbail** und sicherlich werden die meisten Urlauber vom ersten Moment an Sympathie für dieses Städtchen empfinden, das in seiner

Lang, breit und fein – der Surtainville Plage

Schlichtheit so harmonisch wirkt. Vom Wohnmobilparkplatz kommend, ist man in wenigen Gehminuten in der netten Altstadt, wo kleine Geschäfte und Restaurants auf Kundschaft warten. Auf der zentralen Place du Monument-aux-Morts findet jeden Dienstagvormittag der Wochenmarkt statt und hier gibt es unter anderem Gegrilltes zum Mitnehmen. Diese heftig qualmenden Rôtisserie-Wagen, in denen ganz traditionell mit Holzkohle gegrillt wird, werden dem Reisenden in der Normandie häufiger begegnen. Ganze Braten, Haxen, Hühnchen oder Würste werden hier frisch zubereitet, und der Normanne nimmt dieses Angebot liebend gern an.
Beim Bummel durch Portbail sollte der Besucher unbedingt in die romanische **Église Notre-Dame** hineingehen, denn das sakrale Gebäude wird mittlerweile als frei zugänglicher Ausstellungsraum von Künstlern genutzt. Die meist sehr modernen Werke und ausgefallenen Skulpturen erzielen in dieser mittelalterlichen Umgebung eine faszinierende Wirkung, der sich wohl kaum jemand entziehen kann.
Gegenüber der Kirche fällt der Blick auf eine steinerne Brücke mit 13 dekorativen Bögen, die den Havre überquert. Portbail liegt an der Mündung der Ollonde und auch hier hat sich ein riesiger, versandeter Naturhafen gebildet, der bei den Grandes Marées, den großen Fluten, schnell vollläuft. Auf der anderen Seite ist der große Jachthafen zu sehen, in dem das ein oder andere luxuriöse Schiffchen bewundert werden kann. Südlich des natürlichen Beckens von Portbail liegt die wunderschöne **Lindbergh Plage**, der sich eine 200 Hektar große gleichnamige Düne anschließt. Charles Lindbergh überflog die

Region 1927 bei seiner Atlantiküberquerung auf dem Weg nach Paris. Der nördlich des Hafens gelegene feine Sandstrand ist fast zehn Kilometer lang und hier sind mehrere Campingplätze ansässig, von denen stellvertretend für alle Camping Les Dunes beschrieben wird, da er dem Strand am nächsten liegt.

Barneville hat seinen wöchentlichen Markttag samstags und der Ortsteil **Carteret** donnerstags, aber die Doppelgemeinde bietet auch ansonsten einige nette Einkaufsmöglichkeiten. Hier an der Côte des Îles kann man vom geschäftigen Fischerei- und Jachthafen aus einen Abstecher nach England machen, denn Jersey und Guernsey sind nicht weit. Wer lieber auf dem Festland bleibt, erblickt bei einer schönen Wanderung auf dem GR 223 vom Cap Carteret aus die Inseln in der Ferne. Weit schweift der Blick vom Leuchtturm über das Meer und unter der hohen Klippe liegt die kleine, aber feine Plage de la Potinière mit ihren weiß-blauen Badehäuschen – eine Tradition, die in der Normandie bis heute überlebt hat. Für den kurzen Stadtbesuch kann der Wohnmobilist ganz offiziell im Ortsteil Carteret in der Avenue de la République parken (49.380356, -1.782451) und in Barneville am Parking du Havre in der Avenue de la Mer stehen bleiben (49.370087, -1.763825).

Am letzten Wochenende im Juli findet zwischen Portbail und Barneville-Plage das Fest der Drachen statt, dann ist hier am sonst wenig frequentierten Strand richtig was los. Ob mit Frosch- oder Maikäferdrachen, mit komplizierten Lenk- oder großen Schlangendrachen, die ihre Kreise am blauen Himmel ziehen, das bunte Treiben ist ein grandioser Anblick. Allerlei Spektakel ist aber auch im Ort geboten, wo an diesem Wochenende ein Flohmarkt (vide-grenier) abgehalten wird und viel Kulinarisches unter freiem Himmel verspeist werden kann.

↑ Portbail – moderne Kunst trifft Romanik
↓ Strand und Promenade am Cap Carterat

AUSFLUG

TRAIN TOURISTIQUE DU COTENTIN

Zwischen Portbail und Barneville-Carteret verkehrt ein Touristenbähnchen auf einem Teilstück einer historischen Bahnverbindung. Auf der zehn Kilometer langen Strecke fährt der Zug immer an der Küste entlang und durchquert dabei Dünen, Felder und die für die Normandie so typische Bocage. Warum also nicht mal das Wohnmobil stehen lassen und ein bisschen Bähnchen fahren?
Dauer etwa 2,5 Stunden,
train-touristique-du-cotentin.com

PRAKTISCHE HINWEISE

TOURISTINFORMATIONEN

Office de Tourisme Villedieu-les-Poêles
8 Place des Costils,
50800 Villedieu-les-Poêles,
Tel. +33 2 33 61 05 69,
ot-villedieu.fr

Office de Tourisme Coutances
6 Rue Milon,
50200 Coutances,
Tel. +33 2 33 19 08 10,
tourisme-coutances.fr

Office de Tourisme Agon-Coutainville
6 Place de 28 Juillet 1944,
50230 Agon-Coutainville,
Tel. +33 2 33 19 08 10,
agoncoutainville.fr

Office de Tourisme Gouville-sur-Mer
Rue du Nord,
50560 Gouville-sur-Mer,
Tel. +33 2 33 19 08 10,
gouville-sur-mer.fr

Office de Tourisme Portbail
26 Rue Philippe Lebel,
50580 Portbail,
Tel. +33 2 33 04 03 07,
portbail.fr

Office de Tourisme Barneville-Carteret
3 Avenue de la République,
50270 Barneville-Carteret,
Tel. +33 2 33 04 90 58,
encotentin.fr

MUSEEN/AUSFLÜGE/ ATTRAKTIONEN

Fonderie de Cloches Cornille Havard
10 Rue du Pont Chignon,
50800 Villedieu-les-Poêles,
Tel. +33 2 33 61 00 56,
cornille-havard.com
Die Glockengießerei ist das ganze Jahr außer in den Betriebsferien von Mitte Dezember bis Mitte Januar zu besichtigen, Führung auch in deutscher Sprache.

Musée de la Poeslerie et de la Dentellière
Cour du Foyer,
25 Rue du Général Huard,
50800 Villedieu-les-Poêles,
Tel. +33 2 33 69 33 44,
museevilledieu.sitew.com
Zwei kleine Museen unter einem Dach zeigen die traditionelle Verarbeitung von Kupfer und die Herstellung von Spitze. Geöffnet von Anfang April bis Anfang November.

Cathédrale Notre-Dame Coutances
Rue du Puits Notre Dame,
50200 Coutances,
Tel. +33 2 33 45 00 41,
cathedralecoutances.free.fr
Die Kathedrale ist frei zu besichtigen. Während einer Führung, die im Touristenbüro gebucht wird, werden auch die nicht öffentlichen Bereiche wie die Überreste des Vorgängerbaus aus dem 11. Jahrhundert, die oberen Galerien und der Laternenturm gezeigt, Dauer der Führung etwa 1,5 Stunden.

Château de Pirou
Le Château, 50770 Pirou,
Tel. +33 2 33 46 34 71,
chateau-pirou.fr
Das Wasserschloss aus dem 12. Jahrhundert kann von Anfang April bis Ende Dezember frei oder per Führung besichtigt werden.

CAMPING- UND STELLPLÄTZE

S 500 **Aire de Camping-Cars Villedieu** (S. 179 F3)
Rue Jean Gasté, 50800 Villedieu-les-Poêles
GPS: 48.842008, -1.222846
Der kostenlose, zentrale Stellplatz befindet sich im hinteren Teil eines öffentlichen Parkplatzes in ruhiger Umgebung, sehr schöner Blick und rundum begrünt. Ver- und Entsorgung sowie öffentliches WC sind vorhanden. Der Platz ist ausgeschildert und ganzjährig nutzbar.

Camping de la Melette

Stellplatz Villedieu-les-Poêles

C 501 **Camping Les Chevaliers de Malte** (S. 179 F3)
2 Impasse du Pré de la Rose, 50800 Villedieu-les-Poêles, Tel. +33 233 594904, camping-deschevaliers.com
GPS: 48.836448, -1.217037
Der Campingplatz liegt am Ortsrand von Villedieu-les-Poêles im Grünen. Das Zentrum ist fußläufig erreichbar. Am Platz gibt es eine Snackbar und einen Minimarkt, der Pool und die Sanitärräume sind beheizt. Der Platz ist von Anfang April bis Mitte Oktober geöffnet.

C 502 **Camping Les Vignettes** (S. 180 D6)
27 Rue Gérard Gaunelle, 50200 Coutances, Tel. +33 2 33 45 43 13, coutances.fr
GPS: 49.051632, -1.459135
Der gemeindeeigene Campingplatz liegt am Stadtrand im Grünen und ist nicht parzelliert. Der Platz besitzt einen Schwimmbadbereich und einen beheizten Pool. Das Zentrum ist fußläufig erreichbar. Der Platz ist ganzjährig geöffnet.

S 503 **Aire de Camping-Cars Agon-Coutainville** (S. 180 C6)
D 361, Boulevard Louis Lebel Jehenne, 50230 Agon-Coutainville
GPS: 49.053149, -1.591464
Der gebührenpflichtige Stellplatz für 40 Mobile liegt am Ortsrand neben dem gemeindeeigenen Camping Le Marais. Der Platz ist gepflegt, schön begrünt und parzelliert. Es gibt Strom sowie Ver- und Entsorgung, der Strand, Geschäfte und Restaurants sind ca. einen Kilometer entfernt. Der Platz ist ganzjährig nutzbar.

C 504 **Camping de la Melette** (S. 180 B5)
Route de la Mer, 50560 Blainville-sur-Mer, Tel. +33 2 33 47 14 84, blainvillesurmer.fr
GPS: 49.068422, -1.596323
Der Campingplatz ist Teil einer Ferienanlage außerhalb des Ortes und liegt hinter den Dünen. Ein Supermarkt und mehrere Strandbars sind fußläufig erreichbar. Der Platz ist nicht parzelliert, Strom sowie Ver- und Entsorgung sind im Preis enthalten. Der preiswerte Platz (Sanitärbenutzung nicht inbegriffen) ist für Wohnmobile von Anfang April bis Ende Oktober geöffnet.

S 505 **Aire de Camping-Cars Gouville** (S. 180 B5)
Rue du Beau Rivage, 50560 Gouville-sur-Mer
GPS: 49.100590, -1.608777
Der kostenpflichtige Stellplatz für 40 Mobile liegt direkt an der Strandstraße, Blick auf das Meer von jeder Parkbucht. WC, Strom sowie Ver- und Entsorgung sind vorhanden und im Preis inklusive, Strandbars in unmittelbarer Nähe. Der Platz ist ganzjährig

nutzbar, maximaler Aufenthalt drei Nächte.

C 506 **Camping Municipal Le Clos Marin** (S. 180 C4)
43 Rue des Bergeronnettes, 50770 Pirou,
Tel. +33 2 33 46 30 36,
ville-pirou.fr
GPS: 49.159423, -1.595987
Der schlichte, gemeindeeigene Campingplatz liegt in ruhiger Umgebung direkt hinter den Dünen zu Beginn der sechs Kilometer langen Plage de Pirou. Am Platz gibt es einen beheizten Pool, einen Kilometer entfernt befinden sich Bäcker, Minimarkt und Restaurants. Der Platz ist von Anfang April bis Ende Oktober geöffnet.

S 507 **Aire de Camping-Cars Lessay** (S. 180 C3)
D 72, Place Saint-Cloud, 50430 Lessay
GPS: 49.218450, -1.536221
Der kostenlose Stellplatz liegt ruhig am Ortsbeginn im Grünen und hat Ver- und Entsorgung, aber keinen Strom. In das Zentrum mit Geschäften und zur Abbaye sind es nur wenige Gehminuten. Der Platz ist ganzjährig nutzbar.

S 508 **Aire de Camping-Cars Portbail** (S. 180 B2)
Rue Lechevalier,
50580 Portbail
GPS: 49.337500, -1.701018
Der kostenlose Stellplatz ist eher ein Parkplatz, da keinerlei Ver- und Entsorgung zur Verfügung steht. Der Platz liegt nur wenige Gehminuten vom Zentrum entfernt und bietet einen schönen Blick auf die Salzwiesen.

C 509 **Camping Les Dunes** (S. 180 A2)
2 Chemin de la Grande Mielle, 50270 Saint-Georges-de-la-Rivière, Tel. +33 2 33 52 03 84
GPS: 49.353570, -1.747790
Der Campingplatz liegt hinter den Dünen und hat direkten Strandzugang. Es gibt Brötchenservice in der Saison und eine kleine Snackbar, sehr schöne Fahrradstrecken nach Portbail und Barneville-Carteret. Der Platz ist von Anfang April bis Ende Oktober geöffnet.

C 510 **Camping La Gerfleur** (S. 180 A1)
93 Rue Guillaume le Conquérant, 50270 Barneville-Carteret, Tel. +33 2 33 94 54 17,
camping-la-gerfleur.fr
GPS: 49.383468, -1.764262
Der Campingplatz liegt ruhig mitten im Ort am Flüsschen Gerfleur und einem Angelteich. Der Platz ist begrünt, besitzt einen beheizten Pool und eine Snackbar, das Zentrum mit Geschäften ist 400 Meter entfernt. Der Platz ist von Anfang April bis Ende Oktober geöffnet.

Stellplatz Gouville-sur-Mer

Kostenloser Wohnmobil-Parkplatz in Portbail

Dünen und Strand soweit das Auge reicht auf der Halbinsel Cotentin

6

EINMAL RUND UM DIE HALBINSEL COTENTIN

Gigantische Dünen, unendliche Sandstrände, versteckte Buchten und schroffe Klippen

Die »Route des Caps« führt durch die faszinierende und raue Natur des Cotentin. Es warten jede Menge spektakuläre Felsen, dazwischen pittoreske Häfen und verträumte Buchten sowie Dünenlandschaften unvorstellbaren Ausmaßes.
Das Cap de la Hague, Cherbourg und das bezaubernde Barfleur liegen auf dem Weg, und überall gibt es viel zu entdecken.

Nur drei Kilometer nördlich von Barneville-Carteret (siehe Tour 5) befindet sich der kleine Ort Hatainville ohne jegliche Infrastruktur, aber das angrenzende Naturschutzgebiet **Dunes d'Hatainville** ist eine Dünenlandschaft der Superlative. Fast fünf Kilometer erstreckt sich diese ins Landesinnere, über zehn Kilometer bis nach Surtainville, und ihre höchste Erhebung liegt 80 Meter hoch.

Vieille Église in den Dünen von Hatainville

DIE DÜNEN VON HATAINVILLE

Durch das 800 Hektar große, wilde Dünenland mit seinen unvorstellbaren Sandmassen führen zahlreiche Trampelpfade, begleitet von Tausenden und Abertausenden Kaninchenbauten, die die Dünen unterhöhlen. Auch dies ist ein Grund, warum der Naturschutz hier an der Westküste der Halbinsel Cotentin sehr ernst genommen wird, denn die stabilisierenden Dünenpflanzen müssen geschützt werden, um der Küstenerosion vorzubeugen.
Wer ein wenig aufmerksam durch diese faszinierende Landschaft spaziert, wird seltene Pflanzen wie den blauen Strandhafer, gelbe Spinnenorchideen oder lila Thymian entdecken. Der offiziell ausgewiesene Rundweg durch die Düne, der Circuit découverte, ist in Hatainville gelb gekennzeichnet und beginnt auf halber Strecke zwischen Campingplatz und Strand. Diese Wanderung ist etwa 4,5 Kilometer lang und führt auch zu einer Aussichtsplattform hoch über dem Meer. Die Dünenerkundung kann bis auf zehn Kilometer erweitert werden, sie ist rot-weiß markiert und endet kurz vor dem Cap de Carteret an der verfallenen Kapelle Vieille Église.
Wer am Strand wieder zurückgehen möchte bzw. nicht die gesamte Strecke erwandern will, folgt der blauen Beschilderung, die am Strandparkplatz von Hatainville endet.
Surtainville markiert den nördlichen Abschluss der gigantischen Dune d'Hatainville, und auf dem Weg hierher sind einige Badeplätze direkt hinter der Düne ausgeschildert. Der kleine Badeort, an einem wunderschönen Strandabschnitt gelegen, besteht nur aus einigen Ferienhäusern und dem Camping Les Mielles, vor dessen Türen sich ein kostenloser Stellplatz befindet.
Die Campingwelt in der Normandie unterscheidet sich etwas vom Rest Frankreichs, denn hier haben sich viele Campingplätze mittlerweile voll auf die Vermietung von Mobilheimen konzentriert. Anscheinend ist dieses Konzept rentabler und bringt wesentlich weniger Unruhe auf den Platz. Da man den Wohnmobilisten, der ja bekanntlich mobil ist und häufiger den Standort wechselt, nicht verprellen möchte, stellen viele

ROUTE 6

START- UND ENDPUNKT
Hatainville und Saint-Vaast

STRECKENLÄNGE
80 km

REINE FAHRZEIT
2 Stunden

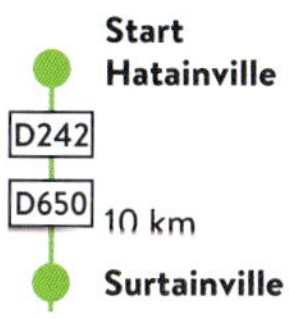

Surtainville
D117
D650
D23
D4
E1
20 km
Siouville-Hague
DD64
E2
D64
D117
D37
D318
D118
D318
18 km
Vauville

Gemeinden in unmittelbarer Nähe der Campings Municipaux auch Stellplätze zur Verfügung. Strandnähe, Strom, Wasser und Entsorgungsmöglichkeit, das interessiert den mobilen Camper am meisten, sanitäre Anlagen hingegen sind vielen inzwischen unwichtig und darauf haben sich die für den Tourismus Verantwortlichen eingestellt. Noch ein Wandel ist zu beobachten: Da der Franzose täglich sein frisches Baguette braucht und in solch infrastrukturschwachen Gegenden kaum noch Einkaufsmöglichkeiten zu finden sind, gibt es immer häufiger Automaten mit frischem Brot oder sogar Automaten, in denen auf Knopfdruck innerhalb von wenigen Minuten unterschiedliche Pizzasorten aufgebacken werden.

AUF DER ROUTE DES CAPS

Die Westküste der Halbinsel Cotentin ist in weiten Teilen geprägt von schroffen Felsvorsprüngen, den sogenannten Caps. Die Fahrt auf der D 4, der Route des Caps, führt am Cap de Flamanville vorbei, dessen Umgebung von einem riesigen Kernkraftwerk beherrscht wird. Wesentlich netter ist da der Anblick des einladenden **Port Diélette**, wo es einen Leuchtturm, ein Wassersportzentrum, mehrere Hafenrestaurants und einen kostenlosen Parkplatz (49.551513, -1.857237) gibt. **Siouville-Hague** bietet nur wenige Minuten weiter einen zweckmäßigen Stellplatz zum

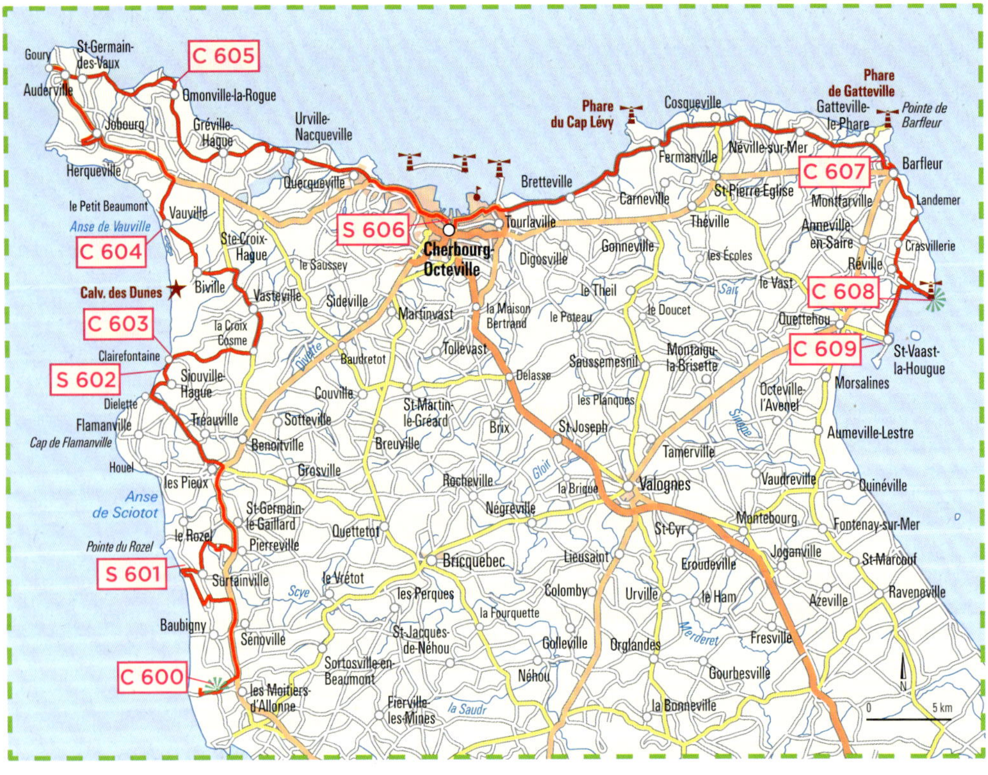

Übernachten an. Die Hafennähe, ein schöner Strand mit feinem Sand, bizarre Felsen, ein besonders schöner Teilabschnitt des GR 223 sind sicherlich Gründe genug, um hier ein wenig zu verweilen. Dem Wassersportler unter den Wohnmobilisten wird der Badeort als Hotspot bekannt sein, denn dieser Küstenabschnitt ist prädestiniert zum Surfen, Kiten sowie zum Strandsegeln. Wer dies einmal ausprobieren möchte, dem werden im Cotentin Surf Club diverse Kurse oder Verleihmöglichkeiten angeboten. Für den Surf-Profi, dem Wasser- und Lufttemperaturen egal sind, gibt es hier in Siouville-Hague sogar einen ganzjährig geöffneten Campingplatz.

Ganz in der Nähe des Platzes beginnt eine weitere gigantische Dünenlandschaft, die **Dunes de Biville**. Auf dem Fernwanderweg GR 223 kommend, begegnen dem Wanderer hier zum ersten Mal militärische Hinterlassenschaften aus dem Zweiten Weltkrieg. Der mit Graffiti versehene Bunker de Vasteville ist halb im Sand versunken, alte Armeefahrzeuge sind als Mahnmal und historische Sehenswürdigkeiten liegen gelassen worden. Die Dunes de Biville sind ein 700 Hektar großes, faszinierendes Dünengebiet, von dem ein knappes Drittel unter Naturschutz steht und nicht betreten werden darf.

Biville selbst ist etwa acht Kilometer entfernt, und wer den Ort von Siouville nicht per pedes besuchen möchte, findet an der Wallfahrtskirche Saint-Pierre eine Parkmöglichkeit (49.613433, -1.821687). Besuchenswert ist der hoch gelegene Ort wegen des kleinen Spazierganges zum **Calvaire des Dunes**, der etwa 150 Meter von der Église entfernt ist. Auf einem weiten Plateau erhebt sich eine Christus-Statue 125 Meter hoch über dem Meer und der Blick über die scheinbar unendliche Dünenlandschaft ist äußerst beeindruckend. Eine asphaltierte Straße führt vom Ort steil in die unwirkliche

↑ Lädt zum Baden ein: Der Strand von Barfleur.
↓ Wassersportzentrum am Port Diélette

Mondlandschaft zur Plage de Biville hinunter, für große Wohnmobile ist die Anfahrt sehr eng.

Die bestens beschilderte Route des Caps ist im weiteren Verlauf recht schmal, aber gut zu befahren, und nach nur wenigen Kilometern ist der nächste Stopp angesagt, denn der kleine Camping **Municipal de Vauville** bietet einen wunderschönen Blick auf das Meer. Der pittoreske Ort ist in erster Linie für seinen Jardin Botanique bekannt, in dem es wegen des durch den Golfstrom bedingten

Der Phare de la Hague am spektakulären Cap de Goury

milden Klimas blüht, wächst und gedeiht. Rund um das Château de Vauville ist ein 4,5 Hektar großer Garten entstanden, in dem 1000 Pflanzenarten der südlichen Hemisphäre vereint sind.

RUND UM DAS CAP DE LA HAGUE

Nez de Jobourg ist der normannische Inbegriff des atemberaubenden Spektakels der Kraft der Elemente. Die Wellen donnern an die Steilküste, ein kräftiger Wind bläst, Möwen kreischen und die Atmosphäre ist wild und geheimnisvoll. Beeindruckende 128 Meter ragt die Felsküste in die Höhe und sie ist damit das höchste Kap der Normandie. Hier glaubt man sich am Ende der Welt, während der Blick weit über das Meer schweift.
Die Route des Caps D 401 windet sich durch die grandiose Dünenlandschaft des nordwestlichsten Zipfels der Halbinsel Cotentin, doch leider gibt es für Wohnmobile kaum Parkmöglichkeiten, um diesen faszinierenden Küstenabschnitt in Ruhe zu genießen.

Umso lobenswerter ist der speziell für den Camper geschaffene Parkplatz kurz vor dem **Cap de Goury** (49.714229, -1.934733),

AUSFLUG

RUNDTOUR ZU FUSS

Der alte Zöllnerpfad GR 223 ist hier wegen der Höhenunterschiede nicht ganz einfach zu begehen, etwas Kondition, Trittsicherheit und feste Schuhe sind Voraussetzung. Mit grandiosen Ausblicken folgt man dem rot-weiß markierten Weg am besten Richtung Norden, und nach etwa zwei Kilometern ist der Strand der idyllischen Baie d'Écalgrain erreicht. Von hier aus geht es parallel zur wenig befahrenen Küstenstraße auf dem Dünenkamm zurück in Richtung Hameau, wo die Crêperie La Gravelette zur Einkehr lädt. Von dort ist es zum Wohnmobilparkplatz Nez de Jobourg (49.678038, -1.938669) nicht mehr weit.

von dem man einen schönen Blick genießen kann. Der dem Land vorgelagerte **Phare de la Hague** markiert das »Ende der Welt«, hier herrscht der stärkste Gezeitenstrom Europas. Wegen der Untiefen zwischen den englischen Kanalinseln und der Cap de la Hague erreichen diese Strömungen bei Flut eine Geschwindigkeit von zehn Knoten und so manches Schiff ist diesen gewaltigen Kräften zum Opfer gefallen. Ein großes Kreuz aus Beton erinnert an die vielen Seeleute, die hier ihr Leben verloren. Mächtige Wellen schlagen aufgrund der Fließgeschwindigkeit mit weißen Schaumkronen an die Felsküste und versprühen riesige Gischtwolken.
Rund um den Port de Goury kann man herrlich spazieren gehen, im Hafen selbst ist eine Rettungsstation untergebracht und einige Ausflugslokale versorgen den hungrigen Touristen. Wer diese an Irland erinnernde, wilde Region eher in Einsamkeit erleben möchte, kann vom Wohnmobilparkplatz aus die D 401 mit dem Fahrrad bis zum Aussichtspunkt **Le Sémaphore de la Hague** und zur Felsenklippe Nez Bayard fahren.

IMMER AN DER KÜSTE ENTLANG

Auf der gegenüberliegenden Seite des Cap de la Hague, in der Bucht Anse Saint-Martin, befindet sich **Port Racine.** Dieser kleinste Hafen Frankreichs ist gerade mal 800 Quadratmeter groß, aber aufgrund des touristischen Bekanntheitsgrades gibt es unter den wenigen Häusern rundum gleich mehrere Restaurants und auch eine Parkgelegenheit (49.711538, -1.897076). Somit sollte man einen kleinen Stopp einlegen und einen Blick auf die bunten Fischerboote werfen, die hier, der Enge trotzend, an über den ganzen Hafen gespannten Seilen befestigt sind. Port Racine wurde Anfang des 19. Jahrhunderts von dem französischen Freibeuter François-Médard Racine gebaut, der nach einer langen Karriere in der Handelsmarine von hier aus die englische Flotte immer wieder überfiel und deshalb auch mehrmals in England im Gefängnis war.
Omonville-la-Rogue und der Camping du Hâble sind nicht weit entfernt und so kann man die Umgebung auch per Fahrrad erkunden. Der kleine pittoreske Badeort ist ein Feriendomizil zum Wohlfühlen. Die beiden Hafenrestaurants haben Tische und Stühle direkt auf der Promenade aufgestellt, wo sich der Urlauber bei einem Café oder genüsslichen Apéritif der Entschleunigung gar nicht entziehen kann. Der Blick fällt auf die Ruine des Fort d'Omonville-Bas, das gegenüber dem Hafen auf einem Felsen thront – Respekt demjenigen, der sich von der idyllischen Atmosphäre löst und hier hinaufwandert.

Vauville
D318
D901
D401
E2
D202 12 km
Nez de Jobourg
D202
D901 8 km
Cap de Goury
D901
D45 10 km
Ormonville-la-Rogue
D45
D901 23 km
Cherbourg

Port Racine – der kleinste Hafen Frankreichs

↑ In der Altstadt von Cherbourg
↓ Buntes Leben in der Cité de la Mer

DAS TOR NACH AMERIKA

Das 40 000 Einwohner zählende **Cherbourg** ist eine geschäftige Hafenstadt, in der gelebt und gearbeitet wird. Die maritime Hauptstadt des Départements Manche besitzt einen Fährhafen nach Großbritannien und Irland, einen Handelshafen, einen Fischerhafen, einen Jachthafen und nach wie vor auch einen bedeutenden Militärhafen. Schon Ludwig XVI. wusste die strategisch günstige Lage zu schätzen und befahl den Bau eines künstlichen Hafens – als Rückzugsmöglichkeit während eventueller Seeschlachten mit der britischen Marine. Aber erst 1858, also hundert Jahre später, wurde das Prestigeobjekt von Napoléon III eingeweiht, und zu diesem Anlass, es herrschte gerade Frieden mit England, war sogar Königin Viktoria anwesend.

Noch heute hat Cherbourg mit einer Länge von neun Kilometern den zweitgrößten künstlichen Vorhafen der Welt. Er schützt die Stadt vor den Wellen und starken Strömungen des Ärmelkanals. Auch als Transatlantik-Hafen spielte Cherbourg einst eine große Rolle, denn allein zwischen 1869 und 1969 brachen von hier aus vier Millionen Menschen auf, um in der Neuen Welt ihr Glück zu suchen. Ihre Geschichte wird in der originalgetreu erhaltenen Abfertigungshalle, dem Gare Maritime Transatlantique, nachempfunden.

Das große Gebäude im Port Chantereyne gehört zur **Cité de la Mer**, unbestritten das touristische Highlight der Stadt. Für dieses grandiose Museum sollte der Reisende unbedingt mindestens einen halben Tag einplanen. Auch für Kinder ist der Besuch hochinteressant, denn schon in der Ein-

Tipp

LE MAR-BELLA MÉDITERRANÉE

Das nette Hafenrestaurant in Omonville-la-Rogue hat einen hübsch dekorierten Innenraum und eine Terrasse mit tollem Blick auf das Meer. Die Speisekarte ist sehr vielfältig: von Meeresfrüchten über Gegrilltes bis hin zur Pizza.
Tel. +33 2 33 52 68 50,
marbella-mediterranee-omonville.fr

gangshalle sind mehrere kleine U-Boote zu bestaunen. Faszinierend ist aber vor allem das riesige und mit elf Metern tiefste Meerwasseraquarium Europas mit seinen 3000 tropischen Fischen, die über drei Etagen aus jeder Perspektive bewundert werden können. In weiteren 17 kleineren Aquarien kann man ganz besondere Meeresbewohner hautnah in ausdrucksstark illuminierter Umgebung erleben. Die erst 2019 eröffnete Ausstellung »Ozean der Zukunft« zeigt die Wunder unserer Meere und wie wir sie schützen können. Interaktive Stationen informieren über Flora und Fauna der Ozeane.
Der zweite Höhepunkt der Cité de la Mer ist das ehemalige Atom-U-Boot **Le Redoutable**. Vor der freien Besichtigung werden Audioguides verteilt und so erfährt der Besucher in verständlicher Art und Weise viel Informatives zur unglaublichen Technik des Bootes und zum beengten Leben an Bord. Das U-Boot lief 1967 vom Stapel, wurde 1991 ausgemustert und ist heute das größte U-Boot der Welt, das besichtigt werden kann – ein beeindruckendes Erlebnis!
Der Rundgang durch die Cité de la Mer endet in einem Kinosaal mit einem spannenden, geradezu gespenstischen Film, in dem die letzten Stunden der »Titanic« nachempfunden werden, die am 14. April 1912 nach der Kollision mit einem Eisberg zu sinken begann. Cherbourg war der letzte kontinentale Hafen, den die Titanic anlief, um dort noch über 200 Passagiere aufzunehmen.
In unmittelbarer Nähe der Cité de la Mer befindet sich der offizielle Wohnmobilstellplatz der Stadt, eine weitere Park- bzw. Übernachtungsmöglichkeit besteht auf dem Großparkplatz am Jachthafen Quai de la Hune (49.644491, -1.622694).
Die lebendige Innenstadt von Cherbourg ist von beiden Parkplätzen nicht weit entfernt, und hier gibt es jede Menge Geschäfte, Boutiquen, Cafés und Restaurants. Das Office de Tourisme in der Nähe der Drehbrücke Pont Tournant hält eine kostenlose deutschsprachige Broschüre bereit, in der drei nette Stadtrundgänge vorgeschlagen werden.
Die Wochenmärkte sind jeden Donnerstag rund um die Place Central, jeden Samstagvormittag auf der Place de Gaulle, und jeden ersten Samstag im Monat findet auf der Place de la Révolution ein Flohmarkt statt.

Cherbourg
D900
D116 31 km
Barfleur

AUF DER ROUTE TOURISTIQUE

Hier am nördlichsten Zipfel der Halbinsel Cotentin folgt ein schöner Strand dem nächsten und kein Bade-Parkplatz hat eine Höhenbeschränkung oder ein Verbotsschild für Wohnmobile. Es würde den Rahmen dieses Reiseführers sprengen, wollte man alle Camping- und Stellplätze detailliert beschreiben. Wir konzentrieren uns bewusst auf die besonders schön gelegenen Plätze, wozu auch der mit Picknickbänken bestückte offizielle Aire de Camping-Car an der nicht weit entfernten **Plage du Vicq** gehört. Es gibt zwar keinerlei Ver- und Entsorgung, aber das Wohnmobil steht direkt am Strand

Tipp

EINKAUFEN

Die Halbinsel Cotentin ist wenig besiedelt, sodass der mobile Reisende jede Gelegenheit nutzen sollte, den Wohnmobilkühlschrank zu füllen. In Querqueville westlich von Cherbourg gibt es einen gut bestückten, großen Supermarkt Leclerc (49.661720, -1.689317) und auf der anderen Stadtseite im Ortsteil Tourlaville einen Intermarché Super (49.637067, -1.596745).

und die Insassen genießen den traumhaften Blick (49.702560, -1.405020).
Die **Moulin de Marie Ravenel** ist nur einen Katzensprung entfernt und unbestritten einen Besuch wert. Schon der riesige Parkplatz zeigt, dass das historische Kleinod gern besichtigt wird. Die ehemalige Wassermühle wurde restauriert und liebevoll eingerichtet, und man kann das Leben der Müllersleute sehr gut nachempfinden. Marie Ravenel war aber nicht nur Bauersfrau, sondern eine erfolgreiche Dichterin, die 1852 sogar einen ersten Versband veröffentlichte.

↑ Besichtigung der Moulin de Marie Ravenel
↓ Besteigung des Phare de Gatteville

Auch am **Phare de Gatteville** kann der mobile Camper stehen bleiben bzw. übernachten (49.695081, -1.270729). Der Leuchtturm mit seinen 365 Stufen wurde 1834 eingeweiht, um die Seefahrer durch die gefährliche Passage des Raz de Barfleur zu führen. Der Phare kann bestiegen werden. Er ist 75 Meter hoch und damit der zweithöchste Leuchtturm Frankreichs. 11 000 geschnittene Granitsteine wurden für den Bau gebraucht, von dessen Aussichtsplattform man einen grandiosen Blick ins Cotentin, über den Ärmelkanal und die Küste des Calvados hat.
Barfleur kann aber ebenso als Ausgangspunkt gewählt werden, denn der Phare de Gatteville ist von hier aus mit einer sechs Kilometer langen Kurzwanderung auf dem GR 223 bestens zu erreichen. Der idyllische Badeort gehört zu dem illustren Kreis der »Plus Beaux Villages de France« und ist wirklich ein Hafenstädtchen zum Verlieben. Wie aus dem Bilderbuch thront die trutzige Église Saint-Nicolas etwas erhöht über dem Dorf. Fischerhäuser aus Granit drängen sich in engen Gassen und scheinen aus einer anderen Zeit zu sein.
Schon zweimal hat Barfleur in der normannischen Geschichte eine Rolle gespielt: 1066 stach Wilhelm der Eroberer von hier aus gen England in See, und 1120 liefen seine Enkelkinder vor dem Ort mit der »Blanche-Nef« auf Grund und die Königssöhne ertranken. Auch Richard Löwenherz wählte Barfleur als Ausgangshafen, um zu seiner Krönung nach England zu segeln, dessen König Edward III. die Stadt 1346 dann fast völlig zerstören ließ. Damals zählte der Ort noch 9000 Einwohner, heute sind es etwa 650 Menschen, die hauptsächlich vom Tourismus und dem Fischfang leben. Meeresfrüchterestaurants gibt es entlang der Hafenpromenade einige, und die Auster »Blonde de Barfleur« genießt

Barfleur ist ein »Plus beau Village de France«.

einen hervorragenden Ruf. Dienstags und samstags finden entlang des Hafens die Wochenmärkte statt und dann wird auch eine große Auswahl an frischem Fisch und Meeresfrüchten angeboten.

Jonville glänzt ebenfalls mit einem gemeindeeigenen Campingplatz, der kaum schöner liegen könnte. Hier am Pointe de Saire mündet der Fluss Saire in den Ärmelkanal, in den Dünen rundum verstecken sich einige verfallene Bunker, der GR 223 führt vorbei und die urige Beachbar Le Goéland 1951 lädt zur Einkehr ein. Der Blick über die Bucht nach Saint-Vaast und die vorgelagerte Île Tatihou ist einfach wunderschön. Das große Meeresbecken ist wie geschaffen für das Surfen und Kiten, denn meist laufen die Wellen sauber in die Bucht hinein und bieten mit bis zu zwei Metern optimale Bedingungen. Die Bucht ist bei Ebbe auch bestens zum »Pêche à pied« geeignet, sodass sich der Camper seine Meeresfrüchte selbst zusammensuchen kann. Wer sich lieber anderweitig verköstigt, radelt einfach ins Zentrum der Nachbargemeinde Réville, wo es Geschäfte für den täglichen Bedarf gibt.

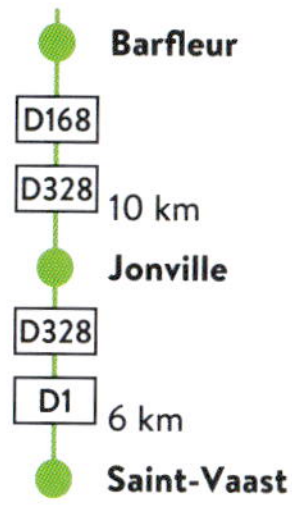

Tipp

LA MARÉE

Die Brasserie liegt direkt an Barfleurs Hafenpromenade und hat eine Außenterrasse. Es gibt eine große Auswahl an Fisch und Meeresfrüchten und auch die diversen Desserts sind großzügig portioniert und sehr schmackhaft.
25 Quai Henri Chardon,
Tel. +33 2 33 20 81 88

AUSTERNMEKKA VOM FEINSTEN

Das lebendige Hafenstädtchen **Saint-Vaast** (der Name wird »Saint-Va« ausgesprochen) lockt mit gleich mehreren kulturellen Sehenswürdigkeiten. Für den kurzen Stadtbummel parkt der Wohnmobilist am besten gleich zu Ortsbeginn am großen Jachthafen (49.589999, -1.264061; kein Übernachtungsverbot). Wer den netten Ort länger genießen möchte, ist sicherlich auf dem zentralen Camping la Gallouette nebst Stellplatz besser aufgehoben. Zu sehen, zu besichtigen, zu erleben und zu schmecken gibt es in Saint-Vaast jedenfalls genug.

Der Fischerhafen von Saint-Vaast

Beginnen wir mit Letzterem, denn hier befinden wir uns im Zentrum der Austernfischerei der Normandie. Das Zuchtgebiet erstreckt sich vom Jachthafen bis zur Île Tatihou. Bei Ebbe liegen die Austernbänke frei und es ist sehr spannend zu beobachten, wie plötzlich unzählige Traktoren durch das Watt fahren, die vielen Austernkörbe schnell gedreht oder aufgeladen werden, um mit beginnender Flut gerade noch rechtzeitig wieder das rettende Ufer zu erreichen. Die frischen Austern, die aufgrund ihres besonders nussigen Geschmacks in ganz Frankreich beliebt sind, kann der Gourmet unter den Wohnmobilisten dann an einigen Austernbuden an der Hafenpromenade oder in diversen Restaurants genießen. Austern und anderweitiges Meeresgetier kann man auch jeden Samstagvormittag an der Hafenpromenade auf dem Wochenmarkt kaufen. Beim Bummel durch die nette Altstadt sind kleine Boutiquen und Souvenirläden, Patisserien und Boucherien sowie Ateliers mit Kunsthandwerk zu entdecken. Vorbei am Office de Tourisme, wo es sich immer lohnt, nach interessanten Broschüren zu suchen, ist schon bald die kleine **Chapelle des Marins** erreicht. Das Kapellchen gedenkt der vielen Seeleute, die auf dem Meer ums Leben gekommen sind, was leider trotz all der modernen Technik auch heute gar nicht so selten passiert. Wer von hier aus noch weiterspaziert, kommt zu einem Tour Vauban, der mit dem Wehrturm auf der Insel Tatihou und zahlreichen anderen Verteidigungsanlagen des Festungsbaumeisters Ludwigs XIV. zum UNESCO-Weltkulturerbe gehört. Der Bummel führt den Besucher nun wieder zurück und über eine schmale Drehbrücke auf eine weitere Landzunge, die das Hafenbecken begrenzt.

Neben dem Bureau du Port kann sich der Urlauber zum Besuch der Île Tatihou einschiffen, die etwa einen Kilometer entfernt ist. Schon die Überfahrt dorthin ist ein Abenteuer, denn nur das Amphibienfahrzeug Tatihou II macht dies sowohl bei Flut wie bei Ebbe möglich (Buchung im Touristenbüro). Die 700 Meter lange und 400 Meter breite Insel kann mit einer wunderschönen Wanderung umrundet werden, es gibt ein Vogelschutzgebiet, ein maritimes Museum und den 21 Meter hohen Vauban-Turm, der auch besichtigt werden kann. Von hier oben bietet sich ein grandioser Blick über das Meer und die weite Ebene des Cotentin. Wer das unter Naturschutz stehende Eiland bei Ebbe zu Fuß erreichen möchte, sollte unbedingt den Gezeitenkalender beachten. Jedes Jahr im August wird die Wattüberquerung sogar zu einem Musikfestival im Rhythmus der Gezeiten: Beim »Traversées Tatihou« müssen Musikbegeisterte bei Ebbe zum Konzert auf die Insel laufen – ein Riesenspaß!

Tipp

L'ENTRE DEUX TOURS

Die kleine Austernbar an der Hauptpromenade von Saint-Vaast verkauft im Eingangsbereich frische Austern. Dahinter befindet sich eine Terrasse mit wenigen Tischen, an denen schmackhafte Meeresfrüchteteller serviert werden.
Quai Vauban, Tel. +33 2 33 92 16 38

PRAKTISCHE HINWEISE

TOURISTINFORMATIONEN

Office de Tourisme Port de Goury
3 Rue du Port,
50440 La Hague,
Tel. +33 2 33 52 74 94,
encotentin.fr

Office de Tourisme Cherbourg-Octeville
14 Quai Alexandre III,
50100 Cherbourg-en-Cotentin,
Tel. +33 2 33 93 52 02,
cherbourgtourisme.com

Office de Tourisme Barfleur
39 Rue Saint-Thomas Becket,
50760 Barfleur,
Tel. +33 2 33 71 99 71,
ville-barfleur.fr

Office de Tourisme Saint-Vaast
1 Place du Général de Gaulle,
50550 Saint-Vaast-la-Hougue, Tel. +33 2 33 71 99 71,
tourisme-saintvaast.com

MUSEEN/AUSFLÜGE/ ATTRAKTIONEN

Cotentin Surf Club
14 Boulevard Deveaud,
50340 Siouville-Hague,
Tel. +33 2 33 41 39 58,
cotentinsurfclub.com
GPS: 49.567684, -1.842951
Die Schule trägt das Label des französischen Surfverbandes. Es werden Neoprenanzüge in allen Größen zur Verfügung gestellt.

Jardin botanique de Vauville
1 Route du Thôt,
50440 La Hague,
Tel. +33 2 33 10 00 00,
jardin-vauville.fr
GPS: 49.634179, -1.846188
Der Garten ist von Anfang April bis Ende Oktober geöffnet.

La Cité de la Mer Cherbourg
Allée du Président Menut,
50100 Cherbourg-en-Cotentin,
Tel. +33 2 33 20 26 69,
citedelamer.com
GPS: 49.643801, -1.617762
Das Meeresaquarium ist ganzjährig geöffnet.

Moulin de Marie Ravenel
La Coudrairie Réthoville,
50330 Vicq-sur-Mer,
Tel. +33 2 33 54 56 18,
moulinmarieravenel.fr
GPS: 49.689800, -1.364846
(kein Übernachtungsverbot)
Das Museum ist von Mitte April bis Ende September geöffnet, freitags und samstags geschlossen.

Phare de Gatteville
Route du Phare,
50760 Gatteville-le-Phare,
Tel. +33 2 33 23 17 97,
phare-de-gatteville.fr
GPS: 49.694983, -1.267779
Der Leuchtturm ist von Februar bis Mitte November täglich außer montags geöffnet.

STELL- UND CAMPINGPLÄTZE

C 600 **Camping Les Ronds Duval** (S. 182 B5)
10 Impasse des Ronds Duval,
Hatainville,
50270 Les Moitiers-d'Allone,
Tel. +33 6 67 74 16 02,
camping-lesrondsduval.fr
GPS: 49.402867, -1.804874

Camping la Blanche Nef, Barfleur

Der schlichte Naturcampingplatz liegt hoch über dem Meer in einer Dünenlandschaft mit tollem Blick über das Meer. Der große Platz ist nicht parzelliert, in der Saison wird Brötchenservice angeboten. Es gibt keine Geschäfte in der Nähe, der Strand ist 1,5 Kilometer entfernt. Der Platz ist von Mitte April bis Ende September geöffnet.

S 601 **Aire de Camping-Cars Surtainville** (S. 182 B4)
Route des Laguettes,
50270 Surtainville
GPS: 49.463926, -1.827699
Der Stellplatz befindet sich vor dem Camping Les Mielles in unmittelbarer Strandnähe hinter den Dünen. Der Platz ist kostenlos, Strom und Wasser sind kostenpflichtig. Der Platz ist ganzjährig nutzbar.

S 602 **Aire de Camping-Cars Siouville-Hague** (S. 182 B3)
Avenue des Peupliers,
50340 Siouville-Hague,
aire-service-camping-car-panoramique.fr
GPS: 49.563349, -1.844743
Der kostenpflichtige Stellplatz für 30 Mobile ist eingezäunt, hat Strom sowie Ver- und Entsorgung. Der Platz liegt in Strand- und Zentrumsnähe, wo es auch einen Bäcker gibt. Der Platz ist ganzjährig nutzbar.

C 603 **Camping Municipal Clairefontaine** (S. 182 B4)
5 Rue Alfred Rossel,
50340 Siouville-Hague,
Tel. +33 2 33 52 42 73,
siouville-hague.com
GPS: 49.569845, -1.838306
Der gemeindeeigene Campingplatz liegt hinter der Düne in der Nähe der Surfschule. Es gibt beheizte Sanitäranlagen, Fahrradverleih und Brötchenservice in der Saison. Die Rezeption des Platzes ist auch gleichzeitig das Touristenbüro des Ortes. Der Platz ist ganzjährig geöffnet.

C 604 **Camping Municipal de Vauville** (S. 182 B2)
La Mielle, 50440 Vauville,
Tel. +33 2 33 52 64 69
GPS: 49.633955, -1.850210
Der schlichte Campingplatz liegt direkt am Strand und bietet zum Teil einen schönen Blick auf das Meer. Der Platz ist nicht parzelliert und etwa 500 Meter vom Ort entfernt, wo es auch einen Bäcker und ein Restaurant gibt. Der Platz ist von Mitte Juni bis Mitte September geöffnet.

C 605 **Camping Municipal du Hâble** (S. 182 B1)
Route de la Hague, Omonville-la-Rogue,
50440 La Hague,
Tel. +33 2 33 52 86 15,
campingduhable.lahague.com
GPS: 49.704444, -1.840860
Der städtische Campingplatz ist sehr gepflegt und mit Picknickbänken sowie Grillstellen bestückt. Nebenan ist eine kleine Épicerie zur Versorgung mit Waren des täglichen Bedarfs. Die Strandpromenade mit Restaurants ist in wenigen Gehminuten erreicht. Der Platz ist von Anfang April bis Anfang November geöffnet.

S 606 **Aire de Camping-Cars Cherbourg** (S. 182 C2)
Quai de l'Ancien Arsenal,
50100 Cherbourg-en-Cotentin,
aire-service-camping-car-panoramique.fr
GPS: 49.642349, -1.617726
Offizieller, kostenloser Wohnmobilparkplatz ganz in unmittelbarer Nähe der Cité de la

Aire de Camping-Cars, Surtainville

Camping Municipal de Vauville

Camping du Hâble, Omonville-la-Rogue

Mer. Ver- und Entsorgung und einige Stromsäulen sind vorhanden, Übernachtung ist erlaubt. Das Zentrum ist nach 800 Metern erreicht. Der Platz ist ganzjährig nutzbar.

C 607 Camping Municipal de Barfleur La Blanche Nef (S. 183 F1)
12 Chemin de la Masse, 50760 Gatteville-le-Phare, Tel. +33 2 33 23 15 40, camping.barfleur.fr
GPS: 49.675734, -1.266541
Der Campingplatz bietet von vielen Stellflächen aus einen schönen Blick auf das Meer und Barfleur. Der Platz liegt am Ortsrand, eine Wassersport-Basis ist nebenan. Das Zentrum mit Geschäften und Restaurants befindet sich nur zehn Minuten entfernt. Der Campingplatz ist von Mitte Februar bis Mitte November geöffnet. Vor dem Platz gibt es einen ganzjährig nutzbaren, kostenlosen Wohnmobilparkplatz für 20 Mobile ohne Ver- und Entsorgung.

C 608 Camping Municipal de Jonville (S. 183 G2)
117 Route du Phare, 50760 Réville, Tel. +33 2 33 54 48 41, camping-jonville.fr
GPS: 49.607077, -1.231439
Der schlichte Campingplatz liegt außerhalb des Ortes am Pointe de Saire direkt am Meer mit schönen Stränden rundum. In der Saison wird Brötchenservice angeboten, eine Snackbar ist vorhanden. Der Platz ist von Ende März bis Anfang Oktober geöffnet.

C 609 Camping La Gallouette & Aire de Camping-Cars (S. 183 F3)
10b Rue de la Gallouette, 50550 Saint-Vaast-la-Hougue,
Tel. +33 2 33 54 20 57, camping-lagallouette.fr
GPS: 49.584669, -1.268705
Der 4-Sterne-Campingplatz liegt direkt am Meer unweit des Zentrums. Es gibt ein Schwimmbad, einen beheizten Pool und eine Snackbar. Für Wohnmobile steht zusätzlich neben dem Gelände ein Stellplatz mit Strom sowie Ver- und Entsorgung zur Verfügung, Anmeldung an der Rezeption. Der Campingplatz ist von Anfang April bis Ende September geöffnet, der Stellplatz ist ganzjährig nutzbar.

Camping Les Ronds Duval, Hatainville

Utah Beach – beeindruckende, amerikanische Gedenkstätte an einem traumhaften Strand

7

OPERATION OVERLORD UND DIE LANDUNGSSTRÄNDE

Zu Besuch in einer attraktiven Urlaubsregion mit bewegender Vergangenheit

Diese Etappe führt zu den weiten Stränden, an denen mit dem D-Day 1944 die Befreiung Europas begann. In zahlreichen Gedenkstätten kann der Interessierte die Operation Overlord aus völlig unterschiedlichen Perspektiven nachempfinden. In den netten Badeorten rundum ist die Erinnerung an die Landung der Alliierten zwar allgegenwärtig, die meisten Urlauber allerdings genießen in erster Linie Sonne, Strand und Meer.

Die Départementstraße D 14 hat den Namen **Route littoral D-Day 1944** und die Strecke führt zu den Landungsstränden, an denen die alliierten Truppen normannischen Boden betraten, um Europa vom Nationalsozialismus zu befreien. Es ist empfehlenswert, in Ravenoville in Richtung der ausgeschilderten Plage zu fahren, da an diesem grandiosen Strandabschnitt der nette Camping des Îles zum Verweilen und diverse Parkmöglichkeiten an der Küstenstraße D 421 zum Badestopp einladen.

Training für das nächste Sulky-Rennen

DIE UMGEBUNG DES UTAH BEACH

Während eines Strandspaziergangs entdeckt man immer wieder halb in den Sand versunkene Bunker, im Französischen »Blockhaus« genannt. Der feine, breite Strand ist ein Traum, ungewöhnlich große Muscheln wollen gesammelt werden und Freunde des Pferdesports galoppieren mit ihren Sulkys hin und her, um für den nächsten Wettkampf zu trainieren. Auf der Weiterfahrt erinnert das Monument Leclerc an den französischen Invasionsgeneral, und dann ist bald das amerikanische **Utah Beach Memorial** erreicht, dem, von Militärfahrzeugen umringt, auch ein Museum angeschlossen ist. Hier kann man einen originalen B-26-Bomber betrachten, einen von weltweit sechs erhaltenen Exemplaren dieses Flugzeugtyps (Parkplatz: 49.414100, -1.177140).
Utah Beach war der erste Strand, der am Morgen des 6. Juni 1944 von den Alliierten gestürmt wurde. Hier landeten 23 000 ameri-

ROUTE 7

START- UND ENDPUNKT
Sainte-Mère-Église und Ouistreham

STRECKENLÄNGE
144 km

REINE FAHRZEIT
3 Stunden

Start Sainte-Mère-Église
D67
D421
12 km
Utah Beach

SPECIAL

D-DAY-FESTE

Jedes Jahr in der Woche um den 6. Juni herum werden in vielen Orten der Normandie Volksfeste veranstaltet. Paraden mit historischen Militärfahrzeugen vom Jeep bis zum Sherman-Panzer fahren auf, Soldaten in den Uniformen der alliierten Truppen marschieren vorbei und werden von Fräuleins in Kleidern aus den 1940er-Jahren bejubelt. Noch lebende Veteranen erzählen den jungen Menschen von ihren Kriegserlebnissen, es wird der gefallenen Soldaten gedacht und die Befreiung mit Musik und Tanz gefeiert. Wie schön, dass auch Deutsche wieder herzlich willkommen sind.

kanische Soldaten, um drei Missionen zu erfüllen: den Brückenkopf der Alliierten erweitern, die Halbinsel Cotentin abriegeln und nach Norden vorstoßen, um Cherbourg und den Tiefseehafen zu befreien. Da die deutsche Wehrmacht die Invasion woanders und auch später im Jahr erwartet hatte, konnten die Amerikaner recht schnell vorstoßen und bereits am Abend waren der Küstenabschnitt und das Hinterland bis Sainte-Mère-Église unter Kontrolle.

Sainte-Mère-Église ist eines der touristischen Highlights der Normandie und das hat einen ungewöhnlichen Grund. Während der Operation Overlord landeten amerikanische Fallschirmeinheiten rund um das Städtchen, um die deutsche Wehrmacht vom Hinterland aus einzukesseln und die in Utah Beach anlandenden Soldaten zu unterstützen. Es war dunkel und neblig, und unglücklicherweise verfing sich der amerikanische Fallschirmspringer John Steele am Kirchturm von Sainte-Mère-Église. Während unter ihm die Kämpfe tobten, stellte er sich tot und wurde erst nach mehreren Stunden von seinen Kameraden befreit. In Erinnerung an diese unfreiwillige Landung baumelt am Kirchturm eine menschliche Attrappe an einem Fallschirm. Diese Szene wurde übrigens später für den amerikanischen Spielfilm »Der längste Tag« verfilmt.

Das **Musée Airborne** direkt neben der Kirche ist ein großer Komplex, in dem sowohl im Außenbereich wie in zwei Hangars vor allen Dingen der alliierten Luftstreitkräfte gedacht wird. Das erste Gebäude des Museums ist den Segelflugzeugen gewidmet, denn 500 dieser motorlosen Flugzeuge wurden während des D-Day und der folgenden Tage zum Transport von über 4000 Soldaten und deren Munition eingesetzt. Im nächsten Ausstellungsraum steht die legendäre Douglas C-47 inmitten einer spektakulären Szenerie aus entfalteten Fallschirmen. Das Museum kann auch per Touchpad erkundet werden, um unter anderem die Kämpfe rund um die Stadt nachempfinden zu können. Für den kurzen Stadtbesuch gibt es einen zentral gelegenen Wohnmobilparkplatz (49.407827, -1.311688; kein Übernachtungsverbot), für

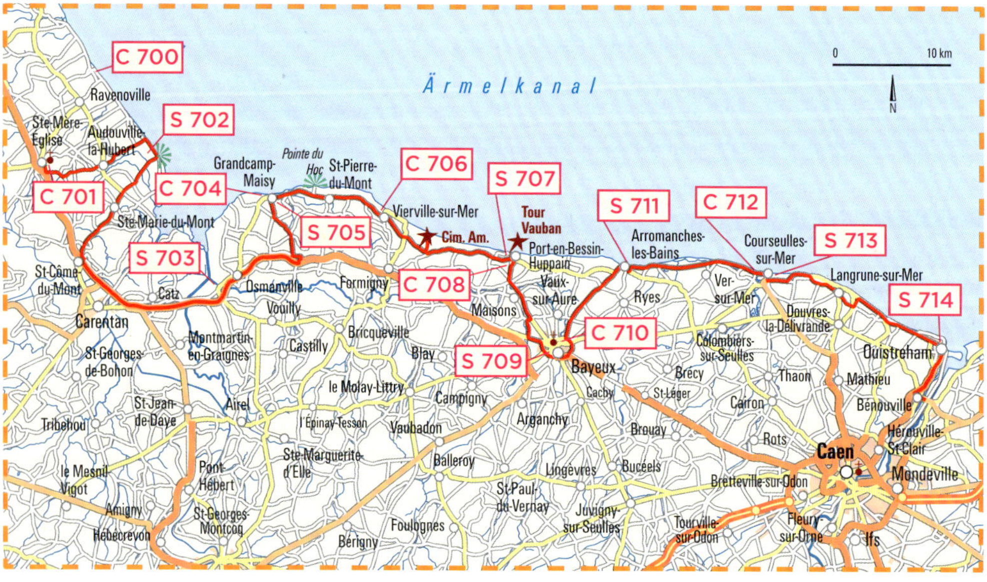

Ungewöhnlicher Anblick eines Kirchturms: Die Figur des Fallschirmspringers John Steele

den längeren Aufenthalt bietet sich der ebenfalls nicht weit entfernte Camping Sainte-Mère-Église an.
Der **Parc naturel régional des Marais du Cotentin** bildet den Abschluss der Halbinsel Cotentin. Wer zur Abwechslung mal ein wenig durch die Sümpfe streifen will, um sich an Fauna und Flora zu erfreuen, kann in Saint-Côme-du-Mont vom Infozentrum aus bestens auf Erkundungstour gehen oder eine Bootsexkursion auf der Douve unternehmen.
Das wenig attraktive Städtchen **Carentan-les-Marais** bietet im Vorbeifahren zumindest einmal wieder die Möglichkeit, den Wohnmobil-Kühlschrank aufzufüllen (Supermarkt Leclerc, 49.301727, -1.231141). Hier kann man auch die berühmte Beurre d'Isigny oder ein Schächtelchen der süßen Karamellbonbons gleichen Namens erwerben.
Isigny-sur-Mer wiederum ist der Inbegriff französischer Butter, denn von den saftigen Weiden des Umlandes kommt die Milch für die sehr werbewirksam betitelte »berühmteste Butter der Welt«. Sie ist seit 1986 mit dem AOC-Label ausgezeichnet. Schon an der N 13 sieht man das große Gebäude der Molkerei, wo man beim Einkaufen sogar die Produktion durch ein Fenster beobachten kann (Parkplatz: 49.321592, -1.093860). Isigny hat aber auch ein nettes Zentrum, in dem mittwochs der Wochenmarkt stattfindet. Der kostenlose Wohnmobilstellplatz des Städtchens liegt direkt am Fluss.

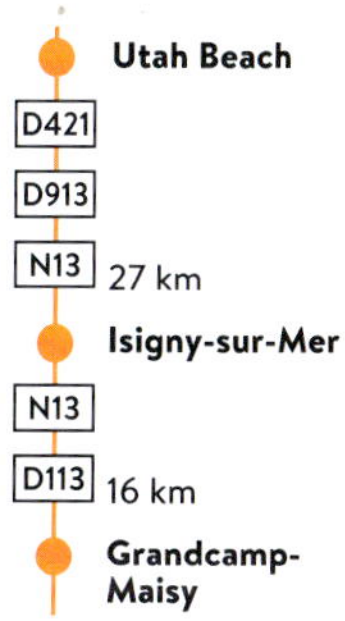

ORTE DER ERINNERUNG

Der Besuch der **Deutschen Kriegsgräberstätte La Cambe**, auch **Jardin de la Paix** (Friedenspark) genannt, sei jedem Reisenden dringend ans Herz gelegt. Eindrucksvoll säumen 1200 gestiftete Ahornbäume die Zufahrt zu dem größten deutschen Friedhof in der Normandie, dessen Anblick vom ersten Moment an erschüttert. Dunkle Granitkreuze, so weit das Auge blickt, kennzeichnen die Gräber von 21 222 Gefallenen, und jedes Grab ist eine Ermahnung zum Frieden. Die meisten Soldaten starben nach der Lan-

Im Port de pêche von Grandcamp-Maisy ist täglich Fischmarkt.

dung der Alliierten zwischen dem 6. Juni und 20. August 1944, und viele von ihnen waren 18 bis 24 Jahre jung. Der Besuch dieses schlichten Soldatenfriedhofs macht sicherlich jeden Besucher sehr nachdenklich und man fragt sich, warum die Menschheit nichts dazugelernt hat. Dem Friedhof ist ein Infozentrum mit einer beeindruckenden Dauerausstellung angeschlossen.

Grandcamp-Maisy ist ein beschaulicher Fischerort, in dem in einer überdachten Markthalle am Port de pêche täglich der frisch gefangene Fisch verkauft wird. Das Städtchen ist für seine Jakobsmuscheln in ganz Frankreich bekannt, die allerdings nur in den Monaten Oktober bis Mai gesammelt werden dürfen. Das eigentliche Ortszentrum mit Geschäften und Cafés liegt etwas zurückversetzt, da die Promenade bei Flut und schwerem Seegang regelmäßig überspült wird. Sowohl vom westlich gelegenen Camping du Fort Samson wie auch vom offiziellen Wohnmobilstellplatz ist das Zentrum fußläufig erreichbar. Beim Verlassen des Ortes fällt eine große Metallstatue ins Auge: Die **Statue pour la Paix dans le Monde** wirbt für Frieden in der ganzen Welt.

Mit dem **Pointe du Hoc** ist eine weitere Station der Erinnerung erreicht, die hier auf ganz andere Art und Weise das Kriegsgeschehen in der Normandie deutlich macht. Am Infozentrum beginnt ein Rundgang durch ein großes Dünengebiet, das noch heute von Bombenkratern übersät ist. Unzählige miteinander verbundene Bunker sind teilweise zu besichtigen und am äußersten Aussichtspunkt des Pointe du Hoc ist nachvollziehbar, dass die Soldaten der hiesigen Gefechtsbatterie von der hohen Klippe aus einen perfekten Überblick über das Meer und die Küste hatten. Am Morgen des 6. Juni 1944 erfolgten jedoch auch hier Bombardements aus der Luft und vom Meer aus versuchte eine speziell ausgebildete Einheit die Klippe mit Seilen und Leitern zu erklimmen. Bei diesem Himmelfahrtskommando haben von den 225 amerikanischen Soldaten nur 90 Kameraden überlebt. Der Weg zum Pointe du Hoc ist frei zugänglich, auf dem Rundweg sind Hunde allerdings nicht erlaubt (Parkplatz: 49.392923, -0.988920; Übernachtungsverbot).

Böse Zungen sprechen an diesem Küstenabschnitt der Landungsstrände von »Invasions-Tourismus«. Tatsache ist allerdings, dass alle Kriegs-Museen, Gedenkstätten und Soldatenfriedhöfe auch von vielen jungen Menschen gut besucht werden. Entlang der D 514 hängt an fast jedem Laternenmast das Bild eines toten Soldaten zur Ehrung der »WW II Heroes«.

Omaha Beach gehört zu Saint-Laurent-sur-Mer und auch hier hat der Besucher die Möglichkeit, sich im **Musée Mémorial** über die Operation Overlord zu informieren. Das Museum konzentriert sich auf die Marine mit einer reichen Auswahl an authentischen Gegenständen, Dokumenten und Archivfotos. Am 6. Juni 1944 wurden allein hier am Omaha Beach 3881 amerikanische Soldaten getötet, verwundet oder vermisst. An dem schönen Strand steht die monumentale Metallskulptur »The Braves« und sie erinnert an die tapferen Helden, die sich im Kampf um die Freiheit verbrüderten. Für den kurzen Besuch der Gedenkstätte kann man direkt am Omaha Beach parken (49.371697, -0.882381). Wer länger in der Region weilen möchte, bekommt auf dem gleichnamigen Campingplatz mit Glück vielleicht sogar einen Stellplatz mit Meerblick.

Am Omaha Beach beginnt eine sechs Kilometer lange Rundwanderung um den amerikanischen Soldatenfriedhof, der zur Besichtigung auch mit dem Wohnmobil angefahren werden kann (Parkplatz: 49.357034, -0.851665; keine Hunde erlaubt). Sehr empfehlenswert ist ganz in der Nähe der Besuch des **Overlord Museums**, das sich in einer hervorragend gestalteten Ausstellung hauptsächlich auf originale Militärfahrzeuge konzentriert (Parkplatz: 49.347557, -0.856155).

CIMETIÈRE AMÉRICAIN

Auf diesem beeindruckenden Friedhof erinnern 9387 Marmorkreuze und 149 Davidsterne an einen Teil der in der Normandie gefallenen amerikanischen Soldaten. Der Anblick der in Reih und Glied angeordne-

SPECIAL

OPERATION OVERLORD

Bereits im Januar 1943 wurde von den Alliierten eine groß angelegte Operation mit dem Decknamen »Overlord« beschlossen. Die Invasion begann am 6. Juni 1944 an fünf Stränden: Utah Beach und Omaha Beach (amerikanischer Sektor), Sword Beach und Gold Beach (britischer Sektor) und Juno Beach (kanadischer Sektor). Die Anlandungen erfolgten auf einer Breite von 100 Kilometern und wurden von 11 000 Flugzeugen unterstützt. 6400 Schiffe, 326 000 Soldaten, 104 000 Tonnen Material und 54 000 Fahrzeuge erreichten bis zum 12. Juni 1944 die Normandie. An den Kämpfen nahmen auch Truppen aus Polen, Neuseeland, Norwegen und weiteren Staaten sowie zahlreiche französische Widerstandskämpfer teil, und bereits im August 1944 war Paris befreit. Am 8. Mai 1945 dann waren die Nationalsozialisten endgültig besiegt.

»The Braves« – Skulptur am Omaha Beach

ten strahlend weißen Mahnmale ist absolut überwältigend. Das Gelände ist 70 Hektar groß und unendlich erscheinen die Gräber in ihrer dramatischen Vielzahl. Im **Garden of the Missing** stehen auf einer halbkreisförmigen Wand die Namen von weiteren 1557 vermissten Soldaten. Der Besucher spürt mit jedem Schritt die Ehrung, die den amerikanischen Kameraden entgegengebracht wird. Viele kunstvolle Elemente verbinden sich auf diesem überaus gepflegten Friedhof zu einem bleibenden Eindruck: die halbkreisförmige Säulenreihe, wunderschöne Statuen, ein dunkel reflektierendes Wasserbecken, hinter dem eine weiße Rundkapelle steht, und zahlreiche liebevoll gestaltete Tafeln. Eine Aussichtsplattform ermöglicht einen herrlichen Blick über Omaha Beach, der so bedeutend war für die Befreiung Europas. Im streng bewachten **Visitor Center** informieren halbstündlich wechselnde Filmvorführungen über die Vorbereitung zur Operation Overlord und die Ereignisse rund um die Landung der Alliierten. Zum Verlassen des Besucherzentrums geht man durch einen langen Gang, begleitet von einer monotonen Stimme, die die Namen der gefallenen Soldaten verliest – sehr ergreifend.

Tipp

FERME DU CLOS TESSIN

Auf der Weiterfahrt entlang der Route d'Omaha Beach D 514 kommt der mobile Reisende an dem idyllischen Gehöft Ferme du Clos Tessin vorbei, in dessen Garten gegen Gebühr ein ruhiger Übernachtungsplatz inklusive Brötchenservice angeboten wird. Im Hofladen werden die Produkte der Region wie Cidre, Calvados, Poiré und Pommeau verkauft. GPS: 49.349200, -0.839533

Das traditionsreiche Fischerstädtchen **Port-en-Bessin-Huppain** ist einen weiteren Stopp wert und lockt mit einer kleinen idyllischen Altstadt voller Restaurants, Cafés und Boutiquen. Der erstaunlich große, gut abgesicherte Hafen zeigt die Bedeutung des attraktiven Städtchens als drittgrößter Fischereihafen der Normandie. Hier am Quai Philippe Oblet findet jeden Sonntagvormittag ein riesiger Wochenmarkt statt, auf dem das Angebot an Obst und Gemüse, Gegrilltem, aber auch Haushaltsgegenständen und Textilien sehr umfangreich ist. Natürlich werden an einigen Ständen auch frischer Fisch und Meeresfrüchte angeboten, täglich jedoch kann man am späten Nachmittag bei der Fischauktionshalle auch den jeweiligen Tagesfang bestaunen (Führungen im Juli und August jeden zweiten Dienstagabend).

BAYEUXS BERÜHMTER WANDTEPPICH

Einen Höhepunkt einer jeden Normandie-Reise stellt unbestritten der Besuch von Bayeux dar, das sieben Kilometer von der Küste entfernt ist. Bereits einen Tag nach der Landung der Alliierten wurde Bayeux als erste Stadt Frankreichs befreit und entging somit der massiven Zerstörungswut der sich zurückziehenden Wehrmacht. So kann sich der Besucher an einer wunderschönen, gut erhaltenen Altstadt erfreuen, in der es richtig Spaß macht, zu bummeln. Die kleine Aure fließt durch das Zentrum und manch blumengeschmücktes historisches Brückchen trägt zum Charme der 13 000 Einwohner zählenden Stadt bei.

Die Rue Saint-Jean ist die Flaniermeile von Bayeux: In zahlreichen Antiquitätenläden kann man ungestört stöbern, Straßencafés mit grandiosen Patisserien laden zur Einkehr ein und gleich mehrere Schuhgeschäfte verführen zum Shoppen. Kulturell ist Bay-

Die kleine Aure fließt durch Bayeux und ein Bummel hier ist ein Genuss.

eux sowieso kaum zu toppen, denn hier wird eine weltweit einzigartige Sehenswürdigkeit aufbewahrt. Ursprünglich wurde der berühmte Wandteppich von Bayeux von Bischof Odo, Halbbruder von Wilhelm dem Eroberer, in Auftrag gegeben. Er sollte seine **Cathédrale Notre-Dame** schmücken, die seit fast 1000 Jahren das Stadtbild dominiert. Der Bau des Gotteshauses wurde bereits im 11. Jahrhundert begonnen und aus dieser romanischen Epoche stammt auch die dreischiffige Krypta mit ihren Decken- und Wandmalereien, die jahrhundertelang verschüttet war. Die Kathedrale selbst trägt viele gotische Einflüsse und in den Seitenportalen sind grandiose Darstellungen historischer Ereignisse zu entdecken.

Heute hängt der Wandteppich von Bayeux im **Centre Guillaume-le-Conquérant** und seit 2007 gehört er zum UNESCO-Weltkulturerbe. Der mit bunten Wollfäden bestickte Teppich ist unglaubliche 70 Meter lang und erzählt detailgetreu die Schlacht von Hastings und die Eroberung Englands durch Wilhelm den Eroberer. In dem abgedunkelten, kreisförmigen Raum wähnt sich der Besucher bei der Besichtigung nahezu allein und kann auch jedes Detail von Nahem bestaunen. Das historische Ereignis wird von Erklärungen per Audioguide begleitet und dadurch spannend erlebbar. Den Audioguide erhält man nicht an der Kasse, sondern kurz vor Betreten des Ausstellungsraumes. Im Obergeschoss des Museums sind

Port-en-Bessin
D514
D6
D169
D5 11 km
Bayeux

Tipp

L'ÉCAILLER

Im Fischereihafen von Port-en-Bessin-Huppain befindet sich das auf Meeresfrüchte spezialisierte Restaurant L'Écailler. Die Auswahl ist vielfältig und das Preis-Leistungs-Verhältnis fair. Sehr empfehlenswert sind die Moules frites à la normande mit Äpfeln und hausgemachten Pommes.
2 Rue de Bayeux, Tel. +33 2 31 22 92 16

Blick auf Arromanches-les-Bains und Reste des künstlichen Hafens Mulberry B

in einer Dauerausstellung originale Schilde, Kettenhemden sowie Kleidungsstücke aus dem Mittelalter zu sehen.
In Bayeux gibt es einen gemeindeeigenen Campingplatz, einen Wohnmobilstellplatz mit Ver- und Entsorgung sowie die zentrumsnahe Parkmöglichkeit in der Rue Pierre Trébucien (49.276591, -0.712728).

AM GOLD BEACH

Arromanches-les-Bains ist ebenfalls untrennbar mit der alliierten Invasion verbunden und noch heute ragen bei Ebbe die Überreste des künstlichen Hafens aus dem Meer hervor. Eines der größten Probleme der alliierten Landungstruppen war das Fehlen eines funktionstüchtigen Hafens, um den Nachschub zu gewährleisten. So wurde bereits am 7. Juni 1944, also einen Tag nach dem D-Day, in der Bucht von Arromanches-les-Bains mit dem Bau von Docks begonnen. Ausrangierte Schiffe wurden als Wellenbrecher versenkt und aus riesigen Betonhohlkörpern errichtete man eine Hafenmauer. Der künstliche Hafen, der den Codenamen Mulberry B erhalten hatte, wurde über drei schwimmende Landungsbrücken mit den Transportschiffen verbunden und so konnten pro Tag 22 000 Tonnen Material entladen werden.
Heute ist Arromanches-les-Bains ein lebendiger Badeort am **Gold Beach**, einem herrlich breiten Strand. Es gibt eine lange Promenade sowie eine attraktive Fußgängerzone und an allen Ecken und Enden laden Straßencafés und Restaurants zur Einkehr ein (Samstag am Vormittag großer Markt). Das Städtchen liegt zwischen zwei hohen Klippen und auf der östlichen Anhöhe befindet sich ein Stellplatz für Wohnmobile mit toller Aussicht auf das Meer. Der Platz liegt direkt neben einer Gedenkstätte und dem **Cinéma Circulaire 360°** (arromanches360.fr), wo im Halbstundentakt ein beeindruckender Film aus Originalaufnahmen rund um die Operation Overlord gezeigt wird.
Courseulles-sur-Mer liegt bereits am **Juno Beach**, wo die kanadischen Truppen trotz verlustreicher Kämpfe die deutsche Wehrmacht recht schnell überrollen konnten. Zur moralischen Unterstützung der alliierten Einheiten landeten kurze Zeit später Winston Churchill sowie der englische König Georg VI., und am 14. Juli 1944 betrat Général Charles de Gaulle hier wieder französischen Boden, um die Führung seines Heimatlandes zu übernehmen.

Ein schöner Spaziergang führt vom Camping Canadian Scottish zum großen Juno Beach Mémorial und zum 18 Meter hohen Stahlkreuz Croix de Lorraine, mit dem de Gaulle für seinen unermüdlichen Einsatz für die Befreiung Frankreichs geehrt wurde. Weiter geht es zum **Juno Beach Centre**, einem Museum in Erinnerung an die kanadischen Soldaten. Am Jachthafen vorbei ist dann bald das Zentrum erreicht, in dem es eine erstaunliche Menge an netten Geschäften gibt. In Courseulles-sur-Mer wird gelebt und gearbeitet, und das spürt der Besucher ganz besonders auf den authentischen, großen Wochenmärkten, die jeden Dienstag und Freitag am Vormittag stattfinden. Täglich dagegen stehen mehrere Fischstände am Hafenbecken und verkaufen ihre frischen Fänge – eine super Auswahl.

EIN TOLLER RADAUSFLUG

Eine sehr schöne, etwa 20 Kilometer lange Fahrradtour (einfache Strecke) führt auf separaten Radwegen von Courseulles-sur-Mer nach Ouistreham. Die Route ist perfekt beschildert, folgt der geschäftigen Promenade von Saint-Aubin-sur-Mer und durchquert Luc-sur-Mer. Hier sollte man unbedingt einen kleinen Zwischenstopp einlegen, um das Walskelett zu betrachten, das frei im Garten der Mairie ausgestellt ist. Der im Januar 1885 angespülte Wal war mit 19 Metern Länge und rund 40 Tonnen Gewicht der größte jemals in Europa Gestrandete seiner Art. Die restliche Strecke verläuft auf einer kilometerlangen Strandpromenade, die gesäumt ist von wunderschönen Villen aus der Zeit der Belle Époque. Die verspielte Architektur mit ihren Zinnen und Türmchen in Verbindung mit normannischem Fachwerk ist zauberhaft schön. Ouistreham liegt an der Mündung der Orne und ist in erster Linie als Fährhafen nach England bekannt, in dessen Nähe es auch einen Stellplatz gibt. Wer in Courseulles-sur-Mer verweilen möchte, dem sei Camping Canadian Scottish oder der kostenpflichtige Stellplatz in der Avenue de la Combattante empfohlen.

Um die Orne zu überqueren, muss der Wohnmobilist bis zur berühmten **Pegasus Bridge** fahren. Die strategisch wichtige Brücke wurde in der Nacht vom 6. Juni 1944 im Handstreich von einer britischen Fallschirmeinheit erobert, und das **Café Gondrée** in Bénouville (12 Av. du Commandant Kieffer) rühmt sich zu Recht, das erste befreite Haus Frankreichs gewesen zu sein. Die ehemals einspurige Brücke wurde 1994 durch eine zweispurige Zugbrücke ersetzt, die sich immer dann hebt, wenn große Frachtschiffe den Canal de Caen à la Mer befahren. Zwischen Kanal und Orne befindet sich der Museumspark **Mémorial Pegasus**, in dem die alte Zugbrücke und zahlreiche Ausrüstungsgegenstände zu besichtigen sind (memorial-pegasus.org, Parkplatz: 49.243010, -0.271834). Siehe auch Fahrradtour entlang der Orne Seite 105.

Tipp

LA MAISON BLEUE

Das Meeresfrüchterestaurant mit schickem Ambiente befindet sich in einer ehemaligen Austern-Cabane. Es liegt idyllisch an einem kleinen Weiher und hat eine sehr schöne Terrasse.
Rue de Marine Dunkerque,
Tel. +33 2 31 37 45 48,
restaurant-lamaisonbleue.fr

PRAKTISCHE HINWEISE

TOURISTINFORMATIONEN

Office de Tourisme Sainte-Mère-Église
6 Rue Eisenhower,
50480 Sainte-Mère-Église,
Tel. +33 2 33 21 00 33, sainte-mere-eglise.info

Office de Tourisme Port-en-Bessin
40 Quai Baron Gérard,
14520 Port-en-Bessin-Huppain,
Tel. +33 2 31 22 45 80,
bayeux-bessin-tourisme.com

Office de Tourisme Bayeux
Pont Saint-Jean, 14400 Bayeux, Tel. +33 2 31 51 28 28,
bayeux-bessin-tourisme.com

Office de Tourisme Arromanches-les-Bains
2 Rue du Maréchal Joffre,
14117 Arromanches-les-Bains,
Tel. +33 2 31 22 36 45,
bayeux-bessin-tourisme.com

MUSEEN/AUSFLÜGE/ ATTRAKTIONEN

Musée du Débarquement Utah Beach
Route D 329, 50480 Sainte-Marie-du-Mont,
Tel. +33 2 33 71 53 35,
utah-beach.com
GPS: 49.414100, -1.177140
In dem Museum wird der D-Day von der Landung bis zum endgültigen Durchbruch in zehn Stationen nachempfunden. Das Museum ist außer im Dezember ganzjährig geöffnet.

Airborne Museum Sainte-Mère-Église
14 Rue Eisenhower,
50480 Sainte-Mère-Église,
Tel. +33 2 33 41 41 35,
musee-airborne.com
GPS Parkplatz: 49.407827, -1.311688
Das Museum ist von Anfang März bis Ende Oktober geöffnet.

Maison du Parc naturel régional des Marais du Cotentin
3 Village Ponts d'Ouve,
50500 Saint-Côme-du-Mont,
Tel. +33 2 33 71 65 30,
parc-cotentin-bessin.fr und für Bootsfahrten decouvertemarais.com
GPS: 49.320024, -1.264508
Besichtigung und Bootsfahrten in den Monaten April bis Oktober.

Cimetière militaire allemand de La Cambe
Les Noires Terres,
14230 La Cambe,
Tel. +33 2 31 22 70 76,
lacambe.fr/tourisme/cimetiere-allemand,
kriegsgraeberstaette.de
GPS: 49.343025, -1.027421
Der deutsche Soldatenfriedhof und das Infozentrum sind ganzjährig geöffnet, der Eintritt ist frei. Der Friedenspark Jardin de Paix ist an der N 13 bereits ausgeschildert.

Musée Mémorial d'Omaha Beach
Avenue de la Libération,
14710 Saint-Laurent-sur-Mer,
Tel. +33 2 31 21 97 44,
musee-memorial-omaha.com
GPS: 49.367154, -0.881823
Das Museum ist von Anfang Februar bis Ende November geöffnet.

Cimetière Américain
Omaha Beach,
14710 Colleville-sur-Mer,
Tel. +33 2 31 51 62 00,
abmc.gov
GPS: 49.357034, -0.851665
Der frei zugängliche Friedhof und das Infozentrum können ganzjährig besucht werden.

Overlord Museum
Rond-point d'Accès du Cimetière Américain,
14710 Colleville-sur-Mer,
Tel. +33 2 31 22 00 55,
overlordmuseum.com
GPS: 49.347907, -0.857523
Das Museum ist außer im Januar ganzjährig geöffnet.

Aire de Camping-Cars oberhalb von Arromanches-les-Bains

Musée de la Tapisserie de Bayeux
13 bis Rue de Nesmond, Centre Guillaume-le-Conquérant, 14400 Bayeux, Tel. +33 2 31 51 25 50, bayeuxmuseum.com
Das Museum ist ganzjährig geöffnet. Es kann ein Kombiticket für den Besuch von weiteren Museen erworben werden.

Juno Beach Centre
Voie des Français Libres, 14470 Courseulles-sur-Mer, Tel. +33 2 31 37 32 17, junobeach.org
GPS: 49.335881, -0.461662
Das Museum ist eine Hommage an die 5500 Kanadier, die während der Schlacht in der Normandie getötet wurden. Das Museum ist außer im Januar das ganze Jahr über geöffnet.

STELL- UND CAMPINGPLÄTZE

C 700 Camping des Îles (S. 183 F4)
Avenue de la Plage, 50480 Sainte-Mère-Église, Tel. +33 2 33 21 47 52, manche-tourismus.com
GPS: 49.478709, -1.250142
Der schlichte Campingplatz liegt direkt am Meer und einem schönen Strand. Der ruhige Platz befindet sich außerorts, in der Saison wird Brötchenservice angeboten, WLAN ist vorhanden. Der Platz ist von Anfang April bis Ende September geöffnet.

C 701 Camping Sainte-Mère-Église (S. 183 F5)
6 Rue 505E Airborne, 50480 Sainte-Mère-Église, Tel. +33 2 33 41 35 22, camping-sainte-mere.fr
GPS: 49.410109, -1.310350
Der Campingplatz liegt im Grünen und ist etwa 400 Meter vom Zentrum und dem Airborne Museum entfernt. Die Stellplätze sind großzügig parzelliert, WLAN ist auf dem ganzen Platz vorhanden, Leihräder stehen zur Verfügung. Geöffnet von Anfang April bis Mitte September.

S 702 Aire de Camping-Cars Utah Beach (S. 183 G5)
La Madeleine, 50480 Saint-Marie-du-Mont, Tel. +33 2 33 71 53 69
GPS: 49.417784, -1.186559
Der gebührenpflichtige Stellplatz gehört zu Pass'Étapes, es wird die Mitgliedskarte benötigt, die einmalig am Bezahlautomaten erworben werden kann und immer wieder einsetzbar ist (siehe Kapitel »Reiseinfos von A bis Z«). Im Preis ist Strom, Wasser und Entsorgung enthalten. Der Platz liegt ruhig, abseits der Straße und ist ganzjährig nutzbar.

S 703 Aire de Camping-Cars Isigny-sur-Mer
(S. 183 G6)
Quai Neuf, 14230 Isigny-sur-Mer
GPS: 49.321582, -1.104334
Der kostenlose Stellplatz liegt am Ortsrand direkt an einem Fluss, schöner Fahrradweg in Richtung Meer. Ein Supermarkt ist in unmittelbarer Nähe und auch das Zentrum ist nicht weit entfernt. Wasser ist kostenpflichtig, Strom ist nicht vorhanden. Der Platz ist ganzjährig nutzbar.

Camping Canadian Scottish bei Courseulles-sur-Mer

C 704 **Camping du Fort Samson** (S. 183 H5)
25 Rue du Fort Samson,
14450 Grandcamp-Maisy,
Tel. +33 6 80 63 01 11,
campingdufortsamson.com
GPS: 49.389652, -1.056564
Der schlichte Campingplatz liegt am Ortsrand, etwa 100 Meter vom Kiesstrand entfernt. Der Jachthafen und das Zentrum von Grandcamp-Maisy sind nach 500 Metern zu Fuß erreicht. Der Platz ist nicht parzelliert, in der Saison wird Brötchenservice angeboten. Der Campingplatz ist von Anfang April bis Ende September geöffnet.

S 705 **Aire de Camping-Cars Grandcamp-Maisy** (S. 183 H5)
Le Moulin Odo,
14450 Grandcamp-Maisy
GPS: 49.386104, -1.038510
Der gebührenpflichtige Platz liegt etwas abseits der Hauptstraße und ist etwa 100 Meter vom Zentrum und 500 Meter vom Hafen entfernt. Strom sowie Ver- und Entsorgung sind im Preis inklusive. Der Platz ist ganzjährig nutzbar.

C 706 **Camping Omaha Beach** (S. 181 H1)
Rue de la Hérode,
14710 Vierville-sur-Mer,
Tel. +33 2 31 22 41 73,
camping-omaha-beach.fr
GPS: 49.379620, -0.909628
Der Campingplatz liegt erhöht auf einer Klippe über dem Omaha Beach mit teilweise schönem Blick auf das Meer. Es besteht ein direkter Zugang zum Strand. Auf dem Platz gibt es einen beheizten, überdachten Pool, ein Restaurant, eine Bar sowie einen Minimarkt. Der Campingplatz ist von Anfang April bis Ende Oktober geöffnet.

S 707 **Aire de Camping-Cars Port-en-Bessin** (S. 184 A2)
4 Rue de 11 Novembre,
14520 Port-en-Bessin-Huppain, aire-service-camping-car-panoramique.fr
GPS: 49.345588, -0.758313
Der gebührenpflichtige Stellplatz liegt ruhig in einer Nebenstraße und hat Platz für 30 Mobile. Der Platz befindet sich unweit des Hafens mit Restaurants, Cafés und Souvenirshops. Ver- und Entsorgung ist vorhanden, kein Strom. Der Stellplatz ist ganzjährig nutzbar.

C 708 **Camping La Prairie** (S. 184 A2)
9 Rue Maréchal de Tourville,
14520 Port-en-Bessin-Huppain, Tel. +33 2 31 21 70 06,
camping-de-la-prairie.fr
GPS: 49.343199, -0.756711
Der gemeindeeigene Campingplatz liegt im Ort, unweit des Hafens. Die Plätze sind parzelliert, es gibt einen neuen Sanitärblock. Der Campingplatz ist von Anfang April bis Mitte Oktober geöffnet, es werden keine Reservierungen vorgenommen.

S 709 **Aire de Camping-Cars Bayeux** (S. 184 B3)
Boulevard Fabian Ware,
14400 Bayeux
GPS: 49.272479, -0.710562

Aire de Camping-Cars mit Ver-und Entsorgung in Grandcamp-Maisy

Der offizielle, gebührenpflichtige Stellplatz für 25 Mobile befindet sich im Ort, neben dem Museum Bataille de Normandie und in der Nähe des britischen Soldatenfriedhofs. Das Zentrum und das Musée de la Tapisserie sind zu Fuß erreichbar, es gibt Ver- und Entsorgung, aber keinen Strom. Der Platz ist ganzjährig nutzbar.

C 710 **Camping Des Bords de l'Aure** (S. 184 B3)
Boulevard d'Eindhoven,
14400 Bayeux,
Tel. +33 2 31 92 08 43,
camping-bayeux.fr
GPS: 49.284047, -0.697415
Der gemeindeeigene Campingplatz liegt zentrumsnah neben dem städtischen Schwimmbad (freier Eintritt). Der Platz ist ansprechend begrünt und parzelliert, es gibt ein modernes Sanitärgebäude und einen Aufenthaltsraum. Der Campingplatz ist von Anfang April bis Anfang November geöffnet.

S 711 **Aire de Camping-Cars Arromanches-les-Bains**
(S. 184 C2)
Rue du Calvaire,
14117 Arromanches-les-Bains
GPS: 49.339275, -0.614008
Der große, kostenpflichtige Schotterplatz liegt auf der Klippe östlich des Ortes und unweit des 360°-Kinos mit tollem Blick auf das Meer. Es gibt Ver- und Entsorgung, aber keinen Strom. Der Platz ist ganzjährig nutzbar.

C 712 **Camping Municipal Canadian Scottish** (S. 184 D2)
Route d'Arromanches,
14470 Graye-sur-Mer,
Tel. +33 2 31 37 45 23,
campingcanadianscottish.jimdo.com
GPS: 49.448199, -0.477417
Der Campingplatz liegt außerorts an einem schönen Strandabschnitt. Der Platz ist nicht parzelliert, besitzt eine Snackbar mit Brötchenservice, das Zentrum ist fußläufig erreichbar. Der Campingplatz ist von Anfang April bis Anfang Oktober geöffnet.

S 713 **Aire de Camping-Cars Courseulles-sur-Mer**
(S. 184 D2)
Avenue de la Combattante,
14470 Courseulles-sur-Mer
GPS: 49.334864, -0.448359
Der zweckmäßige, kostenpflichtige Stellplatz liegt am östlichen Ortsrand in unmittelbarer Nähe zum Strand, das Zentrum ist zu Fuß erreichbar. Es ist Ver- und Entsorgung vorhanden, allerdings kein Strom. Der Platz ist ganzjährig nutzbar.

S 714 **Aire Camping-Cars Ouistreham** (S. 185 F3)
40 Boulevard maritime,
14150 Ouistreham,
aire-service-camping-car-panoramique.fr
GPS: 49.287593, -0.250338
Der gebührenpflichtige Stellplatz liegt ganz zentral und in der Nähe des Fährterminals. Ver- und Entsorgung ist vorhanden, Strom an der VE-Säule. Der Strand ist in fünf Minuten erreicht. Der Platz ist ganzjährig nutzbar.

Merville-Franceville-Plage feiert jedes Jahr ein großes Mittelalterfest.

8

EIN AUSFLUG DURCH DAS HOCHPROZENTIGE CALVADOS

Cidre, Calvados, Camembert – die drei großen »C« der Normandie

Diese kleine Rundtour durch das Département Calvados führt über die Hauptstadt Caen in das Zentrum der Apfelproduktion mit seinen bedeutenden Destillerien. Mit dem kulinarischen Ausflug steht zugleich die Heimat einer der berühmtesten normannischen Käsesorten auf dem Programm sowie in Lisieux die meistbesuchte Wallfahrtsstätte des ganzen Landes.

Hotspot der Kite-Surfer mit viel Wind und Wellen

In dem hübschen Badeort **Merville-Franceville-Plage** muss sich der Urlauber einfach wohlfühlen. Alles ist neu und gepflegt, Cafés und Restaurants laden zur Einkehr ein und ein Minigolfplatz an der Promenade sorgt für Abwechslung. Die Wochenmärkte jeden Donnerstag und Sonntag sind ein echtes Erlebnis: Obst- und Gemüsestände vom Feinsten, verführerische Düfte von fertig Gegrilltem, Metzger mit grandiosen Fleisch- und Wurstvariationen und natürlich ein paar Stände mit hübschen Korbwaren, Pullis und T-Shirts.
Merville-Franceville ist zugleich ein Hotspot der Kitesurfer, und wer sich einmal mit diesem tollen Sportgerät vertraut machen möchte, kann im KITE-R Évolution Center einen Kurs buchen. Wenn die Flut kommt, sind Strand und Meer mit den bunten Segeln übersät – ein super Anblick. Der grandiose feine Sandstrand hier ist über acht Kilometer lang und reicht von Dives-sur-Mer bis an die Mündung der Orne, wo man einen schönen Blick nach Ouistreham und die dort wartenden Fähren hat.
Mitte September findet in Merville-Franceville jedes Jahr eines der größten Mittelalterfeste der Normandie statt. Das Volksfest ist ein absolutes Spektakel, für das sich die Besucher fantasievoll verkleiden. Es gibt Ritterspiele am Strand, bunte Drachen fliegen in der Luft, Gaukler zeigen ihre Künste, und natürlich wird reichlich Kulinarisches angeboten.

DIE HAUPTSTADT DES CALVADOS

Caen ist unbestritten einen Besuch wert! Wie in jeder anderen Großstadt auch, ist die Parksituation für Wohnmobile nicht einfach und so ist es empfehlenswert, als Erstes der Beschilderung **Mémorial de la Bataille de Normandie** zu folgen, da dort dem

AUSFLUG

ZUR PEGASUS BRIDGE

Wer in Merville-Franceville-Plage weilt, sollte unbedingt die Radtour zur Pegasus Bridge (siehe Tour 7) unternehmen. Die Strecke ist bestens beschildert und führt auf separaten Wegen zuerst durch ein Sumpfgebiet mit tollem Blick auf Ouistreham. Vorbei am Nachbarort Sallenelles, geht es nun immer an der Orne entlang bis zum Mémorial Pegasus und zur berühmten Brücke. Dort bieten sich mehrere Einkehrmöglichkeiten. Die Gesamtstrecke beträgt hin und zurück 20 Kilometer.

ROUTE 8

START- UND ENDPUNKT
Merville-Franceville-Plage

STRECKENLÄNGE
145 km

REINE FAHRZEIT
2,5 Stunden

Start Merville-Franceville-Plage
D514
22 km
Caen

Caen
N814
A13
D400
D49 36 km
Beauvron-en-Auge

Camper der einzige Wohnmobilparkplatz (49.199470, -0.386317) und bald darauf auch der einzige Stellplatz der Stadt angeboten wird. Das Museum selbst gehört sowieso fast zum Pflichtprogramm einer jeden Normandie-Reise und schon auf dem Weg durch den dortigen Park beeindruckt ein riesiger Revolver, in dessen Lauf ein Knoten gebunden ist. Die ungewöhnliche Fassade des »Museums für den Frieden« symbolisiert den Atlantikwall und die Eingangstür die Bresche, die die Alliierten dort hineingeschlagen haben.
Die Ausstellung ist sehr umfangreich und spricht neben den historischen Ereignissen um den Zweiten Weltkrieg auch Themen wie Menschenrechte oder die Zerbrechlichkeit der Demokratien an. Dies ist das erste Museum, das den totalen Krieg als globale Katastrophe beleuchtet, die ihren Höhepunkt in den Atombomben von Hiroshima und Nagasaki hatte. Die Beschilderung der Ausstellungsstücke ist lobenswerterweise auch in deutscher Sprache, weiterhin gibt es Filmvorführungen, und im Untergeschoss ist noch ein Bunker zu besichtigen, in dem sich eine deutsche Kommandozentrale befindet. Für die Besichtigung der Innenstadt von Caen, die etwa zwei Kilometer entfernt ist, sollte der Wohnmobilist sein Fahrzeug stehen lassen und das Zentrum zu Fuß oder mit der Buslinie 2 aufsuchen, da im Zentrum keine Parkmöglichkeit besteht.
Die lebendige Stadt Caen zählt 110 000 Einwohner und sie hat eine lange Geschichte vorzuweisen, denn schon zu Zeiten von Wilhelm dem Eroberer war sie eine bedeutende Metropole. Der normannische Herzog und König von England hat in der imposanten **Église Saint-Étienne** seine letzte Ruhestätte gefunden, die schlichte Grabplatte befindet sich direkt vor dem Altar. Saint-Étienne ist wohl der schönste Sakralbau der Normandie und ein Musterbeispiel des romanischen Kirchenbaus. Königin Mathilde, einst Mathilde von Flandern genannt und Wilhelms Ehefrau, ruht in der **Abbaye-aux-Dames Sainte-Trinité** unter einer schwarzen Mar-

Caen hat eine große Historie und ist heute eine lebendige Uni-Stadt.

morplatte. Die Klosterkirche, gleichzeitig mit der Abbaye-aux-Hommes Saint-Étienne gestiftet, besitzt eine faszinierende Krypta mit 16 eng stehenden Säulen und reich verzierten Kapitellen.

In der Innenstadt von Caen liegen alle Sehenswürdigkeiten nah beieinander und so ist auch das Château Ducal nicht weit entfernt. Die wehrhafte Burganlage thront inmitten des Zentrums etwas erhöht auf einem Plateau und kann frei besichtigt werden.

Das **Château de Caen** ist eines der größten mittelalterlichen Befestigungswerke Europas und wurde einst von Wilhelm errichtet. Sein Sohn Heinrich I. (Henri Beauclerc) erweiterte den Komplex mit Wohnhäusern, Kapellen und einem mächtigen Donjon. Das weitläufige Areal beherbergt heute einen Park sowie das Musée des Beaux-Arts (mba.caen.fr) und das Musée de Normandie (musee-de-normandie.caen.fr).

Direkt hinter dem Château befinden sich die Gebäude der Universität, die bereits 1432 gegründet wurde. 25 000 Studenten sind hier eingeschrieben und die jungen Leute bestimmen das Leben in der Stadt. Straßencafés, Bistros sowie sehr modische Boutiquen dominieren die Fußgängerzone und es herrscht eine lebhafte, ausgelassene Atmosphäre. In Caen werden täglich in verschiedenen Stadtteilen Wochenmärkte abgehalten. Der größte und bunteste ist der Sonntagsmarkt am Bassin Saint-Pierre, wo an 400 Ständen von Obst

SPECIAL

CIDRE UND POIRÉ

Aus dem Saft von Äpfeln und Birnen wird der Fruchtzucker durch den natürlichen Gärungsprozess in Kohlensäure und je nach Dauer in Alkohol umgewandelt. Durch den Verzicht auf Hefe und das Mischungsverhältnis der Sorten entstehen unterschiedliche Aromen und Geschmäcker. Cidre ist ein spritziger Apfelwein mit einem Alkoholgehalt von 3,5–5 Vol.-%, Poiré ein Birnenschaumwein mit einem Alkoholgehalt von 3 Vol.-%. Beide tragen das Gütesiegel AOC als regionale Spezialitäten. Cidre und Poiré werden nach einem ähnlichen Verfahren hergestellt, in Flaschen mit Korkverschluss abgefüllt und schmecken gekühlt am besten.

Das Bilderbuchdorf Beuvron-en-Auge liegt im Calvados an der Route du Cidre.

und Gemüse über Klamotten bis hin zum Trödel alles Erdenkliche angeboten wird.

MALERISCHES BEUVRON-EN-AUGE

Der idyllische Ort Beuvron-en-Auge gehört zum illustren Kreis der »Plus Beaux Villages de France«. Mit den 40 bezaubernden Fachwerkhäusern und der alten Markthalle ist Beuvron wirklich ein Bilderbuchdorf inmitten des **Pays d'Auge**. Diese sanft hügelige Landschaft rundum ist Heimat für unzählige Apfelbäume, aus deren kleinen Früchten der normannische Cidre gekeltert wird. Im Frühling legen die Blüten einen rot-weißen Schleier über die Region und im Herbst liegt der Apfelduft über dem Land. Die **Route du Cidre** ist eine 40 Kilometer lange Touristenstraße, an der 20 lokale Produzenten zur Verkostung ihrer Apfelprodukte einladen. Cidre und Calvados aus dem Pays d'Auge sind übrigens geschützt und tragen das AOP-Label. Ende Oktober feiert Beuvron-en-Auge das jährliche Apfel- und Cidre-Fest, bei dem neben Hochprozentigem auch für die kulinarische Grundlage gesorgt ist.

Die Hochburg der Cidre-Herstellung ist **Cambremer** und ganz typisch für die Dörfer des Pays d'Auge. Eine der beliebtesten Sorten ist der in der Flasche gegorene Cidre

SPECIAL

CALVADOS UND POMMEAU

»Eau de vie« des Départements ist der Calvados Pays d'Auge, eine geschützte Herkunftsbezeichnung. Nach einem zweistufigen Destillationsprozess ist der Feinbrand wasserklar, mit einem Alkoholgehalt von 70 Vol.-%. Nun wird er zwei bis sechs Jahre in Eichenfässern gelagert und erhält dadurch seine goldene Farbe. Zum Verkauf wird der Apfelbranntwein auf einen Alkoholgehalt von 40–45 Vol.-% verdünnt und in Flaschen abgefüllt. Je älter der Calvados ist, desto samtiger und aromatischer ist sein Geschmack. Pommeau hat 17 Vol.-% und ist ein Aperitif aus frisch gepresstem Apfelsaft, dem junger Calvados hinzugefügt wurde.

»Cru de Cambremer« und hier im Ort residiert einer der bekanntesten Produzenten. Gegenüber dem Stellplatz befindet sich in einem Herrenhaus (Manoir) die Domaine Pierre Huet, in der eine Führung mit anschließender Verkostung angeboten wird (calvados-huet.com). Es gibt verschiedene Cidre-Sorten, Apfelgelee mit Cidre und natürlich einen feinen Calvados. Parken kann man in Cambremer in der Avenue des Tilleuls (49.149413, -0.046534). Hier hängt auch ein Plan der Route du cidre und der teilnehmenden Produzenten aus.

DIE HEILIGE VON LISIEUX

Lisieux ist nach Lourdes die meistbesuchte Wallfahrtsstätte von ganz Frankreich, und auch hier sollte der mobile Reisende unbedingt einen Zwischenstopp einlegen. Die **Basilique Sainte-Thérèse** zählt mit einer Größe von 4500 Quadratmetern und der 95 Meter hohen Kuppel zu den größten Gotteshäusern des 20. Jahrhunderts. Die Basilika wurde aus Spenden aus aller Welt zu Ehren der heiligen Thérèse errichtet und 1954 geweiht. Rund eine Millionen Pilger besuchen Lisieux pro Jahr, um der Heiligen zu gedenken.
Thérèse Martin wurde am 2. Januar 1873 als jüngstes von neun Kindern in Alençon geboren. Die Mutter starb früh und die tief religiöse Familie zog nach Lisieux, wo die älteren Schwestern dem strengen Karmeli terorden beitraten. Das wollte auch Thérèse und trotz ihres jungen Alters von 15 Jahren erhielt sie vom Bischof von Bayeux die Genehmigung. Fortan führte sie ein frommes und demütiges Leben und verstarb am 30. September 1897 mit nur 24 Jahren an Tuberkulose. Thérèse hinterließ ein Tagebuch, die »Geschichte einer Seele« wurde zwei Jahre nach ihrem Tod veröffentlicht und ist seitdem nach der Bibel das meistgelesene Buch in französischer Sprache. Schon 1923 wurde Thérèse selig-, im Mai 1925 von Papst Pius XI. heiliggesprochen und 1997 von Papst Johannes Paul II. zur Kirchenlehrerin erhoben. In der Kirchengeschichte einmalig wurden auch ihre Eltern Louis und Zélie Martin 2015 zu Heiligen ernannt.
Die Basilika am Stadtrand von Lisieux liegt erhöht auf einem Hügel und macht schon von Weitem fast sprachlos. Der orientalisch anmutende Sakralbau ist mit faszinierenden Mosaiken ausgestattet, die Szenen aus dem Leben der heiligen Thérèse darstellen. Im Licht der Sonne erstrahlt der Innenraum in wunderschönen warmen Goldtönen und lässt sicherlich auch den weniger Gläubigen tief beeindruckt zurück. Außer am letzten Sonntag im September, wenn das Fest der heiligen Thérèse gefeiert wird, ist im 23 000 Einwohner zählenden Lisieux nicht viel los. Es ist sinnvoll, die Basilika direkt anzufahren (Parkplatz: 49.140711, 0.234278; keine Übernachtung möglich; therese-de-lisieux.com).

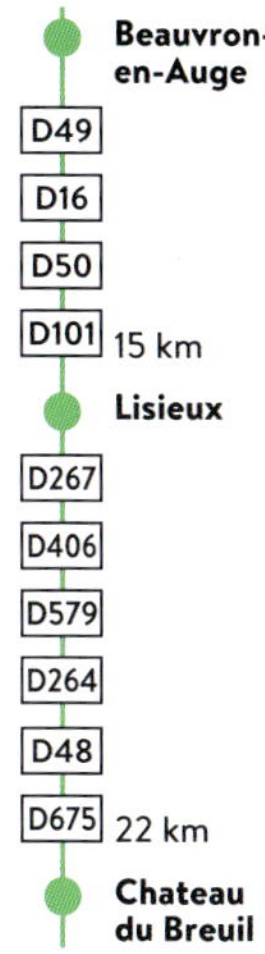

Basilika der Heiligen Thérèse in Lisieux

GENUSS VOM FEINSTEN

Château du Breuil gehört zur Gemeinde Le Breuil-en-Auge und ist die wohl edelste Adresse für ein Fläschchen Calvados d'Auge. Das Schloss liegt in einem repräsentativen Park, der frei erkundet werden kann. Am Empfang wird dem Gast während einer Degustation nicht nur Calvados verschiedenen Alters angeboten, hier im Château werden auch hochwertige Rum-Sorten destilliert, die selbstverständlich auch erworben werden können. Gegen ein Entgelt kann sich der Interessierte einer geführten Besichtigung in deutscher Sprache anschließen (chateau-breuil.fr; Parkplatz: 49.230058, 0.215094).
Gerade einmal acht Kilometer entfernt liegt **Pont-l'Évêque** und hier ist die Domaine Père Magloire ansässig, eine weitere Topadresse für den Calvados d'Auge. In einer multimedialen, 3000 Quadratmeter großen Erlebniswelt wird dem Besucher die Welt des Calvados nähergebracht und natürlich können die Produkte der Domaine auch gekauft werden. Das Städtchen ist in erster Linie allerdings für den gleichnamigen Käse bekannt, einen Weichkäse mit leicht rötlicher Rinde, der vorwiegend in einer quadratischen Spanschachtel verkauft wird. Seit 1976 trägt der Käse, der einer der ältesten normannischen Sorten ist, das begehrte AOP-Siegel.
In Pont-l'Évêque vereinigen sich drei Flüsse zum Touques, der mit einer blumengeschmückten Brücke überspannt ist. Es gibt ein lebendiges Zentrum rund um die Pfarrkirche Saint-Michel und eine Menge Geschäfte. Eine Parkmöglichkeit besteht in der Avenue de Verdun hinter dem Office de Tourisme (49.286180, 0.186511) und etwas außerhalb des Ortes liegt an einem künstlichen See ein netter Campingplatz. Auf der Weiterfahrt durch das Pays d'Auge kommt der Wohnmobilist kurz vor Beaumont-en-Auge noch an einem Naturcampingplatz vorbei, der inmitten von Apfelbäumen ein absolutes Idyll ist.
Beaumont-en-Auge liegt etwas erhöht auf einem Bergrücken und ist ein Musterbeispiel für die charmanten Dörfer des Pays d'Auge. Zahlreiche Fachwerkhäuser in holprigen Gassen, ein netter Marktplatz bei einer romanischen Pfarrkirche sowie hoch oben eine schöne Aussichtsterrasse machen das Örtchen besuchenswert. Weit schweift der Blick von hier aus über das Vallée de la Touques bis nach Deauville – ein grandioses Panorama. Für den kurzen Stopp bietet sich am Ortsrand ein Parkplatz an (49.276944, 0.109128).

↑ Château du Breuil und edler Calvados
↓ Blick in das Vallée de la Touques

WIEDER AM MEER

Zurück an der Küste, lohnt schließlich **Dives-sur-Mer** einen Besuch. Der kleine Ort ist durch den Fluss Dives von der Plage de

Das »Village de Guillaume le Conquérant« in Dives-sur-Mer ist sehenswert.

Cabourg getrennt. Dieser Nachbarort und der herrliche acht Kilometer lange Strand sind allerdings am besten über die Passerelle Dives-Cabourg zu erreichen. Ganz in der Nähe befinden sich auch der Wohnmobilstellplatz und der große Port de Plaisance. In der breiten Mündung des Flusses vereinte Wilhelm der Eroberer im Jahre 1066 eine Flotte von 300 Schiffen und 7000 Mann, um England zu erobern. Unbedingt sollte der Urlauber aber einmal in das traditionsreiche Zentrum von Dives-sur-Mer spazieren, denn das »Village de Guillaume le Conquérant« ist bezaubernd. Im Innenhof eines Gasthauses aus dem 19. Jahrhundert sind in idyllischem Rahmen zahlreiche altertümliche Statuen, Vasen, Steinbüsten und Reliefs zu bewundern. Auch das Touristenbüro, Restaurants und Ateliers für Kunsthandwerk sind hier ansässig. Eine Sehenswürdigkeit der besonderen Art ist in der Rue des Frères Bisso das Maison Bleue de Da Costa mit seinen wunderschönen Mosaiken. Sehenswert ist in Dives-sur-Mer weiterhin die rund 500 Jahre alte Markthalle, ein imposantes Gebäude aus Eichenholz mit weit heruntergezogenem Ziegeldach. In der 32 Meter langen und 11 Meter hohen Halle und rund um den Marktplatz wird jeden Samstag ein großer farbenfroher Wochenmarkt abgehalten.

Chateau du Breuil
D675
D58 9 km
Pont l'Évêque
D58
D45
D27
D400
D514 928 km
Beaumont-en-Auge

Tipp

LE CAFÉ DES ARTS

Das nette Café liegt in Beaumonts Dorfmitte und direkt am tollen Aussichtspunkt mit Stühlen und Tischen im Freien. Der Innenraum wird für wechselnde Ausstellungen genutzt. Neben den süßen Delikatessen gibt es eine gute Auswahl an deftigen regionalen Gerichten.
Place de Verdun,
lecafedesarts.business.site

PRAKTISCHE HINWEISE

TOURISTINFORMATIONEN

Office de Tourisme Merville-Franceville-Plage
1 Avenue de Paris,
14810 Merville-Franceville-Plage, Tel. +33 2 31 24 23 57,
normandie-cabourg-paysdauge-tourisme.fr

Office de Tourisme Caen
12 Place Saint Pierre,
14000 Caen,
Tel. +33 2 31 27 14 14,
caenlamer-tourisme.fr

Office de Tourisme Pont-l'Évêque
16 bis Place Jean Bureau,
14130 Pont-l'Évêque,
Tel. +33 2 31 64 12 77,
pontleveque.fr

MUSEEN/AUSFLÜGE/ ATTRAKTIONEN

Kite-R Évolution
1 bis Boulevard Wattier,
14810 Merville-Franceville-Plage,
Tel. +33 2 31 24 12 52,
kite-r.com
Es werden Kurse in SUP, Wingfoil und Kitesurfen angeboten.

Mémorial de la Bataille de Normandie
Esplanade Général Eisenhower, 14050 Caen,
Tel. +33 2 31 06 06 44,
memorial-caen.fr
GPS: 49.199470, -0.386317
Das Museum ist ganzjährig geöffnet, dem Gebäude ist eine Cafeteria angeschlossen.

Calvados Père Magloire l'Expérience
Route de Trouville,
14130 Pont-l'Évêque,
Tel. +33 2 31 64 30 31,
calvados-experience.com
GPS: 49.293729, 0.187191
Die Führungen erfolgen auch in deutscher Sprache.

STELL- UND CAMPINGPLÄTZE

C 800 **Camping de la Mer** (S. 185 F3)
Route de Cabourg,
14810 Merville-Franceville-Plage,
Tel. +33 2 31 24 16 03, camping-franceville.fr
GPS: 49.284248, -0.186843
Der Campingplatz liegt am Ortsrand auf einer großen Düne in unmittelbarer Nähe zum Strand. In der ersten Reihe wunderschöner Blick auf das Meer. Der Platz ist parzelliert und hat einen beheizten Sanitärblock, WLAN auf dem ganzen Gelände. Das Zentrum ist fußläufig erreichbar. Der Campingplatz ist von Anfang April bis Ende September geöffnet.

S 801 **Aire de Camping-Cars Merville-Franceville-Plage** (S. 185 F3)
Boulevard Wattier, 14810 Merville-Franceville-Plage
GPS: 49.284898, -0.209986
Der kostenlose Stellplatz für sechs Mobile liegt am Ortsrand hinter der Düne und in unmittelbarer Strandnähe, das Zentrum ist zu Fuß erreichbar. Ver- und Entsorgung sind vorhanden, kein Strom. Der Platz ist ganzjährig nutzbar.

Der naturbelassene Stellplatz von Beaumont-en-Auge

Camping de la Mer in Merville-Franceville-Plage liegt auf einer Düne.

C 802 **Camping-Car Park Caen** (S. 184 D4)
18 Rue des Roquemonts,
14000 Caen,
Tel. +33 1 83 64 69 21, camping-carpark.com
GPS: 49.197191, -0.380894
Der Pass'Étapes-Platz liegt 100 Meter vom Mémorial entfernt. Die Innenstadt ist etwa zwei Kilometer entfernt, Bushaltestelle in der Nähe. Strom sowie Ver- und Entsorgung sind vorhanden. Der Stellplatz ist ganzjährig nutzbar.

S 803 **Aire de Camping-Cars Beuvron-en-Auge** (S. 185 G4)
Avenue de la Gare,
14430 Beuvron-en-Auge
GPS: 49.186063, -0.049467
Der gebührenpflichtige Stellplatz befindet sich ruhig am Ortsrand im Grünen. Das historische Zentrum ist fünf Minuten Fußweg entfernt. Es gibt Ver- und Entsorgung, aber keinen Strom. Der Platz ist ganzjährig nutzbar.

C 804 **Camping du Lac Terre d'Auge** (S. 186 A3)
D 48, Cour Maheut,
14130 Pont-l'Évêque,
Tel. +33 2 31 65 47 15,
terredauge-camping.fr
GPS: 49.274759, 0.204910
Der Campingplatz liegt zwischen dem Fluss Touques und einem See. Es gibt einen Minimarkt mit Brötchenservice, Fahrradverleih und freies WLAN auf dem ganzen Gelände. Der Platz ist von Mitte April bis Anfang November geöffnet.

S 805 **Aire Naturelle de Camping Reux** (S. 186 A3)
Le Lieu Train, 14130 Reux,
Tel. +33 2 31 64 84 63
GPS: 49.267207, 0.141009
Der schlichte kleine Natur-Campingplatz liegt außerorts idyllisch inmitten von Apfelbäumen. Der Platz ist von Anfang Mai bis Ende September geöffnet.

S 806 **Aire de Camping-Cars Dives-sur-Mer** (S. 185 G3)
Rue de l'Avenir,
14160 Dives-sur-Mer,
cc-estuairedeladives.fr
GPS: 49.290186, -0.104201
Der große, gebührenfreie Stellplatz liegt unweit des Port Guillaume mit einigen Einkehrmöglichkeiten. Das Zentrum von Dives ist fußläufig erreichbar. Ver- und Entsorgung sind vorhanden, aber kein Strom. Der Platz ist ganzjährig nutzbar.

9

Deauville steht für Exklusivität mit edlem Casino, feinen Boutiquen und noblen Restaurants.

DIE CÔTE FLEURIE UND DIE NÖRDLICHE SEINE

Eine ganz besondere Zeitreise durch die Epochen der normannischen Architektur

Zu Besuch im mondänsten Seebad der Normandie, in der berühmtesten Künstlerkolonie der Impressionisten, in der »schönsten Ruine Frankreichs« und in der einzigartigen Küstenstadt Le Havre, die den Welterbetitel aufgrund ihrer modernen Architektur erhielt – diese äußerst abwechslungsreiche Route führt die Blumenküste entlang und erkundet das nördliche Tal der Seine.

Les Planches, der »walk of fame« von Deauville

Das sicherlich exquisiteste Seebad der Normandie, **Deauville**, ist auf dem Reißbrett entstanden, als nämlich die feine Pariser Gesellschaft Mitte des 19. Jahrhunderts ein adäquates Ferienziel wünschte. Nicht weit von Frankreichs Hauptstadt entfernt und mit wunderschönen Stränden gesegnet, war der Platz an der Côte Fleurie, die zwischen Cabourg und Honfleur verläuft, für die illustren Gäste geradezu perfekt. Edle Hotels entstanden, zahlreiche Villen im Stil der Belle Époque wurden gebaut, und natürlich durften ein Jachthafen, ein Golfplatz, ein Casino sowie eine Pferderennbahn nicht fehlen.

AN DER CÔTE FLEURIE

Bis heute konnte sich Deauville die vornehme Aura bewahren und nach wie vor geben sich hier Prominenz jeder Couleur sowie Stars und Sternchen aus Hollywood ein Stelldichein. Das »Festival des amerikanischen Films« und der »Große Preis von Deauville« sind alljährliche Saisonhöhepunkte, die die High Society nicht versäumt. Dann wandelt man auf »Les Planches«, jener 653 Meter langen Holzpromenade am Strand, wo die kleinen Badehäuschen die Namen der Stars tragen, die bereits hier gewesen sind. Edle Nobelboutiquen von Dior, Cartier, Prada oder Louis Vuitton prägen die Innenstadt, und an hochpreisigen Restaurants mangelt es natürlich auch nicht. Für die etwas schlichteren Gemüter wird in den Sommermonaten auf der Place de Morny täglich ein Markt abgehalten. Leider gibt es in Deauville keinen offiziellen Stellplatz mit Ver- und Entsorgung, aber viele Parkmöglichkeiten entlang der Seitenstraßen bzw. an der Église Saint-Augustin (49.354763, 0.070481) oder am Bahnhof (Place Louis Armand: 49.359452, 0.083386).

Trouville, am anderen Ufer des Flusses La Touques, ist die volkstümliche Schwester von Deauville. Trotz der illustren Nachbarschaft geht es hier recht bodenständig zu, was wohl den Fischern zu verdanken ist. Direkt am Hafenkai von Trouville befindet sich die Fischhalle Poissonnerie, in der täglich nicht nur eine grandiose Auswahl an frischem Fisch und Meeresfrüchten verkauft wird, hier kann der Urlauber die Delikatessen teilweise gleich vor Ort probieren. Mittwoch-

ROUTE 9

START- UND ENDPUNKT
Deauville und Saint-Jouin-Bruneval

STRECKENLÄNGE
178 km

REINE FAHRZEIT
3,5 Stunden

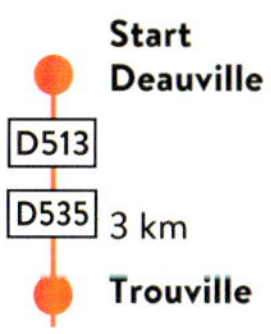

und Sonntagvormittag werden rundum noch die Wochenmärkte abgehalten.
Auch Trouville besitzt den typischen Charme normannischer Städte, einen schönen Strand mit einer Holzpromenade sowie ein prachtvolles Casino, der historische Stadtkern befindet sich verkehrsberuhigt oberhalb des Hafens. Eine malerische Atmosphäre herrscht hier in den kleinen Gässchen, was einst so manchen Künstler und impressionistischen Maler angezogen hat. Im »Musée de Trouville« in der prächtigen **Villa Montebello** kann der Kunstinteressierte einige Werke aus dieser Epoche bewundern. Für den kurzen Stadtbesuch parkt der Wohnmobilist am besten auf dem Bahnhofsplatz in Deauville. Wer den tollen Strand etwas länger genießen möchte, sollte den Camping Au Chant des Oiseaux aufsuchen.

DER SCHÖNSTE HAFEN DER NORMANDIE

Honfleur, an der Mündung der Seine gelegen, ist eines der Highlights dieser Route und unbedingt einen Besuch wert. Hier am Ende der Blumenküste erlebt der Urlauber ein städtebauliches Idyll und den wohl schönsten Hafen der Normandie. Dicht an dicht drängen sich rundum sechsstöckige Fachwerkhäuser und diese wunderschöne Kulisse bannte der berühmteste Sohn des Städtchens Eugène Boudin (1824–1898) immer wieder auf die Leinwand. Eine bedeutende Sammlung seiner Werke und anderer bekannter Impressionisten ist im **Musée Eugène Boudin** ausgestellt.
Natürlich hat sich seit Mitte des 19. Jahrhunderts viel verändert, denn heute drängen

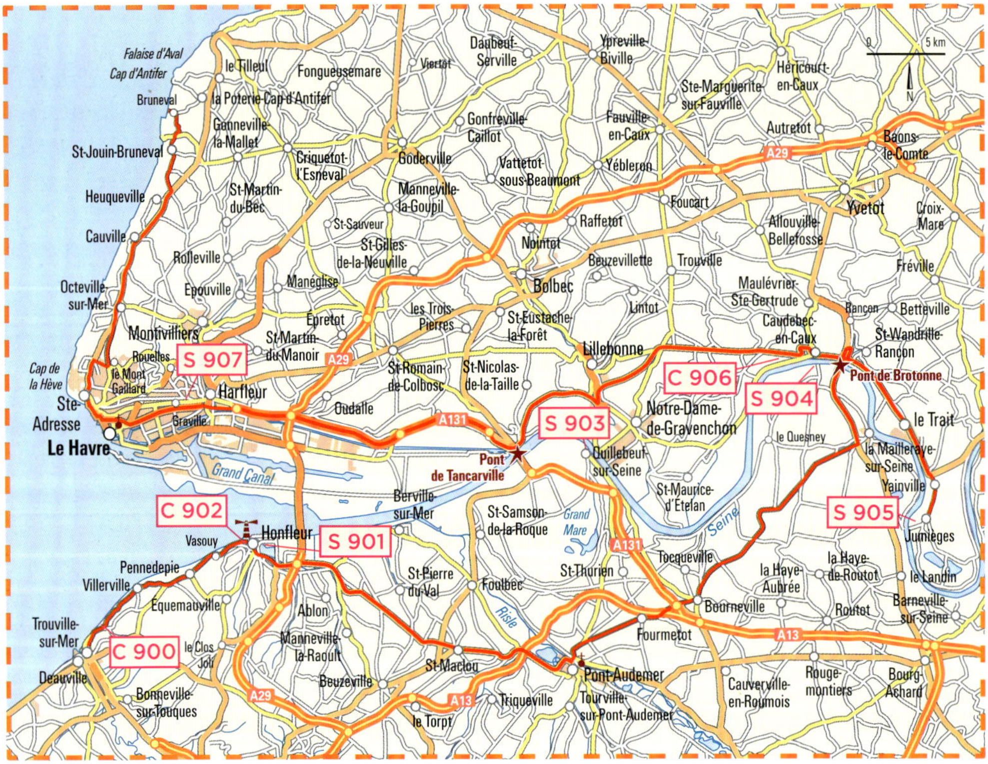

Rund um das Vieux Bassin von Honfleur reiht sich ein Lokal an das andere.

sich unzählige Meeresfrüchterestaurants, Antiquitätenläden und Boutiquen in den kopfsteingepflasterten Gassen. Es ist ein wahres Vergnügen, durch das historische Zentrum zu schlendern, in dem es auch die ungewöhnliche **Église Sainte-Catherine** zu besichtigen gilt. Sie ist die größte Holzkirche Frankreichs, gebaut im 15. Jahrhundert und mit Kastanienholzschindeln verkleidet.

Tipp

LA CABANE DU PÊCHEUR

Die Brasserie liegt am Vieux Bassin und hat Tische und Stühle sowohl direkt am Hafenbecken wie auch in einer überdachten Loggia. Das Restaurant bietet neben Meeresfrüchten auch Crêpes und Galettes an.
Quai Sainte-Catherine 72,
Tel. +33 2 31 81 35 16

Trouville
D513 16 km
Honfleur
D580
D180
D675 24 km
Pont-Audemer

Auch der separat stehende Glockenturm Clocher besteht bis auf das Fundament vollständig aus Holz, denn man konnte sich den Bau aus Stein nicht leisten. Wer noch ein wenig weiterschlendern möchte, dem sei das ausgeschilderte **Panorama du Mont-Joli** empfohlen. Hier oben steht die Pilgerkapelle **Chapelle Notre-Dame-de-Grâce** und man genießt eine grandiose Aussicht auf die Stadt, das Meer und die Seine. Zurück am alten Hafen Vieux Bassin, ist ein Gebäude der einstigen Stadtbefestigung nicht zu übersehen. Die Terrasse des ehemaligen Sitzes des königlichen Statthalters, die **Lieutenance** aus dem 16. Jahrhundert, kann bestiegen werden. Einen Besuch ist auch die einstige Église Saint-Étienne wert, in der das **Marinemuseum** mit vielen historischen Exponaten untergebracht ist. Von all diesen Sehenswürdigkeiten ist der große, offizielle

Die Abbaye de Jumièges gilt zu Recht als »schönste Ruine Frankreichs«.

Stellplatz nicht weit entfernt, es gibt aber auch einen zentrumsnahen Campingplatz.

IM WESTLICHEN TAL DER SEINE

Etwa eine halbe Stunde dauert die Fahrt von Honfleur nach **Pont-Audemer** abseits der Küste. Das nette Städtchen trägt den Beinamen »normannisches Venedig«. Die einstige Gerberstadt ist tatsächlich von mehreren Flussarmen und Kanälen durchzogen, an deren Ufern noch einige auskragende Fachwerkhäuser stehen, denn die Obergeschosse wurden einst zum Trocknen der Häute genutzt. Blumengeschmückte Brückchen tragen hier und da zum Charme des 9000 Einwohner zählenden Ortes bei, der vor allen Dingen an Markttagen (Montag und Freitag) sehr lebendig ist. Hier an der Rue de la République steht auch die nicht vollendete Église Saint-Ouen, deren älteste Teile aus dem 11. Jahrhundert stammen. Das Gotteshaus besitzt eine extrem hohe Holztonnendecke, die das Kirchenschiff abschließt, sowie sehr schöne Glasfenster aus verschiedenen Epochen. Der Entdeckungspfad durch die Altstadt führt durch mittelalterliche Gassen, in denen so manch idyllischer Hinterhof zu entdecken ist. Für den kurzen Stadtbesuch parkt der Wohnmobilist am besten am Ufer der Risle (49.358246, 0.509980).

Die Weiterfahrt führt direkt an die Seine, wo das Dorf **Quillebeuf-sur-Seine** mit einem kostenlosen Stellplatz zum Übernachten einlädt. Immer am Fluss entlang durchquert die **Route des Chaumières**, die Straße der reetgedeckten Häuser, dann das Örtchen **Vieux Port**, das einige Paradebeispiele dieser wunderschönen, für das Seine-Tal so typischen Bauweise besitzt. Wir befinden uns nun wieder im Département Seine-Maritime und auf der schmalen D 65 ist schon bald **Saint-Nicolas-de-Bliquetuit** erreicht. Hier ist am Ufer des großen Flusses auch ein kostenloser Stellplatz geschaffen worden. Die **Pont de Brotonne** überquert die Seine und auf der Route du Trait geht es zur nächsten grandiosen Sehenswürdigkeit dieser Route.

EIN FASZINIERENDER ANBLICK

Die **Abbaye de Jumièges** wurde einst von Victor Hugo als »schönste Ruine Frankreichs« bezeichnet, und das sicherlich zu Recht. Schon von Weitem beeindruckt die Dimension des Klosters, das im 11. Jahrhundert in Anwesenheit von Wilhelm dem Eroberer durch den Bischof von Rouen geweiht wurde. Nach Durchschreiten des Torhauses macht das Innere dieses ehemals mächtigsten und reichsten Klosters der Normandie den Besucher schier sprachlos. Zur Zeit des Hochmittelalters dürften hier etwa 200 Mönche und Laienbrüder gelebt und gearbeitet haben, der Niedergang erfolgte wie überall im Land dann während der Religionskriege und der Französischen Revolution. Danach wurden die verlassenen Gebäude als Steinbruch genutzt, doch glücklicherweise sind die dem Himmel entgegenstrebenden, 46 Meter hohen Türme der Abteikirche und die 30 Meter hohen Wände des Längsschiffes erhalten geblieben. Die Abtei ist von einem weitläufigen Park mit einer großen Terrasse und 100-jährigen Bäumen umgeben, vereinzelt laden Stühle zum Innehalten und Genießen ein. Ein absolutes Erlebnis in dieser grandiosen Kulisse sind die verschiedenen Veranstaltungen, bei denen die Ruinen ansprechend illuminiert werden.

AM ÖSTLICHEN UFER DER SEINE

Die einladende Stadtkulisse von **Caudebec-en-Caux** konnten wir schon vom gegenüberliegenden Seine-Ufer begutachten, nun steht hier ein kleiner Bummel auf dem Programm. Das Städtchen erhielt zur Zeit der Normannen den Namen »Caldebec – Kalter Bach« und das namensgebende Bächlein durchfließt noch heute den Ort, der nur 2000 Einwohner hat. Neben einem netten Zentrum rund um die Église Notre-Dame in ihrem famosen Flamboyantstil ist das **MuséoSeine** ganz besonders besuchenswert. Das interessante Museum am Ortsausgang widmet sich unter verschiedenen Aspekten dem Fluss, seiner Landschaft und den Arbeitsbedingungen der hier lebenden Menschen. Ein schöner Fahrradweg führt am Flussufer entlang bis zum Camping Barre und nach weiteren drei Kilometern ist der kleine Nachbarort **Villequier** mit dem Musée Victor Hugo erreicht. **Lillebonne** liegt etwas abseits der Seine und besitzt mitten im Ort ein gut erhaltenes Amphitheater, das zu Caesars Zeiten 10 000 Zuschauern Platz bot (49.518016, 0.536698). Gegenüber dem Gallo-Romain ließ Wilhelm der Eroberer eine Burg bauen, von der noch ein mächtiger Donjon

Pont-Audemer
D810
D139
D89
D131
D490
D982
D143 46 km
Jumièges
D143
D982
D484
D982
D131
D6015 67 km
Le Havre

Amphitheater in Lillbonne

Le Havre
D232
D940
D147
D111 23 km
Saint-Jouin-Bruneval

über der Stadt thront – ein reizvoller historischer Kontrast.
Wer nun einen Übernachtungsplatz sucht, dem bietet sich nach 14 Kilometern bei **Saint-Romain-de-Colbosc** am Château de Gromesnil ein angenehmer Stellplatz (49.520791, 0.347077). Das Schloss ist heute eine Eventlocation inmitten eines schönen Parks, der öffentlich zugänglich ist.

UNESCO-WELTKULTURERBE

Le Havre wurde einst vom französischen König Franz I. als Ersatzhafen gegründet, da Honfleur am anderen Mündungsufer der Seine zu versanden drohte. Heute besitzt die Stadt den zweitgrößten Hafen Frankreichs (nur Marseille ist größer) und mit ihm eine wichtige Fährverbindung nach England. Aufgrund der immensen Bedeutung als Hafenstadt wurde Le Havre im Zweiten Weltkrieg fast völlig zerstört und 1950 vom Pariser Stararchitekten Auguste Perret planmäßig neu aufgebaut. Als einziges Stadtensemble des 20. Jahrhunderts gehört Le Havre seit 2005 zum UNESCO-Weltkulturerbe. Tatsächlich kann man sich einer gewissen Faszination nicht entziehen: Das Zentrum ist auf einer Fläche von 250 Hektar exakt geometrisch, die Betongebäude besitzen eine Seitenlänge von genau 100, 50 oder 25 Metern und dazwischen verlaufen breite Straßenfluchten. Der Canal de Tancarville durchfließt die Stadt und endet in einer Vielzahl von Bassins.

Kunst der besonderen Art in Le Havre

Der beste Ausgangspunkt für die Stadtbesichtigung ist das **Bassin du Commerce**, denn hier hat der Besucher von der gläsernen **Passerelle François le Chevalier** schon mal einen tollen Überblick. Gegenüber steht das imposante **Monument aux Morts**, das der im Krieg Gefallenen gedenkt, und nur wenige Meter weiter erstaunt das futuristisch anmutende Kulturzentrum Le Volcan mit der Bibliothek Oscar Niemeyer. Niemeyer, der Schöpfer der Retortenstadt Brasilia, hat für sein Werk ganz bewusst runde und asymmetrische Formen gewählt, die in krassem Kontrast zum sonstigen Stadtbild stehen.
Schon von Weitem ist der gewaltige, 110 Meter hohe Kirchturm der **Église Saint-Joseph** zu sehen, die an das Empire State Building erinnert. Im Gegensatz zum nüchternen Äußeren ist das Innere mit den 12 769 kleinen Glasfenstern absolut beeindruckend. Die Sonne erzeugt fantastische Lichtreflexe und auch der 100 Meter hohe Luftraum über dem Altar ist etwas ganz Besonderes.
Natürlich besitzt Le Havre mit seinen 175 000 Einwohnern eine Vielzahl von Museen, erwähnenswert ist besonders das **MuMa**. Das Musée Malraux direkt an der Hafeneinfahrt ist in einem transparenten Bau aus viel Glas und Stahl untergebracht und beherbergt seit 1961 eines der wichtigs-

Le Havre ist eine ungewöhnliche Stadt mit UNESCO-Status.

ten Kunstmuseen Frankreichs. Vom avantgardistischen Museumscafé hat der Besucher einen herrlichen Blick auf das Meer. Der Boulevard Clemenceau rundum ist eine erlebenswerte Promenade, mit der die Stadt ihr angeschlagenes Image erfolgreich zu verbessern scheint und an deren Ende sich das Touristenbüro befindet.

Leider sind die Parkmöglichkeiten für Wohnmobile in Le Havre sehr rar, sodass an dieser Stelle kein wirklich guter Vorschlag gemacht werden kann. Der offizielle Stellplatz der Stadt ist sechs Kilometer entfernt, hat aber eine regelmäßige Straßenbahn- und Busanbindung in das Zentrum. Als Übernachtungsalternative bietet sich bei Saint-Jouin-Bruneval im **Port du Havre-Antifer** ein großer Wohnmobil-Parkplatz an (49.651468, 0.154107). Der kostenlose Platz befindet sich außerhalb des Ortes, weit unten in einer Bucht. Auf der einen Seite stehen riesige Öltanklager, dafür schweift der Blick auf der anderen Seite jenseits des Kiesstrandes über eine schöne Küstenlandschaft und Strandrestaurants laden zur Einkehr ein. Die Ver- und Entsorgungsstation befindet sich am ausgeschilderten Aire de Stationnement oberhalb der Bucht (49.651157, 0.163430).

SPECIAL

PONT DE NORMANDIE

Seit 1995 verbindet die imposante, mautpflichtige Brücke beide Seine-Ufer, und nach wie vor ist diese 2143 Meter lange Schrägseilbrücke die größte ihrer Art in ganz Europa. 214 Meter hohe Stützpfeiler sorgen für den nötigen Halt im sandigen Untergrund, und das 856 Meter lange Mittelstück schwebt 52 Meter über der Wasseroberfläche. Alljährlich wird die Brücke, die nachts blau-weiß angestrahlt ist, von rund zwölf Millionen Fahrzeugen überquert. Den besten Blick hat der Interessierte vom Parkplatz aus (49.451485, 0.270649; pontsnormandietancarville.fr).

PRAKTISCHE HINWEISE

TOURISTINFORMATIONEN

Office de Tourisme Deauville
Résidence de l'Horloge,
Quai de l'Impératrice Eugénie,
14800 Deauville,
Tel. +33 2 31 14 40 00,
indeauville.fr

Office de Tourisme Trouville
32 Boulevard Fernand Moureaux, 14360 Trouville-sur-Mer,
Tel. +33 2 31 14 60 70,
trouvillesurmer.org

Office de Tourisme Honfleur
Quai Lepaulmier,
14600 Honfleur,
Tel. +33 2 31 89 23 30,
honfleur-tourismus.de

Office de Tourisme Pont-Audemer
2 Place du Général de Gaulle,
27500 Pont-Audemer,
Tel. +33 2 32 41 08 21,
tourisme-pontaudemer-rislenormande.com

Office de Tourisme Caudebec
Place du Général de Gaulle,
76490 Rives-en-Seine,
Tel. +33 2 32 70 46 32,
entreseineetmer.fr

Office de Tourisme Le Havre
186 Boulevard Clemenceau,
76600 Le Havre,
Tel. +33 2 32 74 04 04,
lehavre-etretat-tourisme.com

MUSEEN/AUSFLÜGE/ ATTRAKTIONEN

Musée de la Marine
11 Quai Saint-Etienne,
14600 Honfleur,
Tel. +33 2 31 89 14 12,
musees-honfleur.fr
Das Museum ist montags geschlossen.

Abbaye de Jumièges
24 Rue Guillaume le Conquérant, 76480 Jumièges,
Tel. +33 2 35 37 24 02,
abbayedejumieges.fr
Die Abtei ist das ganze Jahr täglich geöffnet, per Tablet ist ein virtueller Rundgang möglich.

MuséoSeine
Avenue Winston Churchill,
Caudebec-en Caux,
76490 Rives-en-Seine,
Tel. +33 2 35 95 90 13,
museoseine.fr
GPS: 49.524672, 0.722212
Das Museum ist außer im Dezember und Januar ganzjährig geöffnet.

MuMa
2 Boulevard Clemenceau,
76600 Le Havre,
Tel. +33 2 35 19 62 62,
muma-lehavre.fr
Das Kunstmuseum ist das ganze Jahr über täglich außer montags geöffnet.

STELL- UND CAMPINGPLÄTZE

C 900 **Camping Le Chant des Oiseaux** (S. 185 H1)
11 Route de Honfleur,
14360 Trouville-sur-Mer,
Tel. +33 2 31 88 06 42,
campingtrouville.com
GPS: 49.377427, 0.095296
Der Campingplatz liegt im Grünen und etwas erhöht über dem Meer, schöner Blick. Der Terrassenplatz hat über eine Treppe direkten Strandzugang und ist etwa 1,9 Kilometer vom Zentrum entfernt. Der Platz ist von Anfang April bis Ende Oktober geöffnet.

S 901 **Aire de Camping-Cars Honfleur** (S. 186 B1)
Quai de la Cale, 14600 Honfleur, ville-honfleur.com
GPS: 49.419578, 0.241900
Der große Stellplatz für 200 Mobile liegt in Zentrumsnähe am Hafenbecken Bassin Carnot und besitzt zwei Ver- und Entsorgungsstationen sowie Strom, alles im Preis inklusive. Der Platz ist ganzjährig nutzbar.

C 902 **Camping du Phare**
(S. 186 A1)
Boulevard Charles V,
14600 Honfleur,

Aire de Camping-Cars Jumièges

Stellplatz am Port-du Havre-Antifer

Tel. +33 2 31 89 10 26, normandie-sur-mer.fr
GPS: 49.424745, 0.226054
Der schlichte Campingplatz liegt am Ortsrand und ist 800 Meter vom Meer entfernt. Der Platz ist parzelliert und hat einen schönen Baumbestand. Der Campingplatz ist von Anfang April bis Ende September geöffnet.

S 903 **Aire de Camping-Cars Quillebeuf** (S. 189 E6)
Place du Phare,
27680 Quillebeuf-sur-Seine
GPS: 49.473488, 0.525847
Der kostenlose Stellplatz liegt ruhig am Ufer der Seine, hat Ver- und Entsorgung, aber keinen Strom. In der Nähe sind einige Lokale und auch ein Bäcker. Der Platz ist ganzjährig nutzbar.

S 904 **Aire de Camping-Cars Saint-Nicolas-de-Bliquetuit** (S. 189 F5)
Route du Bac,
76940 Arelaune-en-Seine
GPS: 49.521162, 0.727397
Der kostenlose Stellplatz liegt außerorts direkt an der Seine mit schönem Blick auf das gegenüberliegende Caudebec-en-Caux. Es gibt Picknickbänke, Ver- und Entsorgung, aber keinen Strom. Der Platz ist ganzjährig nutzbar.

S 905 **Aire de Camping-Cars Jumièges** (S. 187 F1)
Rue Alphonse Callais,
76480 Jumièges
GPS: 49.430861, 0.814553
Der zweckmäßige, kostenlose Stellplatz liegt am Ortsrand in der Nähe der Abtei und hat Ver- und Entsorgung, aber keinen Strom. Restaurants und Bäcker in der Nähe. Der Platz ist ganzjährig nutzbar.

C 906 **Camping Barre Y VA** (S. 189 F5)
16 Route de Villequier,
Caudebec-en Caux,
76490 Rives-en-Seine,
Tel. +33 2 35 96 26 38,
camping-barre-y-va.com
GPS: 49.521713, 0.702145
Der 4-Sterne-Campingplatz liegt direkt an der Seine. Es gibt ein beheiztes Schwimmbad, eine Snackbar und einen Minimarkt, das Zentrum ist einen Kilometer entfernt. Der Platz ist von Anfang April bis Mitte September geöffnet.

S 907 **Aire de Camping-Cars Le Havre** (S. 188 B6)
Rue Andrei Sakharov,
76610 Le Havre
GPS: 49.504601, 0.171710
Der offizielle Stellplatz der Stadt ist sechs Kilometer vom Zentrum entfernt, es gibt Ver- und Entsorgung, keinen Strom. In der Nähe sind die Haltestellen der Straßenbahnlinie B und der Buslinie 7 ins Zentrum. Der kostenpflichtige Platz ist ganzjährig nutzbar.

Der berühmte Kreidefelsen von Étretat an der spektakulären Alabasterküste

10

ENTLANG DER BERÜHMTEN ALABASTERKÜSTE

Über hundert Meter hohe Steilklippen, Sonne, Wind und Meer

Die Côte d'Albâtre ist die bekannteste und wohl eindrucksvollste Küstenregion der Normandie. Ihre spektakulären Kreidefelsen erstrecken sich über 120 Kilometer von der Mündung der Seine bis nach Tréport. Jeden Tag und jede Stunde taucht die Sonne die wind- und wellenumtosten Klippen in ein anderes faszinierendes Licht – ein unvergesslicher Anblick.

Die Küste bei Étretat und das berühmte Felsentor gehören zu den impressionistischen Highlights der Alabasterküste, denn berühmte Maler wie Claude Monet oder Eugène Boudin haben den grandiosen Anblick in ihren Bildern verewigt. Seitdem versuchen Tausende von Touristen, das faszinierende Lichtspiel auf den Kreidefelsen und die Farben des Meeres mit ihren Fotoapparaten festzuhalten.

Uralte Fachwerkhäuser im Städtchen Étretat

ZWEI ECHTE SCHMUCKSTÜCKE

Die 1600 Seelen zählende Gemeinde **Étretat** liegt in einem natürlichen, schmalen Tal zwischen hoch aufragenden Klippen, im Französischen »falaises« genannt. Im Osten begrenzt die **Porte d'Amont** die Bucht, im Westen der Felsvorsprung **Porte d'Aval** und der Spaziergang hier hinauf ist ein absolutes Muss. Auf der Promenade nähern wir uns stetig dem pittoresken Felsentor, das mit etwas Fantasie einem Elefanten gleicht, der seinen Rüssel zum Trinken ins Wasser taucht. Die Umrundung des Felsens ist auch bei Ebbe wegen Steinschlag nicht mehr gestattet und so muss der Urlauber also den Kreidefelsen hinaufklettern. Es lohnt sich, denn die Aussicht ist überwältigend! Über das Meer, die Bucht von Étretat blickt man zum gegenüberliegenden Falaise d'Amont, auf dem ein 24 Meter hoher, in den Himmel ragender Pfeil steht, der an die gescheiterte Atlantiküberquerung von zwei französischen Flugpionieren erinnert.

Das hübsche historische Zentrum von Étretat ist vom Stell- bzw. Campingplatz aus nach 15 Minuten Fußweg erreicht. Hier geht es sehr touristisch zu, denn in allen Fachwerkhäusern und auch in der hölzernen Markthalle Le Vieux Marché befinden sich ausschließlich Restaurants und Souvenirläden. Jeden Donnerstagvormittag wird auf der Place Maurice Guillard noch ein kleiner Wochenmarkt abgehalten.

Yport ist das nächste Schmuckstück der Côte d'Albâtre. Auch dieser kleine Badeort liegt zwischen zwei hohen Kreidefelsen, die mit dem weißen Kies am Strand um die Wette leuchten. Eine nette Promenade säumt die Bucht und sehr idyllisch liegen kleine

ROUTE 10

START- UND ENDPUNKT
Étretat und Le Tréport

STRECKENLÄNGE
130 km

REINE FAHRZEIT
3 Stunden

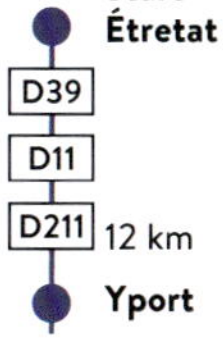

Tipp

LE NAUTIQUE

Das Meeresfrüchterestaurant in Yport ist sehr beliebt, eine Reservierung ist empfehlenswert, Mittwoch Ruhetag.
57 Rue Alfred Nunes,
Tel. +33 2 35 29 76 10,
normandie-tourisme.fr

bunte Fischerboote an Land. Das Örtchen hat sich seine Ursprünglichkeit bewahrt und ist deshalb, besonders an den Markttagen Mittwoch und Samstag, umso liebenswerter. Hoch oben über der kleinen, nur 700 Einwohner zählenden Gemeinde befindet sich der Terrassencampingplatz Le Rivage, von dem der Urlauber einen so wunderschönen Blick genießt, dass man gar nicht mehr abreisen möchte.

LIKÖR UND KRUSTENTIERE

Fécamp ist das erste größere Städtchen an der Alabasterküste. 20 000 Menschen leben und arbeiten hier, wobei der Ort zweigeteilt ist: Die Unterstadt rund um den geschäftigen Hafen gehörte einst nur den Seefahrern, heute trifft man doch den ein oder anderen Touristen, denn ein reiner Badeort ist Fécamp nach wie vor nicht. Vom 16. bis ins 20. Jahrhundert fuhren Fischer von hier aus in die

Alabasterfarbene Klippen und weißer Kiesstrand an der Côte d'Albatre bei Yport

reichen Fischgründe vor Neufundland. Die harten Arbeitsbedingungen, das monatelange Leben auf See, die Weiterentwicklung der Fischkutter und vieles mehr kann der Interessierte in dem neuen **Musée Les Pêcheries** erleben, das am Bassin Bérigny in einem mehrstöckigen Glasbau untergebracht ist. Vom zentralen Stellplatz aus ist man hier nach nur wenigen Minuten und auch der breite Kiesstrand ist nicht weit entfernt, wo einige hübsche Skulpturen die Promenade schmücken.

Unbedingt sollte der Besucher noch ein Stückchen weiterspazieren, um den **Palais Bénédictine** aufzusuchen. Das Kloster gehörte einst zu den reichsten der Normandie und in Dankbarkeit und Erinnerung an die Benediktinermönche ließ Alexandre le Grand einen prachtvollen Palast im Flamboyantstil errichten. Der Weinhändler hatte nämlich das Rezept für den berühmten Kräuterlikör »Bénédictine« gefunden und war damit zu Reichtum gekommen. Das Gebäude beherbergt nicht nur ein Museum mit sakraler Kunst, der Besucher erhält auch einen Einblick in den Herstellungsprozess des historischen Likörs. Den Bénédictine, tolle Shake-Kreationen und weitere Leckereien kann man in der exquisiten Palast-Bar genießen und anschließend auch erwerben.

Nun geht es in die etwas erhöht liegende Oberstadt, wo die **Abbatiale de la Sainte**

Yport
D211
D104
D940
D925 9 km
Fécamp
D925
D79 37 km
Saint-Valery-en-Caux

Tipp

LA CRIÉE DE FÉCAMP

Die Fischhalle von Fécamp am Quai Sadi Carnot ist für jeden Gourmet ein absolutes Eldorado. Es wird eine fantastische Auswahl an frischem Fisch und Krustentieren zu sensationellen Preisen angeboten und auch eine Austern-Degustation ist angeschlossen. Der Fischmarkt Le marché aux poissons ist jeden Freitagvormittag und Samstag den ganzen Tag geöffnet.

↑ Die Alabasterküste erstreckt sich von Le Havre bis Le Tréport.

↓ Normannische Fachwerkhäuser haben ihren ganz eigenen wunderschönen Stil.

Trinité unbedingt einen Besuch wert ist. Die Kirche der Dreifaltigkeit ist der älteste und bedeutendste Sakralbau der Côte d'Albâtre und das 127 Meter lange Kirchenschiff zählt zu den längsten Frankreichs. Das mittelalterliche Gotteshaus birgt unter anderem die Gräber der ersten Herzöge der Normandie und besitzt eine Gezeitenuhr inklusive Tidenstand aus dem Jahre 1667. Die Rue Jacques Huet gegenüber der Kirche ist die Haupteinkaufsstraße der Stadt und hier findet auch jeden Samstagvormittag der Wochenmarkt statt.

STEILKÜSTEN UND SCHLUCHTEN

Die Weiterfahrt entlang der Côte d'Albâtre in Richtung Picardie erfolgt hoch über dem Meer. Immer wieder sind herrliche Ausblicke möglich und ab und zu gibt es natürliche Täler, die »Valleuses«, in denen sich einst Fischer angesiedelt hatten. **Veulettes-sur-Mer** ist mittlerweile eher ein Seebad mit einer Menge Badehäuschen entlang der langen Promenade. Wenn sich bei Ebbe das Meer zurückzieht, wird neben dem Kiesstrand ein breiter Sandstreifen freigelegt, auf dem der Urlauber unterhalb der hohen Klippen genüsslich spazieren kann. Der kleine Badeort bietet dem Wohnmobilisten gleich mehrere Übernachtungsmöglichkeiten an.

Auch in dem netten, lebendigen Hafenstädtchen **Saint-Valery-en-Caux** heißt man den mobilen Reisenden herzlich willkommen. Man hat wohl erkannt, dass fast jeder Camper der Gemeinde auch Einnahmen beschert, und so ist in schönster Lage ein Stellplatz geschaffen worden. Ganz vorne an der Hafeneinfahrt, den Leuchtturm, das Meer und den Kiesstrand vor Augen, steht der Wohnmobilist in exponierter Lage unter einem steilen Kreidefelsen. Das Zentrum von Saint-Valery ist nach nur wenigen Minuten erreicht und hier fällt besonders das **Maison Henri IV** auf. Das Fachwerkhaus im Renaissancestil wurde 1540 errichtet und besticht durch seine schönen geschnitzten Holzbalken an der Fassade. Im großen Jachthafen kann man Boote mieten oder Bootstouren buchen und die steilen Felsvorsprünge Falaise d'Aval im Westen und Falaise d'Amont im Osten laden zu Wanderungen mit herrlichem Blick auf Hafen und Meer ein. Die Wochenmärkte von Saint-Valery-en-Caux finden immer am Freitag und Sonntag statt.

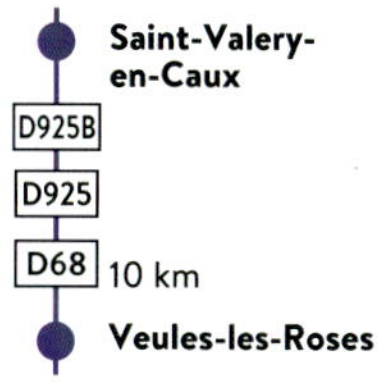

UN DES »PLUS BEAUX VILLAGES«

Veules-les-Roses ist nur acht Kilometer entfernt und somit auf dem Küstenweg GR21 bestens auch per pedes zu erreichen. Eine große Parkmöglichkeit für Wohnmobile gibt es westlich des Ortes (49.874931, 0.792132)

In Saint-Valery-en-Caux steht man in exponierter Lage.

Auf den Steilklippen von Veules-les-Roses

oder am anderen Ortsrand beim Camping Les Mouettes. Das kleine historische Fischerdorf liegt am Ende eines schmalen Tals, das der mit 1150 Metern kürzeste Fluss Frankreichs durchfließt. Die Veules besitzt trotzdem erstaunlich viel Wasserkraft und entlang der Flusspromenade kann man alte Schleusen, eine Mühle und üppig mit den namensgebenden Rosen bewachsene Gärten entdecken. Gemütlich geht es hier zu, Cafés in charmanten Fachwerkhäusern laden zur Einkehr ein und am Strand wird die hiesige Auster Veulaise verkauft, die auf hoher See gezüchtet wird. Hinter dem östlichen Ende der Promenade kann bei Ebbe die **Grotte Victor Hugo** erforscht werden und von hier führt ein toller Treppenweg hinauf zum Aussichtspunkt du Canon, wo der gefallenen Seeleute gedacht wird.

Veules-les-Roses
D68 3 km
Soteville-sur-Mer
D68
D75 9 km
Quiberville
D127
D925 20 km
Dieppe

Auf dem Sentier GR21, hier auch fahrradtauglich, ist nach drei Kilometern der Nachbarort **Sotteville-sur-Mer** erreicht. Da das Dorf keinen natürlichen Zugang zum Meer hat, errichteten einheimische Fischer 1891 eine Treppe mit exakt 231 steilen Stufen. Von der Wehrmacht gesprengt, wurde die Treppe 1954 wiederaufgebaut und ermöglicht heute den Urlaubern einen mehr oder minder bequemen Strandzugang. **Saint-Aubin-sur-Mer** liegt ebenfalls nur einen Katzensprung entfernt und hier ist Erholung pur angesagt, denn außer einem feinen Sandstrand, einem Wassersportzentrum und dem großen Camping Municipal du Grand Sable gibt es nicht viel. Auch **Quiberville**, etwa vier Kilometer weiter, ist ein ruhiges Feriendorf mit einem netten gemeindeeigenen Campingplatz in unmittelbarer Meeresnähe. Badehäuschen säumen die lange Uferpromenade, wo Fischwagen Austern und anderes Meeresgetier verkaufen. Der Urlauber kann sich allerdings auch in einigen Restaurants verwöhnen lassen.

AUSFLUG

FRANKREICHS GR-CHAMPION

Der Küstenweg GR 21 verläuft über 190 Kilometer entlang der Alabasterküste von Le Havre bis Tréport. 2020 wurde er zum besten Fernwanderweg Frankreichs gewählt. Der Weg wird hervorragend instand gehalten und jedes Jahr von Freiwilligen neu abgesteckt. Die Strecke ist sehr abwechslungsreich und landschaftlich wunderschön. Etwas anstrengend ist sie allerdings auch, denn es gibt einige Höhenunterschiede zu bewältigen. Kleiner Tipp: Von West nach Ost hat man den Wind immer im Rücken!

Dieppe ist in vieler Hinsicht einen Besuch wert.

SEHENSWERTES DIEPPE

Dieppe begeistert schon bei der Ankunft auf dem Stellplatz, der sich wahrlich in exponierter Lage befindet: Rechts die Hafeneinfahrt, den Leuchtturm und das Meer vor Augen, den Strand direkt vor der Nase und die Innenstadt sowie den Jachthafen im Rücken – was will man mehr? Wenn hier kein Platz ist, dann fährt der Wohnmobilist einfach auf die andere Seite des Hafens, wo die Stadt lobenswerterweise einen zweiten Stellplatz geschaffen hat.

Im lebendigen Städtchen Dieppe liegen alle Sehenswürdigkeiten nah beieinander. Beginnen wir den Spaziergang entlang des Hafenbeckens, wo sich ein Restaurant an das andere reiht. Unzählige Jachten und bunte Fischerboote schaukeln im Wind, und wer möchte, kann an der Pont Jehan Ango mit dem Ausflugsschiff »Ville de Dieppe« in See stechen. Hier am Fremdenverkehrsbüro steht aber auch ein Touristenbähnchen, mit dem die Stadt erkundet werden kann. Nur ein paar Schritte sind es zur **Cathédrale Saint-Jacques**, die einen charmanten Architekturmix vom 12. bis ins 16. Jahrhundert vereint. Auf dem Kirchenvorplatz wird jeden Samstag am Vormittag ein Wochenmarkt aufgebaut, frischen Fisch kauft man allerdings am besten in der Poissonnerie am Quai Trudaine beim Hafen. Die Grande Rue ist die Hauptshoppingmeile, wo es unter dem großen Angebot auch nette kulinarische Mitbringsel zu kaufen gibt. Für ein kleines Päuschen bietet sich das ehrwürdige **Café des Tribunaux** an: Hier lässt sich bei hausgemachten Spezialitäten das Treiben rundum stilgerecht genießen. Am Ende der Straße wenden wir uns in Richtung Meer und erblicken nach wenigen Minuten hoch oben ein Château, in dem das **Musée de Dieppe** untergebracht ist. Vom Schlosspark bietet sich ein tolles Panorama, und vorbei am

Per Boot kann man die Alabasterküste auch mal vom Meer aus bewundern.

Dieppe
D925
D485
D925
D940 20 km
Le Tréport

Canadian Memorial gelangt man zur schönen Strandpromenade, an deren Ende sich der Stellplatz befindet.
Zwei maritime Feste locken unzählige Besucher nach Dieppe: Alljährlich findet hier im November das größte normannische Herings- und Muschelfest statt, denn die Stadt gilt als bedeutendster Jakobsmuschel-Hafen Frankreichs. Alle zwei Jahre begeistert im September das Internationale Kite-Festival, dann malen Hunderte Drachen bunte Figuren in den Himmel – ein grandioser Anblick.

LETZTE KÜSTENSTATION: LE TRÉPORT

Mit **Le Tréport** ist das letzte Städtchen an der normannischen Küste erreicht, denn mit Überqueren der Bresle beginnt die Region Hauts-de-France. Lobenswerterweise gibt es auch hier zwei Stellplätze und von beiden gelangt man gut in das Zentrum rund um den Hafen. Bei einem Bummel entlang des Hafenbeckens laden zahlreiche Cafés und Restaurants zur Einkehr ein oder der Urlauber schaut einfach nur genüsslich den Seeleuten bei der Arbeit zu. Le Tréport lebt im Rhythmus des Meeres und bei Ebbe liegen die bunten Fischerboote auf dem Trockenen. Dann wird gehämmert, geschliffen und lackiert, bevor die Flut wieder zum Auslaufen zwingt. Unbedingt sollte man einen Blick in die städtische Fischhalle am Ende des Quai François 1er werfen, denn die tägliche Auswahl an Meeresfrüchten und verschiedenen Fischsorten ist absolut grandios. Auf dem hiesigen Platz finden auch jeden Dienstag- und Samstagvormittag die Wochenmärkte statt.
Durch die kleine idyllische Altstadt von Le Tréport kommen wir bald zum **Funiculaire**,

den man frei und kostenlos benutzen darf. Die 2006 erneuerte Standseilbahn von 1908 bringt Besucher hinauf auf die mit 110 Metern höchste Kreidefelswand Europas, von der die Aussicht natürlich überwältigend ist. Empfehlenswert ist der Rückweg über die Panoramatreppe, mit der man sich über 380 Stufen dem charmanten Treiben dort unten am Hafen wieder nähert.
Die kleine Stadt **Eu** ist von Le Tréport nur einen Katzensprung entfernt. Der Besuch des Nachbarortes lässt sich wunderbar mit einer kurzen Wanderung verbinden: Direkt neben dem Stellplatz Saint-Croix verläuft der Treidelpfad **Chemin entre Verre et Mer** entlang des Ancien Canal de Penthièvre. Nach etwa drei Kilometern führt die Strecke durch ein schönes Waldgebiet und am schlichten Camping Municipal Parc du Château vorbei. Der Schlossgarten des Château d'Eu, in dem heute das Rathaus untergebracht ist, ist eine wahre Augenweide, nicht weit davon gibt es ein nettes Ausflugslokal. Hier endet unsere Reise entlang der normannischen Küste, denn auf der anderen Seite des Kanals beginnt die französische Region Hauts-de-France.

Tipp

BRASSERIE DE LA CÔTE

Das Meeresfrüchterestaurant liegt direkt am Hafenbecken und hält auch Tische und Stühle im Freien bereit. Es wird eine gute Auswahl auch an anderen Speisen angeboten.
Quai François 1er, Tel +33 2 35 86 01 13, brasserie-de-la-cote.eatbu.com

↓ Die Standseilbahn fährt zur Kreidefelswand.
↘ An der Hafenpromenade Dieppes

PRAKTISCHE HINWEISE

TOURISTINFORMATIONEN

Office de Tourisme Étretat
Place Maurice Guillard,
76790 Étretat,
Tel. +33 2 35 27 05 21,
lehavre-etretat-tourisme.com/de

Office de Tourisme Fécamp
Quai Sadi Carnot,
76400 Fécamp,
Tel. +33 2 35 28 51 01,
fecamptourisme.com

Office de Tourisme Dieppe
Pont Jehan Ango/Quai du Carénage, 76200 Dieppe,
Tel. +33 2 32 14 40 60,
dieppetourisme.com

Office de Tourisme Le Tréport
Quai Sadi Carnot,
76470 Le Tréport,
Tel. +33 2 35 86 05 69,
ville-le-treport.fr

MUSEEN/AUSFLÜGE/ ATTRAKTIONEN

Musée Les Pêcheries
3 Quai Capitaine Jean Recher,
76400 Fécamp,
Tel. +33 2 35 28 31 99,
musees-normandie.fr
Das Museum ist von Mitte September bis Ende April dienstags geschlossen.

Palais Bénédictine
110 Rue Alexandre le Grand,
76400 Fécamp,
palaisbenedictine.com
Museum, Bar und Shop sind das ganze Jahr täglich geöffnet.

Musée de Dieppe (Château)
Rue de Chastes,
76200 Dieppe,
Tel. +33 2 35 06 61 99,
musees-haute-normandie.fr
Das Museum ist ganzjährig geöffnet.

CAMPING- UND STELLPLÄTZE

S 1000 **Aire de Camping-Cars Étretat** (S. 188 B3)
73 Rue Guy de Maupassant,
76790 Étretat,
lehavre-etretat-tourisme.com
GPS: 49.700326, 0.215976
Der Stellplatz liegt am Ortsrand neben dem Camping Municipal. Ver- und Entsorgung sowie Strom sind vorhanden. Das Zentrum mit Geschäften ist fußläufig erreichbar. Der Platz ist ganzjährig geöffnet.

C 1001 **Camping Le Rivage** (S. 188 C3)
Rue André Toutain,
76111 Yport,
Tel. +33 2 35 27 33 78,
camping-lerivage.com
GPS: 49.736338, 0.307521
Der Terrassencampingplatz bietet von jeder Stellfläche einen schönen Blick. Der Platz ist parzelliert, es gibt Brötchenservice, einen Mini-

Aire de Camping-Cars am Strand von Dieppe

Aire de Camping-Cars in Dieppe am Hafen

markt und WLAN auf dem ganzen Gelände. Der Ort ist über einen steilen Fußweg zu erreichen. Der Campingplatz ist von Anfang April bis Mitte Oktober geöffnet.

S 1002 **Aire de Camping-Cars Fécamp** (S. 188 D2)
Quai de Verdun,
76400 Fécamp,
aireparkreservation.com
GPS: 49.760155, 0.375299
Der zweckmäßige Stellplatz liegt ganz zentral, Ver- und Entsorgung sind vorhanden, kein Strom. Der kostenlose Platz ist ganzjährig nutzbar.

C 1003 **Camping Bel Air Village de Reneville**
(S. 188 C2)
Chemin de Nesmonds,
76400 Fécamp,
Tel. +33 2 35 28 20 97,
campingdereneville.com
GPS: 49.757421, 0.361119
Der 3-Sterne-Campingplatz liegt auf dem westlichen Felsen oberhalb der Stadt mit schönem Blick, Brötchenservice wird angeboten. Der Kiesstrand und das Casino sind über eine Treppe erreichbar. Der Platz ist von Anfang April bis Anfang November geöffnet.

S 1004 **Parking de la Plage, Veulettes** (S. 189 E1)
Digue Jean Corruble,
76450 Veulettes-sur-Mer
GPS: 49.854119, 0.604689
Der gebührenpflichtige Stellplatz befindet sich direkt an der D 10 in unmittelbarer Nähe zum Meer. Es gibt Ver- und Entsorgung sowie Strom. Im Ort gibt es noch einen zweiten Aire de Camping-Cars sowie einen Campingplatz. Dieser Platz ist ganzjährig nutzbar.

S 1005 **Aire de Camping-Cars Saint-Valery-en-Caux** (S. 189 F1)
Le Port, 76460 Saint-Valery-en-Caux
GPS: 49.872165, 0.709175
Der gebührenpflichtige Stellplatz befindet sich in ruhiger Lage direkt am Meer und in der Nähe des Leuchtturms. Das Zentrum ist fußläufig erreichbar. Es gibt Ver- und Entsorgung, aber keinen Strom. Der Platz ist ganzjährig nutzbar. Achtung: Die schmale Zufahrt muss unbedingt gemäß der Beschilderung erfolgen!

C 1006 **Camping Les Mouettes** (S. 189 G1)
Avenue Jean Moulin,
76980 Veules-les-Roses,
Tel. +33 2 35 97 61 98,
vacances-seasonova.com
GPS: 49.875843, 0.803118
Der 3-Sterne-Campingplatz liegt erhöht am Ortsrand. Es gibt ein beheiztes, überdachtes Schwimmbad, WLAN auf dem ganzen Gelände und Brötchenservice. Der Platz ist von Anfang April bis Ende September geöffnet.

C 1007 **Camping Municipal du Grand Sable** (S. 189 G1)
Rue de la Mer,
76740 Saint-Aubin-sur-Mer,
Tel. +33 2 35 04 03 55,
campingdugrandsable.com
GPS: 49.893477, 0.870132
Der gemeindeeigene Campingplatz liegt direkt am feinen Sandstrand. In der Saison gibt es Brötchenservice und

eine Snackbar. Der Platz ist von Anfang April bis Ende Oktober geöffnet.

C 1008 **Camping Municipal de la Plage** (S. 190 A3)
123 Rue de la Saâne,
76860 Quiberville,
Tel. +33 2 35 83 01 04,
campingplagequiberville.fr
GPS: 49.904843, 0.926933
Der gemeindeeigene, große Campingplatz ist ansprechend parzelliert und nur über die Küstenstraße vom Kiesstrand getrennt. Der Platz ist von Anfang April bis Ende Oktober geöffnet.

S 1009 **Aire de Camping-Cars Dieppe Plage**
(S. 190 C2)
Boulevard Maréchal Foch,
76200 Dieppe
GPS: 49.931941, 1.084059
Der gebührenpflichtige Stellplatz für 30 Mobile liegt direkt am Meer und unweit des Zentrums. Im Preis sind Ver- und Entsorgung sowie Strom inklusive. Morgens kommt ein Bäckerwagen. Der Platz ist ganzjährig nutzbar.

Camping Municipal in Quiberville

S 1010 **Aire de Camping-Cars Dieppe Hafen**
(S. 190 C3)
Quai de la Marne,
76200 Dieppe
GPS: 49.930040, 1.086651
Der gebührenpflichtige Stellplatz für 50 Mobile liegt auf der östlichen Seite der Hafeneinfahrt. Es gibt Ver- und Entsorgung sowie Strom. Der Platz ist ganzjährig nutzbar.

Camping Le Rivage in Yport

S 1011 **Aire de Camping-Cars Le Tréport Funiculaire**
(S. 191 E1)
4 Impasse Geo et Doudou Crampon, 76470 Le Tréport
GPS: 50.057828, 1.362142
Der gebührenpflichtige Stellplatz liegt auf der Klippe, die kostenlose Standseilbahn hinunter zum Strand und ins Zentrum ist in unmittelbarer Nähe. Es gibt Ver- und Entsorgung sowie Strom, in der Saison kommt der Bäcker. Der Platz ist ganzjährig nutzbar.

S 1012 **Aire de Camping-Cars Le Tréport Parc Sainte-Croix** (S. 191 E1)
Rue Pierre Mendès-France,
76470 Le Tréport
GPS: 50.059353, 1.389798
Der gebührenpflichtige Stellplatz für 60 Mobile liegt am Ortsrand. Im Preis sind Ver- und Entsorgung sowie Strom inklusive, in der Saison kommt der Bäcker. Der Platz ist ganzjährig nutzbar.

↑ Camping Muni in Étretat

↓ Stellplatz Funiculaire in Le Tréport

Camping du Château in Falaise bietet einen tollen Blick auf die nachts beleuchtete Burg.

REISEINFOS VON A BIS Z

Damit Sie einen entspannten und stressfreien Urlaub mit dem Wohnmobil verbringen, erfahren Sie im Folgenden einiges Nützliches zum Reisen in Frankreich.

An der Alabasterküste – Blick vom Funiculaire auf Le Tréport

AUTOBAHNGEBÜHREN / MAUT

Um in Frankreich größere Strecken stressfrei zu bewältigen, ist die Benutzung der mautpflichtigen Autobahnen unerlässlich. Außer rund um die Ballungsräume größerer Städte sind die Autobahnen gebührenpflichtig, dafür aber sehr gut ausgebaut und relativ wenig befahren. An den Mautstellen kann auch mit Bargeld bezahlt werden, teilweise werden die Münzen in einen Auffangtrichter geworfen. Alle Zahlstellen, ob mit oder ohne Personal, akzeptieren auch für die kleinsten Beträge Kredit- oder Debitkarten.
Zum stressfreien und zeitsparenden Reisen sollte man sich mit dem System des Télépéage vertraut machen, das in Frankreich auch für Ausländer problemlos möglich ist. Mittels einer kleinen Box, innen an der Windschutzscheibe angebracht, wird beim Durchfahren der Zahlstelle die Maut ausgelöst – einfach, schnell und problemlos. Der minimale Aufwand beschränkt sich auf das rechtzeitige Bestellen der Box »Bip & Go« im Internet, deren Versand bis zu einer Woche dauern kann. Auf der Seite bipandgo.com wird in deutscher Sprache alles sehr verständlich erklärt. Die Box kostet 10 € (inklusive Inbetriebnahme), es fallen 10 € Versandkosten und 1,70 € Gebühr je verwendetem Monat an. Entsprechend der gefahrenen Strecke wird die fällige Maut per Einzug vom Girokonto oder einem Kreditkartenkonto abgebucht. Dieses »Bip & Go«-Zahlsystem ist mittlerweile auch in Spanien, Portugal und Italien sowie an 800 Großraumparkplätzen und auf einigen Fähren einsetzbar. Für Fahrzeuge über 3,5 Tonnen ist der Einsatz einer GO-Box, ähnlich dem System in Österreich, verpflichtend.

CAMPINGPLÄTZE

Frankreich ist ein überaus campingbegeistertes Land. Nirgendwo sonst wird der Urlauber so viele Campingplätze antreffen, denn die Tradition des Camping Municipal kennt nur der Franzose. Hierbei handelt es sich um kommunale Campingplätze, die von den Gemeinden zur Verfügung gestellt und auch gepflegt werden. Die Plätze sind meist sehr schön gelegen, einfach gehalten und zeichnen sich durch ein gutes Preis-Leistungs-Verhältnis aus. Oft kann man diese Plätze nicht online buchen oder reservieren, auch sind diese selten in den großen Campingplatz-Führern verzeichnet. Mittlerweile sind aber fast alle der über 2000 französischen Plätze auf zwei Internetseiten, nach Région und Département geordnet, aufgelistet: campingfrance.com (Stichwort »Municipal« eingeben) und camping-municipal.org.

DIEBSTAHL

Leider kommt es immer mal wieder vor, dass der Wohnmobilist Opfer eines Einbruchs oder Diebstahls wird. In jedem Fall sollte man den Vorfall bei der Polizei zur Anzeige bringen. Es gibt einige Vorsichtsmaßnahmen, die das Risiko verringern:

- Auf Parkplätzen bei bekannten Sehenswürdigkeiten unbedingt ganz offensichtlich Handtasche, Rucksack, Handy, Kamera usw. mitnehmen, um zu signalisieren, dass keine Wertgegenstände mehr im Fahrzeug sind.
- Die Rollläden herunterlassen, um den Einblick in das Wohnmobil zu verhindern, und eventuell noch das Radio anstellen, damit der Eindruck entsteht, dass noch jemand im Auto ist.
- Niemals auf Autobahnraststätten gemeinsam das Wohnmobil verlassen, denn hier ist das Aufbruchsrisiko am größten.
- Zum Übernachten die Autobahn verlassen und besser einen kleinen Parkplatz aufsuchen.

DIPLOMATISCHE VERTRETUNGEN

- Botschaft der Bundesrepublik Deutschland, 24 Rue Marbeau, 75116 Paris, Tel. +33 1 53 83 45 00, paris.diplo.de
- Österreichische Botschaft Paris, 6 Rue Fabert, 75007 Paris, Tel. +33 1 40 63 30 63, bmeia.gv.at
- Botschaft der Schweiz in Paris, 142 Rue de Grenelle, 75007 Paris, Tel. +33 1 49 55 67 00, eda.admin.ch

EINKAUFEN

Das Preisniveau in Frankreich ist höher als in Deutschland, sodass es ratsam ist, z. B. Kosmetikartikel in ausreichender Anzahl dabeizuhaben. Lebensmittel wie Fisch, Fleisch und Gemüse, aber auch die guten französischen Weine sollte man unbedingt vor Ort erwerben, denn das Probieren und Genießen landesspezifischer Speisen und Getränke gehört zu den schönsten Erlebnissen eines jeden Auslandsaufenthaltes. Der Franzose legt großen Wert auf Frische und Qualität und kauft auch gern in den geliebten Markthallen (halles oder marché couvert) oder auf regionalen Wochenmärkten, die in fast jedem noch so kleinen Ort abgehalten werden. Während in den Innenstädten vor allen Dingen Boutiquen,

Frisches Obst und Gemüse auf dem Wochenmarkt

Souvenirgeschäfte und Delikatessenläden zu finden sind, haben sich die großen Supermarktketten wie Intermarché, Leclerc oder SuperU am Ortsrand oder in Industriegebieten angesiedelt. Dort findet man auch meistens Tankstellen und Servicestationen zum Wäschewaschen und Trocknen vor.

EINREISEBESTIMMUNGEN

Frankreich ist Mitglied der Europäischen Union und seit dem Abkommen von Schengen 1985 gibt es keine Grenzkontrollen mehr. Trotzdem muss der Reisende damit rechnen, dass aufgrund besonderer Vorkommnisse stichprobenweise kontrolliert wird. Ein gültiger Personalausweis oder Reisepass (Kinder benötigen einen eigenen Kinderausweis), der nationale Führerschein und der Kfz-Schein müssen, wie in Deutschland auch, immer mitgeführt werden. Mit dem grünen Versicherungsschein hat man darüber hinaus einen nützlichen Nachweis im Falle eines Unfalls. Ebenfalls sollte das europäische Unfallprotokoll mitgeführt werden.

In Honfleur gibt es viel zu entdecken.

ELEKTRIZITÄT

Obwohl in Frankreich 230 Volt und auch der genormte CE-Stecker üblich sind, benötigt der Wohnmobilist vor allen Dingen auf Camping- und Stellplätzen oft eine andere Anschlussart. Universaladapter, die es in Deutschland preiswert in jedem Baumarkt oder Campingausrüster zu kaufen gibt, sollte man also unbedingt an Bord haben.

FEIERTAGE

Neben den in Europa einheitlichen Feiertagen wie Ostern, 1. Mai oder Weihnachten gibt es in Frankreich drei gesetzliche, landesspezifische Festtage.

- 8. Mai – die Fête de la Victoire feiert das Ende des Zweiten Weltkrieges.
- 14. Juli – der Nationalfeiertag ist das wichtigste Fest im Jahr. Der Tag erinnert an den Sturm auf die Bastille in Paris im Jahre 1789, mit dem die Französische Revolution begann. Dieser Tag wird überall im Land mit großen Feuerwerken beschlossen.
- 11. November – 1918 wurde an diesem Tag der Erste Weltkrieg mit dem Waffenstillstand von Compiègne beendet.

An diesen Festtagen sind Geschäfte, Banken, aber auch viele Sehenswürdigkeiten geschlossen.

GASVERSORGUNG

Das Befüllen deutscher Gasflaschen ist in Frankreich nicht erlaubt. Deshalb sollte der Wohnmobilist immer zwei volle 11-kg-Gasflaschen im Fahrzeug haben. Solange nicht durchgehend geheizt wird, reicht dies für einen normalen Urlaub völlig aus. Sollte einmal die Versorgung nicht mehr gewährleistet sein, kann man z. B. bei der Supermarktkette E.Leclerc im Bereich der Tankstelle eine lilafarbene 11-kg-Propangasflasche erwerben, deren Anschluss ohne zusätzlichen Adapter möglich ist. Diese Flasche wird allerdings in Deutschland nicht ausgetauscht und kann somit nur in Frankreich zurückgegeben werden. Ansonsten sind Adapter für den Anschluss notwendig, die man sicherheitshalber dabeihaben sollte. Im Vorfeld eines längeren Frankreichurlaubs sollte man die Möglichkeit des LPG-Gasflaschentanks als Festeinbau überdenken.

GELDFRAGEN

Frankreich gehört zu Europa und somit ist der Euro das Zahlungsmittel. Für das bargeldlose Zahlen ist die Carte bleue am meisten verbreitet, gefolgt von Kreditkarten wie Visa, Mastercard usw. Grundsätzlich fallen beim Abheben von Bargeld an den Bankautomaten nicht unerhebliche Gebühren an. Bei Verlust einer Debit-/Giro-/Kredit- oder SIM-Karte gibt es für Kartensperrungen eine deutsche Zentralnummer. Daher sollte man vor Reiseantritt klären, ob die Hausbank, das Kreditkartenunternehmen oder der Mobilfunkanbieter diesem Notrufsystem angeschlossen ist. Nach der telefonischen Sperrung sind die Karten für das Bezahlen mit der PIN gesperrt, nicht aber für das Bezahlen mittels Lastschriftverfahren mit Unterschrift. Daher sollte man unbedingt den Verlust bei einer Polizeistelle zur Anzeige bringen. Nur so ist gewährleistet, dass man auftretende Ansprüche zurückweisen kann. In Österreich und der Schweiz gibt es keine zentrale Sperrnummer. Man kann sich als Besitzer einer in diesen Ländern ausgestellten Karte nur beim Kreditinstitut über einen speziellen Sperrnotruf informieren. Die wichtigsten Daten einer Karte, wie Kartennummer, Ausstellungsdatum, Gültigkeitsdatum sowie die Prüfziffer, sollte man sicher notiert haben.

Goldene Steine funkeln an der Promenade von Le Havre.

- Deutscher Sperrnotruf: +49 11 61 16 oder +49 30 40 50 40 50
- Weitere Infos: kartensicherheit.de, sperr-notruf.de

GEZEITEN

Gezeiten entstehen durch die Anziehungskraft zwischen Mond und Erde und zwischen Sonne und Erde sowie durch die Fliehkraft, die bei der Bewegung des Mondes um die Erde entsteht. Der Mond ist der Erde viel näher als der Sonne, daher überwiegt die Wirkung des Mondes. Die gewaltige Kraft, mit der sich bei beginnender Ebbe das Wasser zurückzieht, darf niemals unterschätzt werden. Der Sog ist teilweise so stark, dass ein Badender auf Dauer chancenlos ist, dagegen anzuschwimmen. So sollte man also nicht zu weit hinausschwimmen und Kinder niemals allein am und im Wasser spielen lassen. Die Gefahr bei Flut entsteht durch starke Unterströmungen. So viel Spaß es auch macht, in die Wellen hineinzuspringen und unterzutauchen, so darf man niemals vergessen, dass das Wasser sich am Grund wieder ins offene Meer zurückzieht und nahtlos die nächste Welle heranrollt.
In Touristenbüros, in vielen Hotels und auch auf zahlreichen Campingplätzen ist ein

Unterwegs auf der Route du Cidre

kostenloser Tidenkalender erhältlich, der die von Region zu Region unterschiedlichen Tidenzeiten für ein ganzes Jahr beinhaltet. Selbstverständlich gibt es für Handys und Tablets eine entsprechende Tiden-App, anhand derer man sich jederzeit informieren kann.

HAUSTIERE

Bei der Mitnahme der geliebten Vierbeiner müssen einige Vorgaben beachtet werden: Tiere, die jünger als drei Monate sind, dürfen nicht einreisen. Der Hund muss mittels Mikrochip identifizierbar sein und einen europäischen Impfpass besitzen. Die Impfungen dürfen nicht älter als ein Jahr sein und nicht jünger als einen Monat. Tollwutimpfungen sind in Frankreich drei Jahre gültig. Die Definition der Kampfhunde ist in Frankreich strenger als in Deutschland. Hier muss man sich im Vorfeld erkundigen. Einige Campingplätze haben eigene Einstufungen bzw. akzeptieren Tiere nur in der Nebensaison.

INFORMATIONEN

In der Hauptreisezeit sind die Fremdenverkehrsbüros Office de Tourisme täglich geöffnet, in der Nebensaison sind die Öffnungszeiten stark eingeschränkt. Der Besucher bekommt hier meist kleine, kostenlose Stadtpläne oder Regionalkarten mit Informationen z. B. zu Sehenswürdigkeiten, teilweise auch in deutscher Sprache. Detailliertes Kartenmaterial für Wander- oder Fahrradtouren ist oft kostenpflichtig. Auch geführte Touren oder Konzertbesuche lassen sich in den Fremdenverkehrsbüros buchen. Ebenfalls erhält man gern Auskunft zu Ärzten oder Reparaturwerkstätten.
Gute deutschsprachige Informationen findet man im Internet unter france-voyage.com sowie frankreich-mobil-erleben.de. Bei der Vorbereitung einer Reise kann man sich auch bei den Geschäftsstellen der Automobilclubs wie ADAC, ÖAMTC in Österreich und ACS in der Schweiz beraten lassen.

KARTENMATERIAL

In diesem Reiseführer sind die Übersichtskarte sowie die einzelnen Routenkarten abgebildet. Für den persönlichen Gebrauch seien aber noch die Straßenkarten von Michelin empfohlen: Normandie West Nr. 303 und Normandie Ost Nr. 304. In Frankreich wurde vor einigen Jahren die Straßennummerierung und Bezeichnung geändert. Aus Nationalstraßen (N) wurden großflächig Départementstraßen (D) bei gleichzeitiger Veränderung der Bezifferung. Dies führt bei älteren Karten zwangsläufig zu Missverständnissen.

MEDIZINISCHE VERSORGUNG

Die Versorgung bei Krankheit entspricht dem europäischen Standard. Auch in Frankreich gibt es Vertragsärzte und Ärzte mit freier Honorargestaltung (Privatpraxen). Mit der Einführung der EU-Krankenversicherungskarte sind die Notfallversorgung sowie die Weiterbehandlung chronischer Erkrankungen gesichert. Die Behandlungen und Medikamente müssen in der Regel vor Ort bezahlt werden und können danach mit der eigenen Krankenkasse unter Zugrundelegung des deutschen Regelsatzes abgerechnet werden. Ob eine Auslandskrankenversicherung nötig ist, sollte jeder individuell mit der eigenen Krankenkasse klären. Meist wird die Zusatzversicherung verlangt, wenn der Aufenthalt in Frankreich länger als zwei Monate dauert. Für Reisende aus der Schweiz ist eine Auslandskrankenversicherung dringend zu empfehlen.

Apotheken (Farmacie) erkennt man an einem grünen Kreuz, das während der Öffnungszeiten dauerhaft blinkt.

NAVIGATION

Die Grundpfeiler eines jeden Navigationssystems sind die digitale Straßenkarte, die Routenplanungs- und Zielführungssoftware sowie die Positionsbestimmung mittels GPS. Die GPS-Daten in diesem Reiseführer sind in Dezimalgrad angegeben. Das Minus zwischen den Zahlenblöcken muss zwingend eingegeben werden, um das Ziel zu erreichen. Grundsätzlich sollte der Fahrer den Angaben seines Navis nicht blind vertrauen. Gesunder Menschenverstand, ein gewisser Blick für die Topografie sowie das Studieren

Faszinierende Lichtreflexe in der imposanten Cathédrale Notre-Dame in Bayeux

Vom Winde verweht: Die Bäume direkt an der Küste werden vom Wetter in Form gebracht.

der guten alten Straßenkarte verhindert unangenehme Situationen. Das normale Navigationsgerät kennt die Ausmaße des Wohnmobiles nicht und schickt den Fahrer eventuell in zu enge Gassen oder durch Unterführungen, die nicht hoch genug sind.

ÖFFNUNGSZEITEN

In den meisten Badeorten herrscht Saisonbetrieb, dann sind die Geschäfte auch sonntagvormittags offen. Außerhalb der Hauptreisezeit muss der Reisende mit stark eingeschränkten Öffnungszeiten rechnen bzw. mit gänzlich verschlossenen Türen. In der Mittagspause von 12 bis 14 Uhr steht das geschäftliche Leben in Frankreich oft still, dann herrscht nur in Cafés, Bistros und Restaurants Betrieb. Die Gastronomie schließt für den Nachmittag, um abends ab 19 Uhr erneut zu öffnen. Bei dem Besuch von Museen und sonstigen Sehenswürdigkeiten kann der Reisende davon ausgehen, dass diese sonntags den ganzen Tag geöffnet sind, dafür aber meist montags geschlossen haben.

PANNE / UNFALL

Hierbei gelten in Frankreich die gleichen Bestimmungen wie in Deutschland: Fahrzeug verkehrssicher abstellen, Warnblinker einschalten, Warnweste anziehen, Warndreieck aufstellen. Den Pannendienst erreicht man unter der europäischen Nummer 112. Auf den Autobahnen oder Schnellstraßen sind in regelmäßigen Abständen Notrufsäulen installiert. Die Tarife für Abschleppen oder Reparatur variieren je nach Zeit und Wochentag. Auf der Internetseite des französischen Automobilclubs ASFA (autoroutes.fr) sind die Tarife hinterlegt. Ansonsten hilft der Anruf bei dem jeweiligen Automobilclub des Herkunftslandes. Weiterhin enthält das Bordhandbuch des Wohnmobils, das immer dabei sein sollte, eine Liste vieler Wohnmobilservicepartner im jeweiligen Urlaubsland. Vor der Abreise sollte man die Grüne Versicherungskarte des eigenen Versicherers anfordern. Ebenso ist ein Blanko-Euro-Unfallbericht hilfreich. Bei einem Unfall ohne Personenschäden kommt in Frankreich keine Polizei, deshalb sollten die Unfallgegner selbst Fotos machen und Papiere sowie Berichte abfotografieren – und niemals ein Schuldanerkenntnis unterschreiben!

PARKEN / RASTEN

Ein Standard-Wohnmobil ist rechtlich gesehen ein Pkw mit Sonderaufbau. Somit kann man überall parken, wo der fließende Verkehr nicht behindert wird, es sei denn, dies ist ausdrücklich verboten. Die weißen Linien zeigen vorgesehene Parkplätze an. Der Bürgersteig darf in Frankreich nicht, auch nicht teilweise, zum Parken genutzt werden. Bei den blau markierten Flächen ist das Parken kostenlos. Durchgezogene gelbe Linien bedeuten ein absolutes Halteverbot. Eine gelb gestrichelte Linie weist auf ein Parkverbot hin, ebenso das in geschlossenen Ortschaften aufgestellte Schild mit dem durchgestrichenen P.

Das einmalige Übernachten zum Wiederherstellen der Fahrtüchtigkeit wird auch in Frankreich geduldet, solange kein campingartiges Verhalten an den Tag gelegt wird. Dies kann schon beim Öffnen der Fenster oder beim Ausbringen von Auffahrkeilen der Fall sein. Rast-/Parkplätze sind an dem Schild »Aire de …« zu erkennen. Aus Gründen der Sicherheit sollte man auf Autobahnrastplätzen niemals (!) übernachten.

REISEZEIT

Die beste Reisezeit für die Normandie ist in den Monaten Mai bis Ende September. Allerdings herrscht das ganze Jahr über ein gemäßigtes Klima, d. h. im Sommer ist es nicht zu heiß und im Winter recht mild. Der Golfstrom verhindert extreme Kälte und so gibt es in der Normandie die geringsten Temperaturschwankungen ganz Frankreichs. Trotz durchschnittlich 1750 Sonnenstunden pro Jahr ist die Normandie eine der regenreichsten Regionen des ganzen Landes. Die Hauptreisezeit in Frankreich liegt zwischen dem 10. Juli und dem 15. August, sodass der Urlauber für diese Zeit unbedingt eine rechtzeitige Reservierung vornehmen sollte. Stellplätze können in der Regel nicht reserviert werden, deshalb empfiehlt es sich, bereits am frühen Nachmittag anzureisen.

SICHERHEIT

Frankreich zählt zu den sicheren Ländern in Europa ohne eine erhöhte Kriminalitätsrate. Natürlich kann man dennoch Opfer eines Diebstahls oder Einbruchs werden. Dann sollte der Geschädigte diesen Vorfall unbedingt bei der Polizei zur Anzeige bringen und sich ein amtliches Protokoll aushändigen lassen. Bei dem Verlust von Ausweis, Fahrzeugpapieren oder Kreditkarten ist ein polizeiliches Protokoll sowieso notwendig, damit die Botschaft Ersatzpapiere ausstellen kann. Es ist ratsam, vor Reiseantritt nicht nur alle persönlichen Dokumente zu fotografieren oder zu kopieren, sondern als Nachweis auch alle wertvollen Gegenstände wie Schmuck oder Fahrräder abzulichten.
Die wichtigsten Notrufnummern in Frankreich sind:

- Polizei (Gendarmerie) 17
- Feuerwehr (Pompiers) 18
- Notruf (SAMU) 15
- Pannenhilfe 13
- Auskunft 12
- ADAC-Auslands-Notruf (ADAC Pannenhilfe Europa) +49 89 22 22 22 (deutschsprachig, rund um die Uhr besetzt)
- ADAC-Ambulanzdienst +49 89 76 76 76 (deutschsprachig, rund um die Uhr besetzt)
- ÖAMTC-Schutzbrief-Nothilfe +43 1 251 20 00
- ACS-Assistance-Nummer Schweiz +41 44 283 33 77

STELLPLÄTZE

Die in diesem Reiseführer beschriebenen Stellplätze sind echte Stellplätze mit zumindest Ver- und Entsorgung. Strom jedoch ist nicht überall vorhanden und in der Beschreibung entsprechend vermerkt. Die in den jeweiligen Stadtbeschreibungen angegebenen GPS-Daten beziehen sich auf Parkmöglichkeiten, wo das Übernachten aber teilweise geduldet wird. Wildes Campen (camping sauvage) ist, wie in Deutschland auch, in Frankreich verboten. Das Parken, soweit kein Nachtparkverbot besteht, berechtigt zum einmaligen Übernachten im Fahrzeug. Wildes Campen wird durch das Benutzen von Unterlegkeilen, das Ausfahren der Markise, das Aufstellen von Tisch und Stühlen, das Benutzen des Grills etc. ausgelöst. In der Hauptsaison sollte sich der Urlauber danach richten, denn es wird kontrolliert.
Manche Stellplätze (Aire de Camping-Cars) gehören dem privaten Unternehmen Pass'Étapes, das in ganz Frankreich vertreten ist. Die Plätze sind alle mit Ver- und Entsorgung, Strom und Wasser ausgestattet, was im Preis enthalten ist. Pass'Étapes funktioniert nach dem Geldkartensystem, d. h. die Karte kann je nach Bedarf pro Stellplatzgebühr oder vorab mit einer größeren Summe aufgeladen werden. Die Karte wird am Automaten für z. Zt. 4 Euro erworben, dafür geht man folgendermaßen vor: Sprache wählen, im oberen rot unterlegten Bereich Pass'Étapes drücken und die Anzahl der Tage auswählen. Die zu bezahlende Summe wird bestätigt. Nun noch die Handynummer eintragen und bestätigen. Im zweiten Schritt werden der Name und die Zahlungsart (Debit- oder Kreditkarte) eingegeben. Die Karte in den dafür vorgesehenen Schlitz einführen, PIN eingeben und bestätigen. Der Automat gibt dann die Pass'Étapes-Karte und eine Quittung der abzurechnenden Summe aus. Diese Quittung enthält einen Barcode, der über den Scanner gehalten wird, wodurch sich die Schranke öffnet.
Unter dem Namen »France Passion« haben sich in Frankreich über 2000 Winzer und Bauern zusammengeschlossen, die 24-Stunden-Stellplätze auf ihren Höfen anbieten. Das Buch mit der Auflistung der teilnehmenden Höfe wird jedes Jahr neu aufgelegt und kann über das Internet gekauft werden. Mittels dieser Jahreskarte kann der Gast alle angebotenen Serviceleistungen der Höfe kostenlos nutzen. Auf diesen Plätzen hat der Urlauber oft die Möglichkeit, Hofspezialitäten zu verkosten oder zu erwerben. Allerdings ist dies kein Muss!

Haute Couture im Musée Christian Dior in Granville

TANKEN

Wer die Chance hat, an einer Tankstelle der großen Supermarktketten SuperU, Leclerc und Intermarché den Tank aufzufüllen, sollte dies tun, da freie Tankstellen meist deutlich teurer sind. In Frankreich werden

Die Welt-Frieden-Statue in Grandcamp-Maisy strahlt im Sonnenlicht.

die Spritpreise einmal wöchentlich festgelegt und variieren somit nicht täglich. Der Kraftstoff entspricht den EU-Normen, Kraftstoffsorten sind:

- Gazole (Diesel)
- Benzine sans plomb SP (Benzin)
- SP98 (Super Plus)
- SP95 (Super)
- E10 & SP95 (Super E10)

TELEFON / INTERNET

Die französische Landesvorwahl ist +33. Bei Anrufen aus dem Ausland entfällt die 0 der Rufnummer. Bei Telefonaten innerhalb Frankreichs wird immer die komplette Nummer inklusive Ortsvorwahl gewählt. Telefonieren im Auto ist nur mit Freisprechanlage erlaubt!

Seit der europaweiten Abschaffung der Roaming-Gebühren kann jeder Smartphone-Besitzer ohne zusätzliche Kosten telefonieren oder im Internet surfen, solange das eigene Datenvolumen ausreicht. Beim Streaming von Musik und Filmen ist der Verbrauch sehr hoch. Den Zugang ins Internet über WLAN lassen sich lobenswerterweise viele französische Campingplätze nicht mehr zusätzlich bezahlen. Allerdings ist die Verbindung zumeist nur in der Nähe der Rezeption gegeben. Ein mobiler Router oder WLAN-Verstärker schafft hier Abhilfe. Wer nicht dauerhaft online tätig sein muss, kann auch die kostenlosen Verbindungsmöglichkeiten zum Beispiel von Rathäusern, Fremdenverkehrsbüros oder Restaurantketten nutzen.

UMWELTPLAKETTE

In Frankreich gibt es die Besonderheit der Umweltplakette Crit'Air-Vignette (offiziell »Certificat qualité de l'air«). Diese Plakette ist zwingend erforderlich für verschiedene Städte wie u. a. Paris, Lyon oder Straßburg und es werden immer mehr. Seit dem Jahr 2020 sind 15 dauerhafte Umweltzonen eingerichtet worden, die auf Straßenschildern am Ortseingang vermerkt sind. Ohne entsprechende Umweltplakette droht eine Strafe von bis zu 385 Euro.

Auf dem Weg nach Mont-Saint-Michel

Um während der Reise unabhängig zu sein, sollte sich der Urlauber die Plakette vor Reiseantritt besorgen. Erhältlich ist sie gegen eine geringe Gebühr beim französischen Umweltministerium (certificat-air.gouv.fr), alle anderen Anbieter sind meist teurer. Die Bearbeitungszeit liegt bei rund sieben Tagen.

VERKEHRSREGELN

Frankreich hat ein sehr gut ausgebautes Straßenverkehrsnetz. Die Nationalstraßen (N) sind oft vierspurig ausgebaut und führen meist um Ortschaften herum. Die Département-Straßen (D) verlaufen auch durch die Orte hindurch und zeichnen sich durch besonders häufigen Kreisverkehr aus (Achtung: Blinker setzen beim Ausfahren!).
In den Ortschaften wurden in den letzten Jahren vermehrt Schilder aufgestellt, die das Befahren jenseits der 3,5-t-Grenze verbieten, dies gilt allerdings nur für den gewerblichen Lkw-Verkehr. Solange kein zusätzliches Verbotsschild »Aux Camping-Cars« angebracht ist, gilt laut neuester Regelung das Einfahrtsverbot nicht für Wohnmobile mit einem Zulassungsgewicht von über 3,5 t. Diese Fahrzeuge dürfen bis zum Camping-/Stellplatz fahren, den Ort aber nicht durchfahren. Bei Überschreiten festgelegter Höchstgeschwindigkeiten sind die Geldbußen deutlich höher als in Deutschland. Es gilt für Fahrzeuge bis 3,5 t:
• mautpflichtige Autobahnen: 130 km/h, bei Nässe 110 km/h
• Route Nationale vierspurig: 110 km/h, bei Nässe 100 km/h
• Route Nationale zweispurig: 80 km/h, bei Nässe 70 km/h
• innerhalb geschlossener Ortschaften: 50 km/h
Geschwindigkeitsbegrenzung für Fahrzeuge und Gespanne mit zulässigem Gesamtgewicht über 3,5 t:
• mautpflichtige Autobahn: 90 km/h
• Landstraßen: 80 km/h
• innerhalb geschlossener Ortschaften: 50 km/h
In diesem Zusammenhang sei erwähnt, dass das zulässige Gesamtgewicht vieler Wohn-

mobile vor allen Dingen bei Reiseantritt häufig überschritten wird, eine Gewichtskontrolle wird stichprobenartig vorgenommen. Des Weiteren herrscht für alle Fahrzeuginsassen Gurtpflicht, das Telefonieren während der Fahrt ist verboten und die Promillegrenze von 0,5 gilt auch in Frankreich. Es herrscht, wie in Deutschland auch, Warnwestenpflicht. Eine besondere Regelung betrifft Fahrradfahrer: Außerhalb geschlossener Ortschaften müssen alle Radfahrer bei Nacht, in der Dämmerung und tagsüber bei schlechten Sichtverhältnissen (Nebel, Regen) eine Warnweste in Neongelb tragen. Bei Zuwiderhandlungen droht ein Bußgeld von 35 Euro.

VER- UND ENTSORGUNG

Die Stell- und Campingplatzdichte in Frankreich ist die höchste in Europa, sodass die Ver- und Entsorgung in der Regel kein Problem darstellt. Die Sanitärstationen sind oft so installiert, dass sie auch für denjenigen nutzbar sind, der hier nicht übernachten will. Für einen geringen Eurobetrag (immer genügend Münzgeld im Fahrzeug haben!) oder mit Jetons aus benachbarten Tankstellen oder Geschäften ist die Versorgung somit problemlos möglich.

Um jederzeit den Wasservorrat auffüllen zu können, dürfen allerdings einige wichtige Utensilien in einem Wohnmobil niemals fehlen: Eine 10-Liter-Gießkanne, ein Gartenschlauch von mindestens 8 Metern Länge und Anschlüsse für ½ und ¾ Zoll. Es hat sich auch bewährt, einen Gummianschluss dabeizuhaben, den man einfach über den Wasserhahn schiebt und der in jedem Bauhaus oder bei jedem Campingausrüster zu erwerben ist. Die Rastplätze der in Frankreich privat betriebenen Autobahnen sind bestens ausgestattet und bieten auch oft Ver-/Entsorgung für Wohnmobile an. Beim Befüllen mit Frischwasser sollte man darauf achten, den Frischwasserschlauch zu nehmen und nicht den Schlauch, der für die Reinigung von WC-Kassetten benutzt wird. Leider sind die Wasserhähne oftmals direkt nebeneinander.

Idylle pur in Veules-les-Roses
»Un plus beau Village de France«

Weiterhin ist in Frankreich die Anzahl der Supermärkte mit Womo-Service in den letzten Jahren stetig gestiegen. Man hat erkannt, dass der Wohnmobilist auch gleich noch tankt oder einkaufen geht. Aber auch in vielen Gemeinden wird man immer wieder ein blaues Schild entdecken, auf dem ein Wohnmobil mit Entsorgungszeichen abgebildet ist. Im Gegensatz zu Grauwasser darf der Inhalt von Chemietoiletten niemals in einen normalen Wasserkanal entleert werden. Die Tatsache, dass so mancher Wohnmobilist seine Entsorgung verantwortungslos in

Bunte Fischerboote am Strand von Yport an der Alabasterküste

der freien Natur vornimmt, hat leider zum schlechten Image des Wohnmobiltourismus beigetragen.

Die Versorgung mit Strom ist eigentlich nur auf Campingplätzen gewährleistet. Stellplätze bieten meist nicht für jede Parkbucht eine Stromsäule an und der Preis für die Kilowattstunde ist oft sehr hoch.

Hat man eine geteilte Gasanlage an Bord, d. h. eine normale Gasflasche und einen LPG-Gastank, so kann nur der LPG-Gastank an vielen Tankstellen aufgefüllt werden. Das Befüllen einer normalen Gasflasche ist in Frankreich strengstens verboten.

ZOLL

Auch wenn in der Europäischen Union seit 1993 der Zoll für Privatpersonen abgeschafft wurde, so muss zeitweise doch mit stichprobenartigen Kontrollen gerechnet werden. Für EU-Bürger wurden für den privaten Gebrauch folgende Maximalmengen festgelegt: 800 Zigaretten, 200 Zigarren, 1000 g Schnitttabak, 110 l Bier, 90 l Wein oder 20 l Spirituosen unter 22 Vol.-%, max. 10 l mit höherem Volumengehalt und 10 kg Kaffee. Alle Mengen oberhalb dieser Grenzwerte gelten als gewerblich. Für Nicht-EU-Bürger, z. B. Reisende aus der Schweiz, gelten geringere Werte: Einkäufe für den persönlichen Bedarf oder Geschenke bis max. 300 Euro, 200 Zigaretten, 50 Zigarren, 250 g Tabak, 4 l Wein oder 2 l Spirituosen unter 22 Vol.-% und 1 l darüber, 16 l Bier, 500 g Kaffee und 100 g Tee. Alle Mengen darüber müssen verzollt werden. Die aktuellsten Informationen finden sich bei der Zollbehörde auch online.

Der markante Tour de L'Horloge an der netten Iton-Promenade in Évreux

Die vielen bunten Badehäuschen sind das Wahrzeichen von Gouville-sur-Mer.

PACK- UND CHECKLISTEN

Eine gute Vorbereitung trägt zum Reisegenuss mit dem Wohnmobil bei. Hier einige Tipps, was auf jeden Fall eingepackt werden sollte und was es sonst zu beachten gibt.

CAMPING-PACKLISTE

ALLGEMEIN

DIE BORDAPOTHEKE

- ◯ Persönliche Medikamente
- ◯ Sonnenschutz und After-Sun
- ◯ Mücken- / Zeckenschutz
- ◯ Erste-Hilfe-Set / Wundpflege
- ◯ Ohrstöpsel

HYGIENE AN BORD

- ◯ Toilettenpapier
- ◯ Kosmetikartikel
- ◯ Handwaschmittel
- ◯ Hand- und Duschtücher

DER KLEIDERSCHRANK

- ◯ Kleidung für alle Einsätze
- ◯ Badesachen
- ◯ Wetterfeste Regenkleidung
- ◯ Schuhe

DIE AUSSTATTUNG ZUM WOHNEN AUF DEM CAMPINGPLATZ

- ◯ gemütliche Campingmöbel
- ◯ Sonnenschutz (verspannbar)
- ◯ Windlichter und evtl. Lichterkette
- ◯ Kuscheldecke für kühle Abende
- ◯ Wäscheleine und -klammern
- ◯ Grill und Feuerschale
- ◯ Hängematte
- ◯ Strandtuch

ESSENZIELLES

- ◯ Reisepass nach Bedarf
- ◯ Kfz-Schein
- ◯ Grüne Versicherungskarte
- ◯ Schutzbrief eines Automobilclubs oder Versicherung
- ◯ Bargeld in kleinen Scheinen
- ◯ Personalausweis
- ◯ EC- und Kreditkarten

NOTIZEN

CHECKLISTE

CAMPERKÜCHE

GRUNDAUSSTATTUNG

- ◯ Teller, Schüsseln und Schalen
- ◯ Besteck und Küchenmesser
- ◯ Trinkgefäße
- ◯ Pfannen & Töpfe
- ◯ Schneidebrett aus Holz
- ◯ Korkenzieher, Flaschen- und Dosenöffner, Schere
- ◯ Küchenpapier, Alufolie
- ◯ Aufbewahrungsdosen in verschiedenen Größen (stapelbar)
- ◯ Mülltüten (kleine und große)
- ◯ Spülschüssel, Geschirrtücher, Spülmittel
- ◯ Handfeger für den Innenraum
- ◯ Feuerzeug, Streichhölzer
- ◯ Ökologisches Putzmittel

GRUNDAUSSTATTUNG NAHRUNGSMITTEL

- ◯ Kaffee und Tee
- ◯ Gewürze, Salz, Pfeffer, Zucker
- ◯ Trinkwasser

PACKLISTE KÜCHE KOMFORTABEL

- ◯ Topflappen
- ◯ Schneebesen
- ◯ Sieb: klein und feinmaschig
- ◯ Reibe: grob und fein
- ◯ Backpinsel
- ◯ Küchenwaage
- ◯ Knoblauchpresse
- ◯ Pfeffermühle
- ◯ Teigschaber für Bäcker*innen
- ◯ Gemüseschäler

NOTIZEN

PACKLISTEN FÜR ALLE FÄLLE

KINDER | WERKZEUG | BELEUCHTUNG

MIT KINDERN UNTERWEGS – WICHTIGER KINDERKRAM

- ◯ Schnorchelzeug und Flossen und / oder Schwimmhilfen, Sonnenschutz
- ◯ Neoprenanzüge bei kalten Wassertemperaturen
- ◯ Fahrräder, Roller, Skateboards und andere Sportgeräte
- ◯ Kleine Boxen zum Sammeln von Fundstücken
- ◯ Großes Reisetagebuch, in dem alle mitschreiben und malen, Stifte
- ◯ Hängematte mit Mückennetz ist fast ein Garant für Mittagsschlaf
- ◯ Musik, Bücher und Hörspiele
- ◯ Taschenlampen, Stirnlampen (für jedes Kind eine eigene)
- ◯ Fernglas, Kompass, Taschenmesser
- ◯ Reisespiele und Tablet mit Spielen und Filmen

IMMER DABEI: WERKZEUG-GRUNDAUSSTATTUNG

- ◯ Ein Multitool / Bitkasten mit vielen verschiedenen Schraubenziehern, Inbus- und Steckschlüsseln
- ◯ Dose WD40 oder Ballistol Universalspray: Diese »Geheimwaffen« lösen verrostete Schrauben, schmieren die quietschende Markise oder verhindern das Vereisen der Türgummis u. Ä.
- ◯ Panzertape (gewebeverstärktes Universalklebeband)
- ◯ Kfz-Sicherungen aller Art
- ◯ Sekundenkleber
- ◯ Universalzange
- ◯ Klappspaten (Befreiung aus sandigen, tiefschotterigen Untergründen)
- ◯ Hammer
- ◯ Kabelbinder und stabile Schnüre

BELEUCHTUNG ALLER ART ZUM WOHLFÜHLEN

- ◯ Lichterketten
- ◯ Leselampen
- ◯ Kerzen bzw. Windlichter

NOTIZEN

PACKLISTEN FÜR ALLE FÄLLE

BEHÄLTER | SAUBERKEIT

TIPP: VERSCHIEDENE BEHÄLTER AN BORD

- ○ Ein kleiner Rucksack für die Fährfahrt, den Tagesausflug zum Sightseeing
- ○ Ziploc-Beutel, mit denen man beispielsweise das Handy gut gesichert an den Strand nehmen kann
- ○ Kleine Müllbeutel für den täglichen Müll
- ○ Große Müllbeutel für das schnelle Aufbewahren von nassem Badezeug oder noch feuchter Wäsche. Außerdem auch gut, um gesammeltes Feuerholz aufzubewahren.

SAUBERKEIT SCHAFFT FRIEDEN

- ○ Faltschüssel zum Abspülen und Wäschewaschen in den manchmal nicht so sauberen Sanitäranlagen der Campingplätze. Damit kann man außerdem gut das Geschirr transportieren.
- ○ Öko-Allzweckreiniger und Öko-Spülmittel
- ○ Schwämme
- ○ Küchenrolle
- ○ Fußmatte (für den größten Schmutz, kann schnell ausgeschüttelt werden)
- ○ Handwaschmittel
- ○ Waschmittel in Einzelportionen

NOTIZEN

CHECKLISTE

FÜR EIN GEMIETETES WOHNMOBIL

Da die Kaution für ein Mietmobil nicht unerheblich und schon im kleinsten Schadensfall verloren ist, sollte das Fahrzeug vor der Übernahme genauestens überprüft werden. Vor allen Dingen der Wohnmobil-Neuling sollte sich die Funktionen ganz genau erklären lassen, um für den Urlaub gut gerüstet zu sein. Empfehlenswert ist es, folgende Checkliste mitzunehmen, Punkt für Punkt abzuhaken und vom Vermieter unterschreiben zu lassen.

AUSSEN

- ○ Beschädigungen an Karosserie, Stoßfängern, unter den Stoßfängern, auf Scheiben
- ○ Reifenzustand, evtl. einseitige Abnutzung, Luftdruck
- ○ Dach, Einschläge durch herabfallende Teile
- ○ Gepäckträger bzw. Fahrradträger auf dem Kugelkopf auf Funktion prüfen
- ○ Warntafel vorhanden
- ○ Umweltplaketten vorhanden
- ○ Markise, Abspannbänder vorhanden
- ○ Unterlegkeile

INNEN

- ○ Gereinigter Zustand
- ○ WC und Bad in Ordnung, WC-Kassette geleert
- ○ Küche sauber, Kochfeld
- ○ Besteck auf Vollständigkeit prüfen
- ○ Töpfe und Pfannen, Gläser, Geschirr
- ○ Kühlschrank auf Funktion prüfen bei a) Landstrom, b) Gas, c) Lichtmaschine automatische Umschaltung
- ○ Heizung bzw. Warmwasseraufbereitung prüfen, Boiler füllen und entleeren, Funktion des automatischen Ablasses erklären lassen
- ○ Auslasshähne in Bad, Küche auf Funktion Warm-/Kaltwasser prüfen, inkl. Duschkopf
- ○ Elektro-Sicherung und Fehlerschalter prüfen
- ○ Sitze und Möbel auf Abnutzung bzw. Beschädigung oder Verunreinigung prüfen
- ○ Matratzen auf Sauberkeit prüfen
- ○ Campingstühle und Tisch

TECHNIK

- ○ Motoröl
- ○ Kühlflüssigkeit
- ○ Scheibenwaschwasser
- ○ Bremsflüssigkeit
- ○ 2 volle Gasflaschen
- ○ Frischwassertank
- ○ Abwassertank, Ablassventil
- ○ Funktion der Scheibenheber, Spiegeleinstellung und Rückfahrkamera
- ○ Reparaturkit für Reifen
- ○ Warndreieck, Warnwesten, Verbandskasten
- ○ Werkzeug
- ○ Kompletter Schlüsselsatz, am besten zweifach
- ○ CE-Stecker und Kabeltrommel

CHECKLISTE

BEI VERLASSEN DES CAMPINGPLATZES

AUSSEN

- ◯ Ist der Stromstecker gezogen?
- ◯ Ist die Kabeltrommel verstaut?
- ◯ Ist die Trittstufe eingefahren?
- ◯ Wurde die Fußmatte schon hineingeräumt?
- ◯ Liegt das Solarpaneel schon im Kofferraum?
- ◯ Ist die Wäscheleine eingepackt?
- ◯ Sind alle Campingmöbel im Fahrzeug verstaut?
- ◯ Wurde aller Müll vom Platz geräumt?

OBEN

- ◯ Ist die TV-Schüssel eingefahren?
- ◯ Sind die Dachboxen fest verschlossen?
- ◯ Ist das Aufstelldach geschlossen und verriegelt?

UNTEN

- ◯ Ist man von den Auffahrkeilen heruntergefahren?
- ◯ Sind die Keile auch wirklich eingepackt?
- ◯ Liegen vielleicht noch die Gummitiere unter dem Auto?

INNEN

- ◯ Fest verriegelt?
- ◯ Ist der Kühlschrank verriegelt? Bei Bedarf schon auf 12 V umgestellt?
- ◯ Sind wirklich alle Schränke und Schubladen geschlossen?

NOTIZEN

REGISTER

PS: WAS ICH NOCH SAGEN WOLLTE …

Die Recherche für dieses Buch war ein voller Erfolg – dies ist das Fazit meiner monatelangen Reise durch die Normandie. Als ich den Auftrag des Bruckmann-Verlags übernahm, fragte ich mich anfangs, womit ich über diese Region in Frankreichs Nordwesten wohl ein ganzes Buch füllen sollte? Ja, Mont-Saint-Michel ist ein Begriff und auch vom berühmten Teppich von Bayeux hat man schon gehört, doch dass es so unglaublich viele kulturelle Sehenswürdigkeiten gibt, war mir nicht bewusst. Dabei haben schon die Wikinger und eine so herausragende Herrscherpersönlichkeit wie Wilhelm der Eroberer die Normandie geprägt und großartige Kathedralen und Burgen hinterlassen.

Wie sicherlich viele von Ihnen, liebe Wohnmobilisten, hatte ich die Normandie bisher eher auf Krieg und Zerstörung reduziert, aber das war ein fataler Irrtum! Es gibt eine Menge gut erhaltener Altstädte, nicht nur in der Hauptstadt Rouen, pittoreske Fischerstädtchen bezaubern immer wieder aufs Neue und nur die von der UNESCO geadelte Retortenstadt Le Havre ist nach dem Zweiten Weltkrieg gänzlich neu entstanden.

Landschaftlich ist die Normandie kaum zu übertreffen: Kilometerlange, feinste Sandstrände locken, vor allen Dingen um die Halbinsel Cotentin, riesige Dünenlandschaften mit den tollsten Wandermöglichkeiten und natürlich die grandiose Alabasterküste mit ihren hohen Klippen.

Wenn ich dann noch an die fantastische Auswahl an frischem Fisch und Meeresfrüchten zurückdenke, komme ich aus dem Schwärmen gar nicht mehr heraus. In diesem Zusammenhang möchte ich meinem Gourmet-Ehemann Andy dafür danken, dass er mich Tausende Kilometer durch die Normandie kutschiert und ohne Murren jeden noch so kleinen Stellplatz begutachtet hat. Ich bin sicher, dass auch er die genialen Moules frites à la normande niemals vergessen wird.

Damit wünsche ich Ihnen, liebe Leser*innen, einen wunderschönen Urlaub und viele tolle Erlebnisse in der Normandie!

Ihre Ines Friedrich

UNSER NACHHALTIGKEITSKODEX

Die Welt birgt viele Wunder, Abenteuer und spektakuläre Aussichten, die wir gerne erkunden möchten. Doch sie ist auch leicht aus dem Gleichgewicht zu bringen. Hier ein paar Tipps, wie wir unsere Welt nachhaltig entdecken können:

- **Abfall wieder mitnehmen:** Plastikverpackungen jeglicher Art, Dosen, Flaschen und Papiertaschentücher (es dauert Jahre, bis sich ein einzelnes Taschentuch vollständig abgebaut hat!) gehören nicht in die Natur, sondern artgerecht entsorgt. Dazu zählen natürlich auch Toilettenpapier und der Inhalt von (Chemie-)Toiletten. Entsprechende Entsorgungsstationen finden sich überall.

- **Ressourcen gewissenhaft nutzen:** Manche Umweltressourcen sind bereits knapp, endlich sind auf jeden Fall alle. Um sie zu schonen, sollten wir sparsam mit ihnen umgehen, gerade in Gegenden, in denen zum Beispiel Wasser oder Strom nicht im Überfluss vorhanden sind.

- **Ein guter Gast sein:** Nachhaltig unsere Umgebung zu erkunden bedeutet auch, der hiesigen Flora und Fauna mit Respekt zu begegnen. Pflanzen sollten auf keinen Fall gepflückt werden, aber sie stehen uns bestimmt gerne Modell für das eine oder andere Foto. Das Gleiche gilt für wilde Tiere: Wir füttern sie nicht, halten Abstand und beobachten sie aus der Ferne.

- **Lokal kaufen:** Dadurch lernen wir nicht nur Land und Leute besser kennen und unterstützen die regionale Wirtschaft, sondern können auch so unsere Campingküche mit frischen Produkten nachhaltig gestalten.

- **Flexibel bleiben:** Camper sind keine Rudeltiere. Wir schonen die Natur auch, indem wir einen Ort nicht geballt belasten. Einen tollen Stellplatz entdeckt? Wir behalten es für uns und teilen ihn am besten nicht mit der Öffentlichkeit. Übrigens gibt es inzwischen vielerorts auch nachhaltige Campingplätze.

- **Umweltbewusst fahren:** Reisen mit dem Auto oder Womo sind grundsätzlich umweltfreundlicher als mit dem Flugzeug, dennoch können wir noch mehr tun und zum Beispiel den Kraftstoffverbrauch minimieren, indem wir vorausschauend fahren, so wenig Last wie möglich mit uns führen und die Umgebung vor Ort mit dem Fahrrad oder zu Fuß erkunden.

- **Nur dort parken und campen, wo es erlaubt ist:** Selbst wenn wir uns noch so vorbildlich verhalten und unseren Aufenthaltsort so hinterlassen, wie wir ihn vorgefunden haben, stören wir den Lebensraum von Wildtieren und hinterlassen Spuren und Gerüche. Auch Lagerfeuer entzünden wir ausschließlich an den dafür vorgesehenen Stellen und achten dabei auf Waldbrandstufen und Naturschutzgebiete.

So wie wir die Umwelt respektieren, wollen wir auch unseren Mitmenschen und deren Kultur Respekt entgegenbringen, gerade im Hinblick auf deren Traditionen, Religion oder typische Gebräuche. So kann ein Lächeln Berge versetzen!

Der berühmte Kreidefelsen an der Alabasterküste bei Étretat

STRASSEN-ATLAS

Die zehn Routen durch die Normandie im Überblick – inklusive Übernachtungsmöglichkeiten mit dem Wohnmobil auf Stell- oder Campingplatz

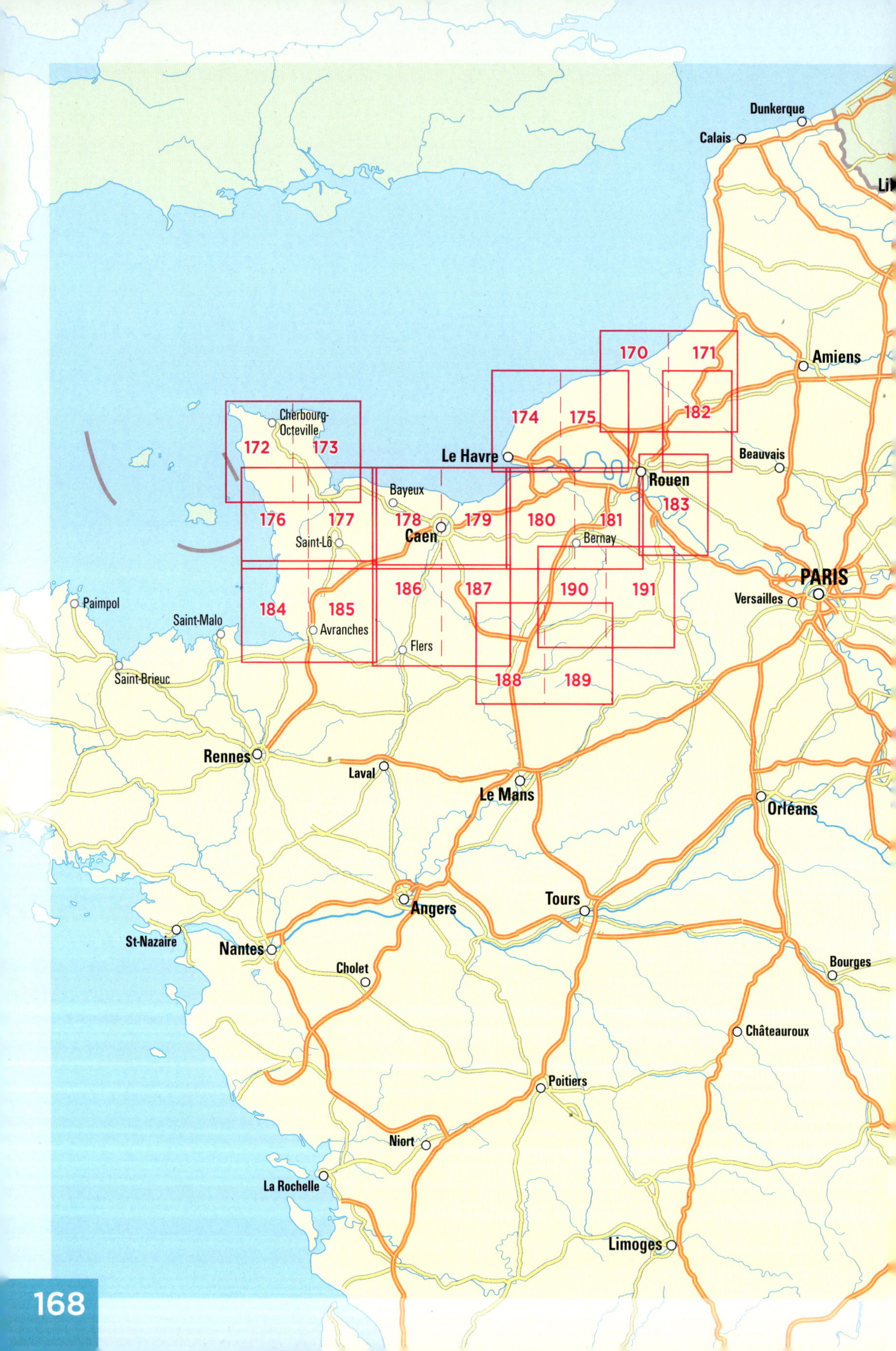
Dunkerque
Calais
Li
Amiens
Beauvais
Rouen
PARIS
Versailles
Le Havre
Cherbourg-Octeville
Bayeux
Caen
Saint-Lô
Bernay
Avranches
Flers
Paimpol
Saint-Malo
Saint-Brieuc
Rennes
Laval
Le Mans
Orléans
Angers
Tours
St-Nazaire
Nantes
Cholet
Bourges
Châteauroux
Poitiers
Niort
La Rochelle
Limoges
170
171
174
175
182
172
173
183
176
177
178
179
180
181
184
185
186
187
190
191
188
189

LEGENDE

Route 1 - DURCH DAS IDYLLISCHE TAL DER SEINE GEN SÜDEN

Route 2 - AUF DEN SPUREN NORMANNISCHER HERZÖGE

Route 3 - ERLEBNISREICHE RUNDFAHRT DURCH DIE NORMANNISCHE SCHWEIZ

Route 4 - ENDLICH AM MEER!

Route 5 - ALTEHRWÜRDIGE KULTUR UND HERRLICHE NATUR

Route 6 - EINMAL RUND UM DIE HALBINSEL COTENTIN

Route 7 - OPERATION OVERLORD UND DIE LANDUNGSSTRÄNDE

Route 8 - EIN AUSFLUG DURCH DAS HOCHPROZENTIGE CALVADOS

Route 9 - DIE CÔTE FLEURIE UND DIE NÖRDLICHE SEINE

Route 10 - ENTLANG DER BERÜHMTEN ALABASTERKÜSTE

A7	Autobahn mit Anschlussstelle
75	Schnellstraße
	Fernstraße
	Nebenstraße
	Sonstige Straße
	Fahrweg
	Eisenbahn
	Flüsse
	See
	Bebauung
	Natur-, Nationalpark
	Staatsgrenze mit Grenzübergang

C 10	Campingplätze
S 10	Stellplätze
	Sehenswürdigkeit - Kultur
	Sehenswürdigkeit - Natur
	Kirche, Kloster
	Klosterruine
	Schloss
	Schlossruine
	Museum
	Höhle
	Windmühle
	Leuchtturm
	Hünengrab
	Aussichtspunkt
	Flughafen

HUBER KARTOGRAPHIE

N

0 5 km

1 : 215.000

191

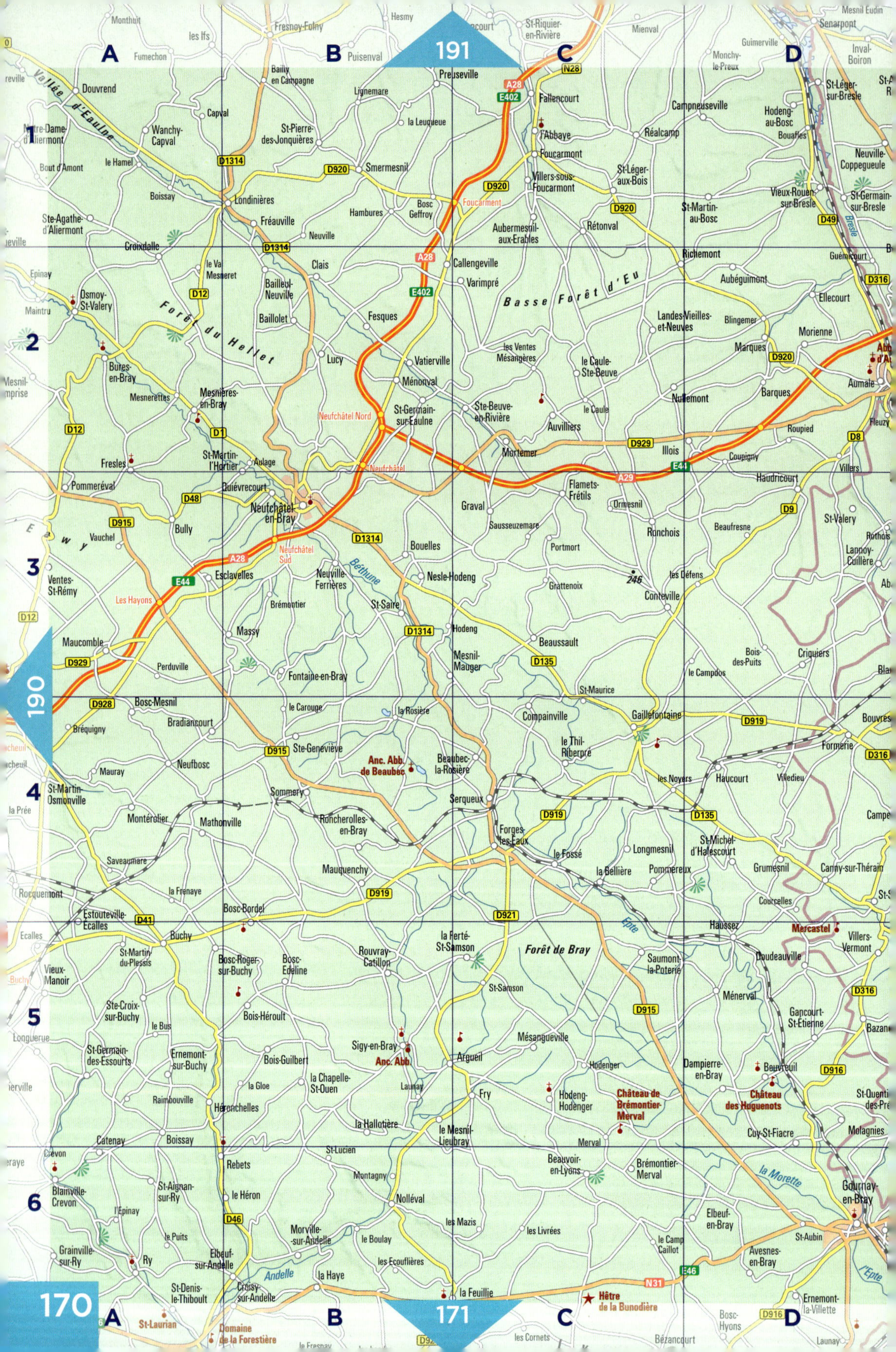
A
B
C
D
1
2
3
4
5
6
Vallée d'Eaulne
Forêt du Hellet
Basse Forêt d'Eu
Eawy
Béthune
Forêt de Bray
Epte
Andelle
la Morette
l'Epte
Bresle
Douvrend
Notre-Dame-d'Aliermont
Wanchy-Capval
Capval
Bailly-en-Campagne
St-Pierre-des-Jonquières
Smermesnil
Preuseville
Lignemare
la Leuqueue
Fallencourt
l'Abbaye
Foucarmont
Villers-sous-Foucarmont
Campneuseville
Réalcamp
St-Léger-aux-Bois
Hodeng-au-Bosc
Bouafles
St-Léger-sur-Bresle
Neuville-Coppegueule
Vieux-Rouen-sur-Bresle
St-Germain-sur-Bresle
Bout d'Amont
le Hamel
Boissay
Londinières
Fréauville
Neuville
Hambures
Bosc Geffroy
Aubermesnil-aux-Erables
Rétonval
St-Martin-au-Bosc
Ste-Agathe-d'Aliermont
Croixdale
le Val Mesnerret
Bailleul-Neuville
Baillolet
Clais
Callengeville
Varimpré
Richemont
Aubéguimont
Guémicourt
Epinay
Osmoy-St-Valery
Maintru
Fesques
Lucy
Vatierville
Ménonval
les Ventes Mésangères
le Caule-Ste-Beuve
Landes-Vieilles-et-Neuves
Blingemer
Marques
Ellecourt
Morienne
Aumale
Bures-en-Bray
Mesnerettes
Mesnières-en-Bray
St-Germain-sur-Eaulne
Ste-Beuve-en-Rivière
Auvilliers
le Caule
Nullemont
Barques
Roupied
Fresles
St-Martin-l'Hortier
Aulage
Neufchâtel Nord
Neufchâtel
Mortemer
Illois
Coupigny
Haudricourt
Villers
Pommeréval
Quièvrecourt
Neufchâtel-en-Bray
Graval
Flamets-Frétils
Ormesnil
Ronchois
Beaufresne
St-Valery
Vauchel
Bully
Neufchâtel Sud
Sausseuzemare
Portmort
Bouelles
Lannoy-Cuillère
Ventes-St-Rémy
Les Hayons
Esclavelles
Neuville-Ferrières
Nesle-Hodeng
Grattenoix
les Défens
Conteville
Brémontier
St-Saire
Hodeng
Maucomble
Massy
Mesnil-Mauger
Beaussault
Bois-des-Puits
Criquiers
Perduville
Fontaine-en-Bray
le Campdos
St-Maurice
Bosc-Mesnil
Bradiancourt
le Carouge
la Rosière
Compainville
Gaillefontaine
Bréquigny
Ste-Geneviève
le Thil-Riberpré
Formerie
Neufbosc
Mauray
Anc. Abb. de Beaubec
Beaubec-la-Rosière
les Noyers
Haucourt
Villedieu
St-Martin-Osmonville
Sommery
Serqueux
la Prée
Montérolier
Mathonville
Roncherolles-en-Bray
Forges-les-Eaux
St-Michel-d'Halescourt
Campeaux
Saveaumare
Mauquenchy
le Fossé
Longmesnil
la Bellière
Pommereux
Grumesnil
Canny-sur-Thérain
la Frenaye
Courcelles
Rocquemont
Bosc-Bordel
Estouteville-Ecalles
Ecalles
Buchy
la Ferté-St-Samson
Haussez
Mercastel
Villers-Vermont
St-Martin-du-Plessis
Bosc-Roger-sur-Buchy
Bosc-Edeline
Rouvray-Catillon
Saumont-la-Poterie
Doudeauville
Vieux-Manoir
St-Samson
Ménerval
Ste-Croix-sur-Buchy
Bois-Héroult
Gancourt-St-Etienne
le Bus
Longuerue
St-Germain-des-Essourts
Ernemont-sur-Buchy
Bois-Guilbert
Sigy-en-Bray
Anc. Abb.
Argueil
Mésangueville
Hodenger
Dampierre-en-Bray
Beauvreuil
Bazancourt
la Chapelle-St-Ouen
la Gloë
Launay
Fry
Hodeng-Hodenger
Château de Brémontier Merval
Château des Huguenots
St-Quentin-des-Prés
Raimbouville
Héronchelles
la Hallotière
le Mesnil-Lieubray
Cuy-St-Fiacre
Molagnies
Catenay
Boissay
Crevon
St-Lucien
Merval
Rebets
Beauvoir-en-Lyons
Brémontier-Merval
Montagny
Blainville-Crevon
St-Aignan-sur-Ry
le Héron
Nolléval
Gournay-en-Bray
l'Epinay
Elbeuf-en-Bray
le Puits
Morville-sur-Andelle
le Boulay
les Mazis
les Livrées
St-Aubin
Grainville-sur-Ry
Ry
Elbeuf-sur-Andelle
les Ecouflières
le Camp Caillot
Avesnes-en-Bray
la Haye
St-Denis-le-Thibout
Croisy-sur-Andelle
la Feuillie
Hêtre de la Bunodière
Ernemont-la-Villette
St-Laurian
Domaine de la Forestière
le Fresnay
les Cornets
Bézancourt
Bosc-Hyons
Launay
A28
E402
E44
A29
E46
N31
N28
D1314
D920
D12
D1
D48
D915
D929
D928
D135
D919
D921
D41
D46
D916
D316
D49
D9
D8
246

190

171

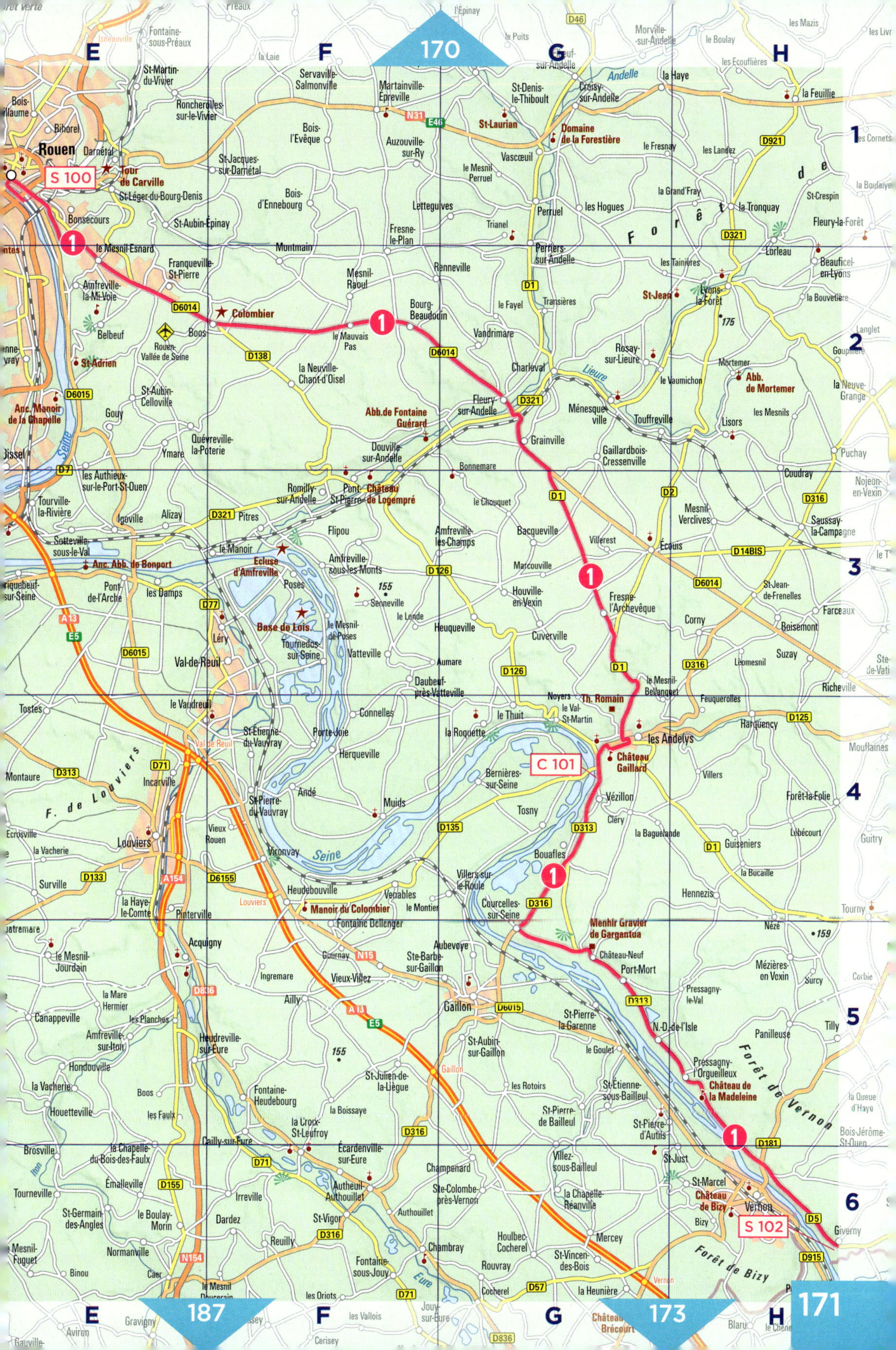
170
187
173
E
F
G
H
1
2
3
4
5
6
Rouen
S 100
C 101
S 102
Tour de Carville
Darnétal
Bihorel
Bonsecours
le Mesnil-Esnard
Amfreville-la-Mi-Voie
Belbeuf
St-Adrien
Boos
Rouen-Vallée de Seine
Franqueville-St-Pierre
Colombier
St-Aubin-Épinay
St-Léger-du-Bourg-Denis
St-Jacques-sur-Darnétal
Roncherolles-sur-le-Vivier
St-Martin-du-Vivier
Fontaine-sous-Préaux
Servaville-Salmonville
Bois-l'Evêque
Bois-d'Ennebourg
Montmain
Mesnil-Raoul
la Neuville-Chant-d'Oisel
Martainville-Épreville
Auzouville-sur-Ry
Lettegulves
Fresne-le-Plan
Bourg-Beaudouin
le Mauvais Pas
Renneville
St-Denis-le-Thibault
St-Laurian
Vascœuil
le Mesnil-Perruel
Trianel
Perruel
Perriers-sur-Andelle
Croisy-sur-Andelle
Domaine de la Forestière
Morville-sur-Andelle
la Haye
la Feuillie
le Fresnay
les Landes
la Grand'Fray
la Tronquay
les Hogues
Forêt de Lyons
Lorleau
Beauficel-en-Lyons
Fleury-la-Forêt
les Tainières
St-Jean
Lyons-la-Forêt
la Bouvetière
Transières
le Fayel
Vandrimare
Charleval
Rosay-sur-Lieure
le Vaumichon
Mortemer
Abb. de Mortemer
Lieure
Andelle
Fleury-sur-Andelle
Ménesqueville
Touffreville
Lisors
les Mesnils
Grainville
Gaillardbois-Cressenville
Puchay
Coudray
Abb. de Fontaine Guérard
Douville-sur-Andelle
Bonnemare
Romilly-sur-Andelle
Pont-St-Pierre
Château de Logempré
le Chouquet
Bacqueville
Mesnil-Verclives
Écouis
Saussay-la-Campagne
Villerest
Anc. Manoir de la Chapelle
Gouy
St-Aubin-Celloville
Ymare
Quévreville-la-Poterie
les Authieux-sur-le-Port-St-Ouen
Tourville-la-Rivière
Igoville
Alizay
Pitres
Flipou
Amfreville-les-Champs
Marcouville
Houville-en-Vexin
Fresne-l'Archevêque
Corny
St-Jean-de-Frenelles
Farceaux
Boisemont
Suzay
Léomesnil
Richeville
Sotteville-sous-le-Val
Anc. Abb. de Bonport
Pont-de-l'Arche
les Damps
le Manoir
Ecluse d'Amfreville
Poses
Amfreville-sous-les-Monts
Senneville
la Londe
Base de Lois.
Léry
Val-de-Reuil
Tournedos-sur-Seine
le Mesnil-de-Poses
Vatteville
Heuqueville
Cuverville
Aumare
Daubeuf-près-Vatteville
le Vaudreuil
Tostes
Connelles
Porte-Joie
St-Étienne-du-Vauvray
Herqueville
la Roquette
le Thuit
Noyers
le Val-St-Martin
Th. Romain
le Mesnil-Bellanquet
Feuquerolles
Harquency
les Andelys
Château Gaillard
Bernières-sur-Seine
Tosny
Vézillon
Villers
Forêt-la-Folie
Mouflaines
Incarville
Montaure
F. de Louviers
St-Pierre-du-Vauvray
Andé
Muids
Clery
la Baguelande
Guiseniers
Lébécourt
Guitry
Écrosville
la Vacherie
Louviers
Vieux Rouen
Vironvay
Seine
Bouafles
Villers-sur-le-Roule
Courcelles-sur-Seine
Hennezis
la Bucaille
Tourny
Surville
la Haye-le-Comte
Pinterville
Heudebouville
Manoir du Colombier
Venables
le Montier
Fontaine Bellenger
Menhir Gravier de Gargantua
Château-Neuf
Port-Mort
Néze
Acquigny
le Mesnil-Jourdain
Gournay
Ingremare
Vieux-Villez
Aubevoye
Ste-Barbe-sur-Gaillon
Mézières-en-Vexin
Surcy
Corbie
la Mare Hermier
les Planches
Canappeville
Ailly
Gaillon
St-Pierre-la-Garenne
Pressagny-le-Val
Amfreville-sur-Iton
Heudreville-sur-Eure
St-Aubin-sur-Gaillon
le Goulet
N.-D.-de-l'Isle
Panilleuse
Tilly
Hondouville
la Vacherie
Boos
les Faulx
Fontaine-Heudebourg
St-Julien-de-la-Liègue
les Rotoirs
Pressagny-l'Orgueilleux
Château de la Madeleine
Forêt de Vernon
St-Étienne-sous-Bailleul
St-Pierre-de-Bailleul
St-Pierre-d'Autils
Houetteville
la Croix-St-Leufroy
la Boissaye
Cailly-sur-Eure
Écardenville-sur-Eure
Brosville
la Chapelle-du-Bois-des-Faulx
Iton
Champenard
Villez-sous-Bailleul
St-Just
St-Marcel
Château de Bizy
Vernon
Bizy
Giverny
Tourneville
Émalleville
Irreville
Autheuil-Authouillet
Ste-Colombe-près-Vernon
la Chapelle-Réanville
St-Germain-des-Angles
le Boulay-Morin
Dardez
St-Vigor
Authouillet
Houlbec-Cocherel
Mercey
Mesnil-Fuguet
Normanville
Reuilly
Fontaine-sous-Jouy
Chambray
Rouvray
St-Vincent-des-Bois
Forêt de Bizy
Binou
Caer
le Mesnil
Eure
Cocherel
la Heunière
les Oriots
les Vallois
Jouy-sur-Eure
Château Brécourt
Aviron
Gravigny
Cerisey
Blaru
Bois-Jérôme-St-Ouen
la Queue d'Haye
D6014
D138
D6015
D7
D321
D126
D1
D2
D14BIS
D6014
D316
D77
D313
D135
D125
D71
D133
D6155
A154
A13
E5
N15
D6015
D836
D316
D181
D5
D915
D155
D71
D316
N154
D57
D921
D46
N31
E46
175
155
159
Vernon
Gaillon
Louviers
Val de Reuil

186 187

174 175 174

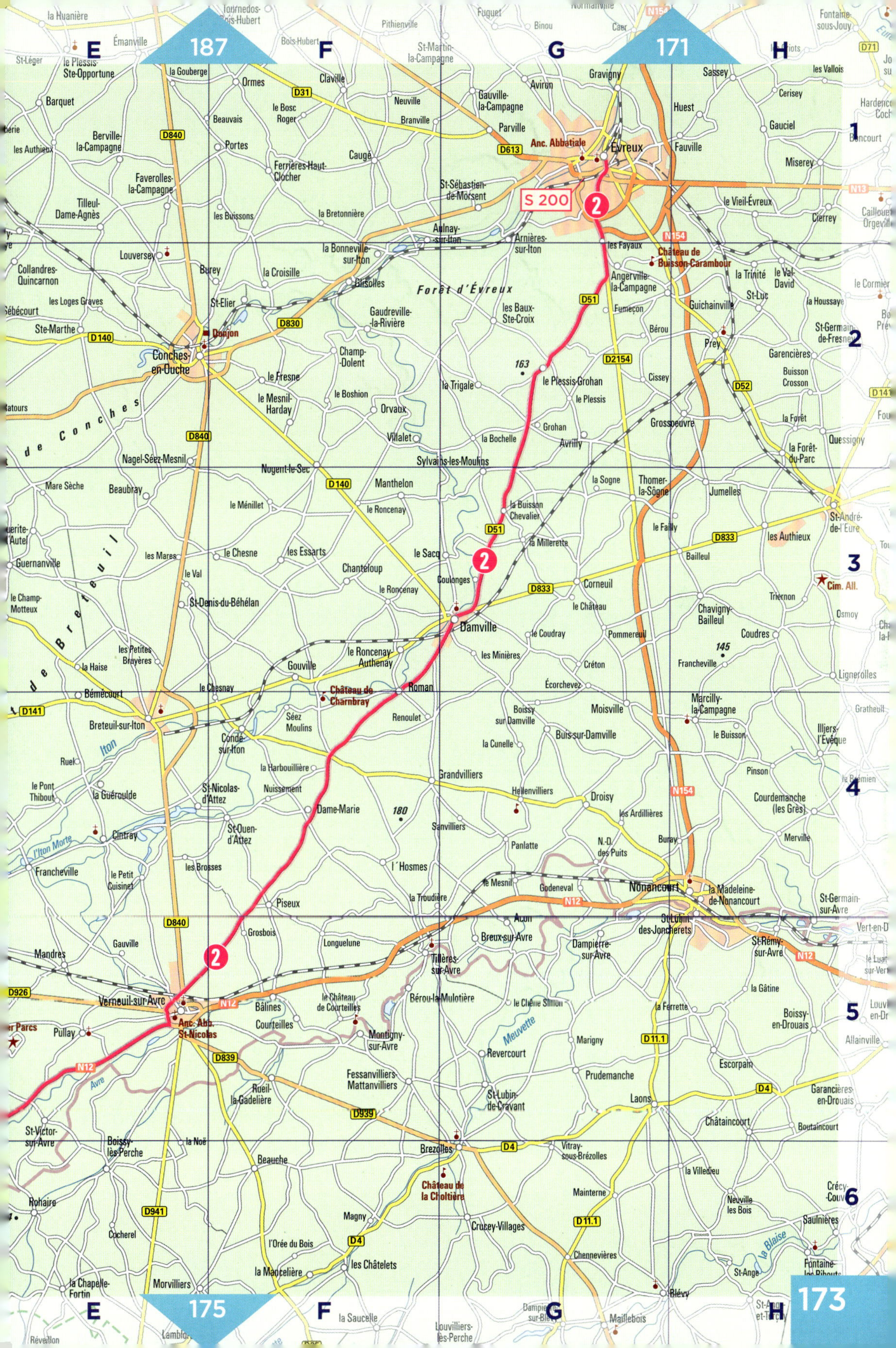

187
171
175
173
E
F
G
H
1
2
3
4
5
6
Évreux
Anc. Abbatiale
S 200
Conches-en-Ouche
Donjon
Forêt d'Évreux
Damville
Château de Buisson-Carambour
Château de Charnbray
Breteuil-sur-Iton
Nonancourt
Verneuil-sur-Avre
Anc. Abb. St-Nicolas
Tillières-sur-Avre
Brezolles
Château de la Cholitière
St-Lubin-des-Joncherets
St-André-de-l'Eure
Conches
de Breteuil

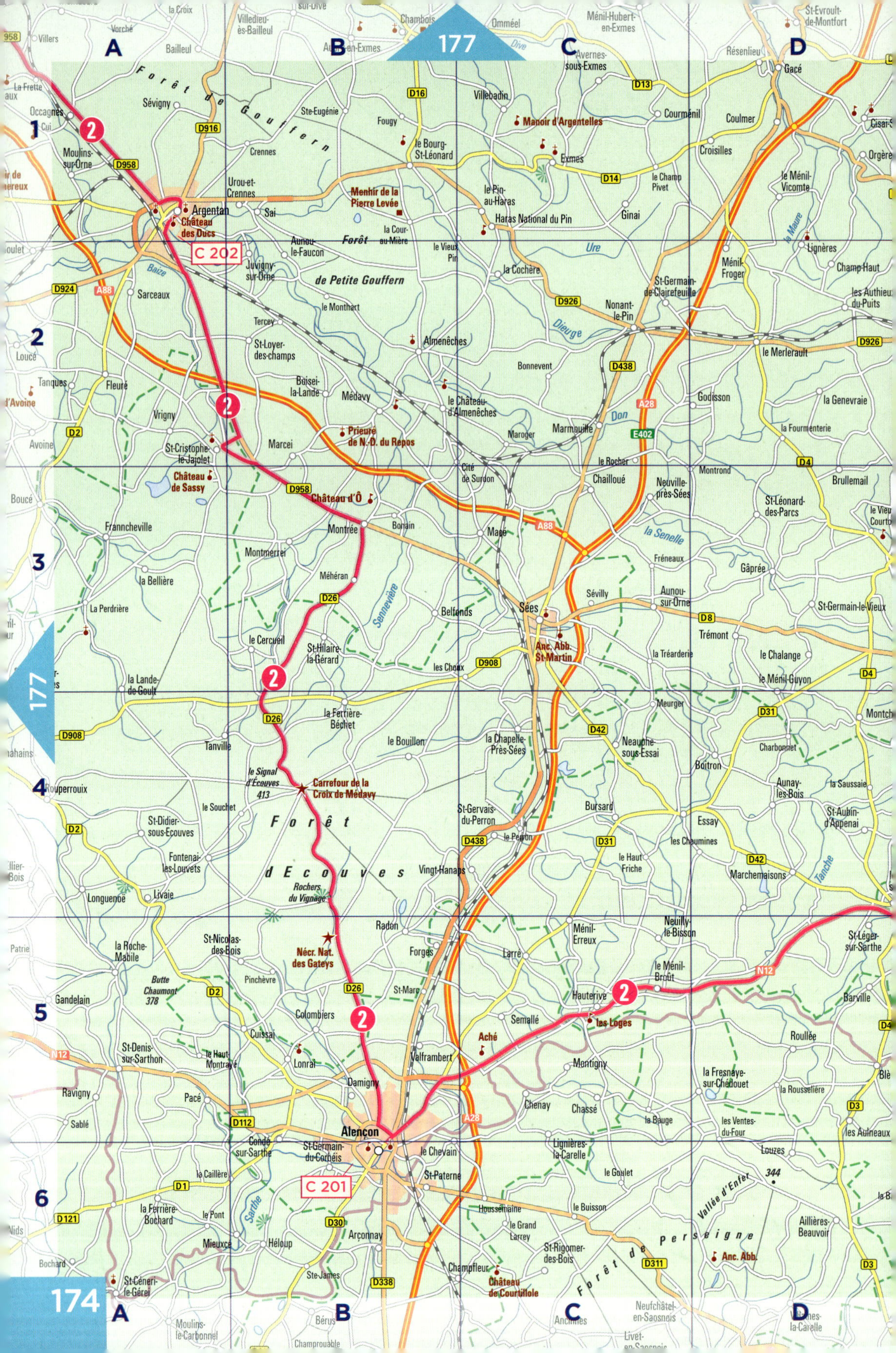
177
Argentan
Château des Ducs
C 202
Forêt de Gouffern
de Petite Gouffern
Menhir de la Pierre Levée
Manoir d'Argentelles
Haras National du Pin
Exmes
Gacé
Sées
Anc. Abb. St-Martin
Château d'Ô
Château de Sassy
Prieuré de N.-D. du Repos
Carrefour de la Croix de Médavy
Forêt d'Ecouves
Nécr. Nat. des Gateys
Alençon
C 201
Les Loges
Aché
Forêt de Perseigne
Château de Courtilloie
Anc. Abb.
A B C D
1 2 3 4 5 6

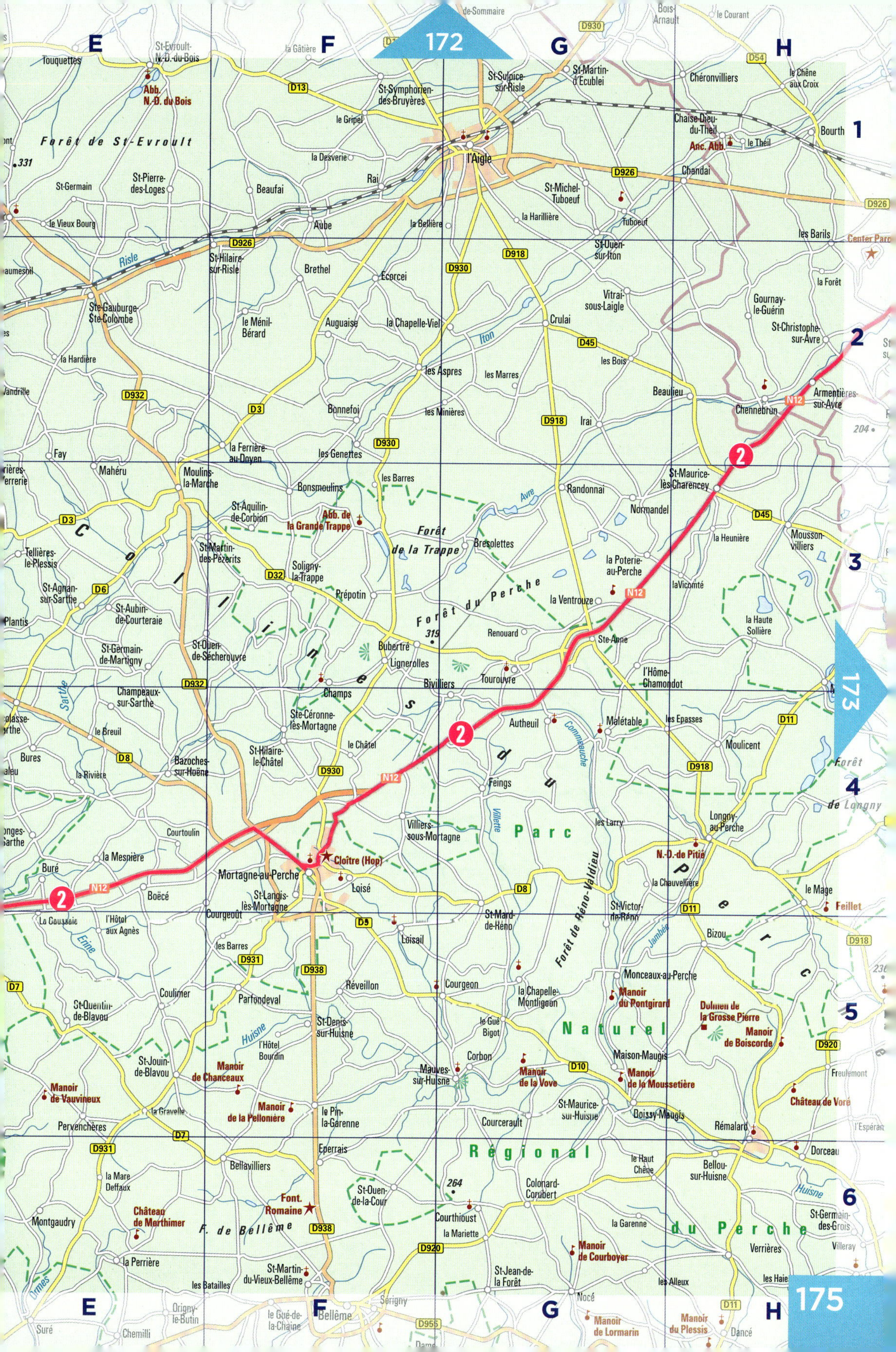
172
173
175
E
F
G
H
1
2
3
4
5
6
Touquettes
St-Evroult-N.-D.-du-Bois
Abb. N.-D. du Bois
Forêt de St-Evroult
331
St-Germain
St-Pierre-des-Loges
le Vieux Bourg
Beaufai
la Gâtière
D13
le Gripel
St-Symphorien-des-Bruyères
la Desserie
Rai
l'Aigle
Aube
la Bellière
St-Sulpice-sur-Risle
St-Martin-d'Ecublei
D930
Bois-Arnault
le Courant
D54
Chéronvilliers
le Chêne aux Croix
Chaise-Dieu-du-Theil
Anc. Abb.
le Theil
Bourth
Chandai
D926
St-Michel-Tuboeuf
la Harillière
Tuboeuf
les Barils
Center Parcs
Risle
St-Hilaire-sur-Risle
Brethel
Ecorcei
D930
D918
St-Ouen-sur-Iton
Ste-Gauburge-Ste-Colombe
le Ménil-Bérard
Auguaise
la Chapelle-Viel
Iton
Crulai
Vitrai-sous-Laigle
Gournay-le-Guérin
la Forêt
St-Christophe-sur-Avre
la Hardière
les Aspres
les Marres
D45
les Bois
Beaulieu
Chennebrun
Armentières-sur-Avre
N12
D932
D3
Bonnefoi
les Minières
D918
Irai
204
Fay
Mahéru
la Ferrière-au-Doyen
les Genettes
D930
Moulins-la-Marche
Bonsmoulins
les Barres
Randonnai
St-Maurice-lès-Charencey
Normandel
St-Aquilin-de-Corbion
Abb. de la Grande Trappe
Forêt de la Trappe
Bresolettes
Avre
D45
la Heunière
Mousson-villiers
D3
Collines du Perche
Tellières-le-Plessis
St-Martin-des-Pézerits
Soligny-la-Trappe
D32
Prépotin
la Poterie-au-Perche
la Ventrouze
laVicomté
St-Agnan-sur-Sarthe
D6
St-Aubin-de-Courteraie
Forêt du Perche
319
Renouard
Ste-Anne
la Haute Sollière
Plantis
St-Germain-de-Martigny
St-Ouen-de-Sécherouvre
Bubertré
Lignerolles
l'Hôme-Chamondot
Champeaux-sur-Sarthe
D932
Champs
Biviliers
Tourouvre
Sarthe
Autheuil
Commeauche
Malétable
les Epasses
Moulicent
D11
Ste-Céronne-lès-Mortagne
le Breuil
le Châtel
Bures
D8
St-Hilaire-le-Châtel
D930
D918
Forêt de Longny
la Rivière
Bazoches-sur-Hoëne
N12
Feings
Villiers-sous-Mortagne
Vilette
Parc
les Larry
Longny-au-Perche
Courtoulin
la Mesnière
Mortagne-au-Perche
Cloître (Hop)
N.-D. de Pitié
Buré
N12
Boëcé
St-Langis-lès-Mortagne
Loisé
D8
la Chauvellière
le Mage
Feillet
La Coussaie
l'Hôtel aux Agnès
Courgeoût
D5
St-Mard-de-Réno
St-Victor-de-Réno
D11
Erine
les Barres
Loisail
Forêt de Réno-Valdieu
Jambée
Bizou
D918
D7
D931
D938
Réveillon
Courgeon
la Chapelle-Montligeon
Monceaux-au-Perche
Manoir du Pontgirard
Coulimer
St-Quentin-de-Blavou
Parfondeval
St-Denis-sur-Huisne
le Gué-Bigot
Naturel
Dolmen de la Grosse Pierre
Manoir de Boiscorde
D920
Huisne
l'Hôtel Bourdin
Corbon
Maison-Maugis
St-Jouin-de-Blavou
Manoir de Chanceaux
Mauves-sur-Huisne
Manoir de la Vove
D10
Manoir de la Moussetière
Freulemont
Manoir de Vauvineux
Manoir de la Pellonière
Château de Voré
la Gravelle
le Pin-la-Garenne
St-Maurice-sur-Huisne
Boissy-Maugis
Pervenchères
D7
Courcerault
Rémalard
l'Espérance
D931
Eperrais
Régional
Dorceau
la Mare Deffaux
Bellavilliers
le Haut Chêne
Bellou-sur-Huisne
264
St-Ouen-de-la-Cour
Colonard-Corubert
Huisne
Château de Morthimer
Font. Romaine
Courthioust
la Garenne
St-Germain-des-Grois
Montgaudry
F. de Bellême
D938
la Mariette
du Perche
Verrières
Villeray
D920
Manoir de Courboyer
la Perrière
St-Martin-du-Vieux-Bellême
St-Jean-de-la-Forêt
les Alleux
les Haies
Ormes
les Batailles
Origny-le-Butin
Sérigny
Nocé
D11
le Gué-de-la-Chaîne
Bellême
D955
Manoir de Lormarin
Manoir du Plessis
Dancé
Suré
Chemilli
Damé

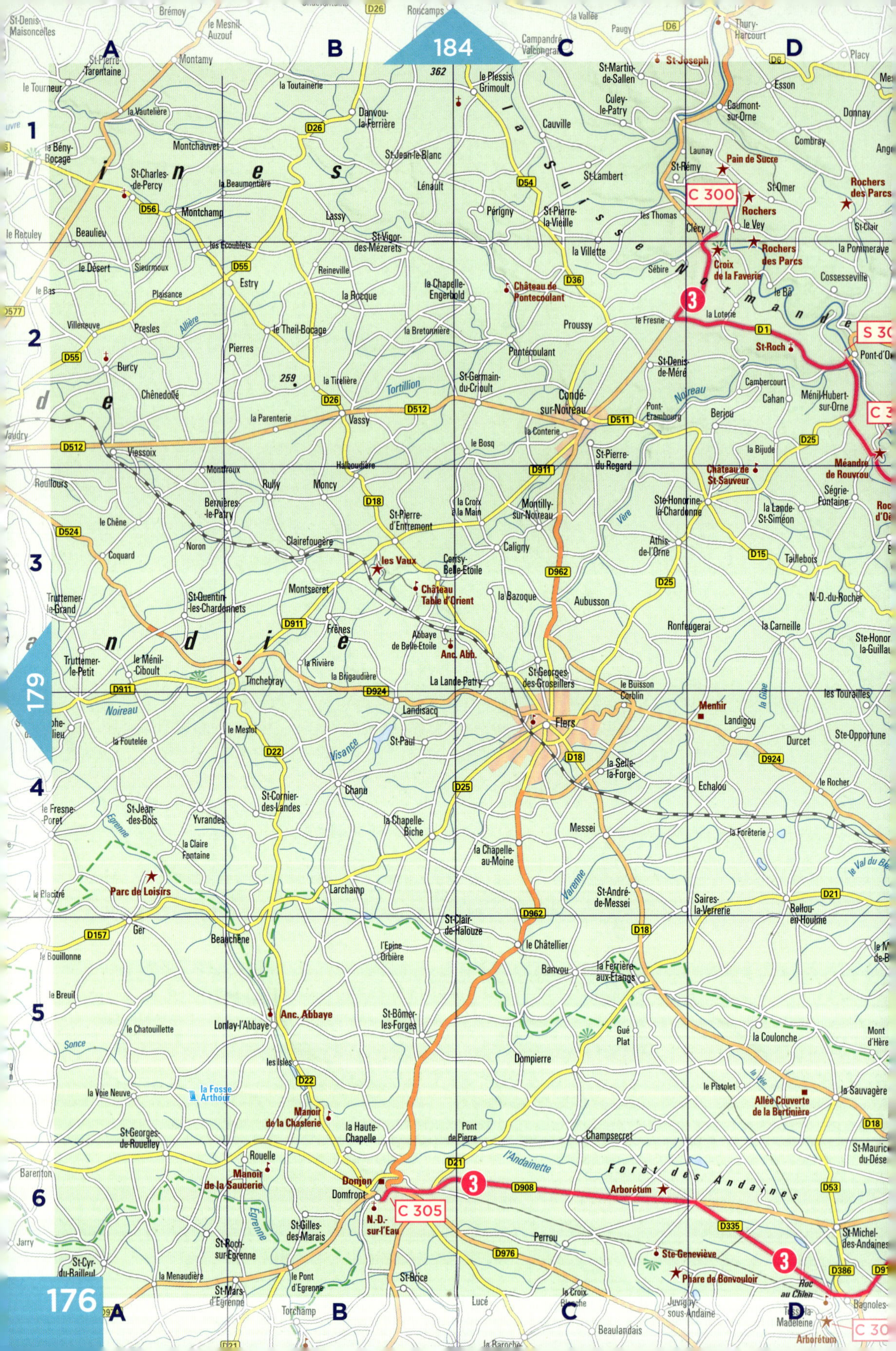

184
179
A
B
C
D
1
2
3
4
5
6
St-Pierre-Tarentaine
le Tourneur
la Vautelière
la Bény-Bocage
St-Charles-de-Percy
Montchamp
Montchauvet
la Beaumontière
la Toutainerie
Danvou-la-Ferrière
St-Jean-le-Blanc
Lénault
le Plessis-Grimoult
Cauville
St-Martin-de-Sallen
Culey-le-Patry
St-Joseph
Thury-Harcourt
Esson
Caumont-sur-Orne
Donnay
Combray
Launay
St-Rémy
Pain de Sucre
St-Omer
Rochers des Parcs
C 300
Rochers
le Vey
Clécy
St-Clair
la Pommeraye
Croix de la Faverie
Cossesseville
le Bô
la Loterie
St-Roch
Pont-d'Ouilly
S 30
St-Lambert
Périgny
St-Pierre-la-Vieille
les Thomas
la Villette
Sébire
Beaulieu
le Désert
Sieurmoux
les Écoublets
Estry
Lassy
St-Vigor-des-Mézerets
Reineville
la Rocque
la Chapelle-Engerbold
Château de Pontécoulant
Proussy
le Fresne
la Bretonnière
Pontécoulant
Plaisance
Villeneuve
Presles
le Theil-Bocage
Burcy
Pierres
Chênedollé
la Tirelière
St-Germain-du-Crioult
Condé-sur-Noireau
St-Denis-de-Méré
Cambercourt
Cahan
Ménil-Hubert-sur-Orne
Pont-Erambourg
Berjou
la Parenterie
Vassy
la Conterie
le Bosq
Viessoix
St-Pierre-du-Regard
la Bijude
Méandre de Rouvrou
Château de St-Sauveur
Montfroux
Rully
Moncy
Halboudière
Roullours
le Chêne
Bernières-le-Patry
la Croix à la Main
Montilly-sur-Noireau
Ste-Honorine-la-Chardonne
la Lande-St-Siméon
Ségrie-Fontaine
St-Pierre-d'Entremont
Coquard
Noron
Clairefougère
les Vaux
Cerisy-Belle-Étoile
Caligny
Athis-de-l'Orne
Taillebois
Château Table d'Orient
la Bazoque
Aubusson
N.-D.-du-Rocher
Truttemer-le-Grand
St-Quentin-les-Chardonnets
Montsecret
Frênes
Ronfeugerai
la Carneille
Abbaye de Belle-Étoile
Anc. Abb.
Truttemer-le-Petit
le Ménil-Ciboult
Tinchebray
la Rivière
la Brigaudière
La Lande-Patry
St-Georges-des-Groseillers
le Buisson Corbin
les Tourailles
Menhir
Landigou
Landisacq
Flers
Noireau
la Foutelée
le Mesnil
St-Paul
la Selle-la-Forge
Durcet
Ste-Opportune
Visance
Chanu
Echalou
le Rocher
le Fresne-Poret
St-Jean-des-Bois
Yvrandes
St-Cornier-des-Landes
la Chapelle-Biche
Messei
la Forêterie
la Claire Fontaine
la Chapelle-au-Moine
Parc de Loisirs
le Placitré
Larchamp
St-André-de-Messei
Saires-la-Verrerie
Bellou-en-Houlme
Ger
Beauchêne
St-Clair-de-Halouze
l'Épine Orbière
le Châtellier
Banvou
la Ferrière-aux-Étangs
le Bouillonné
le Breuil
Anc. Abbaye
Lonlay-l'Abbaye
St-Bômer-les-Forges
Gué Plat
la Coulonche
le Chatouillette
Sonce
les Isles
Dompierre
la Fosse Arthour
la Voie Neuve
le Pistolet
Allée Couverte de la Bertinière
la Sauvagère
Manoir de la Chaslerie
la Haute-Chapelle
Pont de Pierre
Champsecret
St-Georges-de-Rouelley
Rouelle
Manoir de la Saucerie
Barenton
Donjon
Domfront
l'Andainette
Forêt des Andaines
Arboretum
N.-D.-sur-l'Eau
C 305
St-Gilles-des-Marais
Perrou
St-Roch-sur-Egrenne
Egrenne
Ste-Geneviève
Phare de Bonvouloir
St-Michel-des-Andaines
Jarry
St-Cyr-du-Bailleul
la Menaudière
le Pont d'Egrenne
St-Mars-d'Egrenne
St-Brice
Torchamp
Lucé
la Croix Blanche
Juvigny-sous-Andaine
Roc au Chien
Tessé-la-Madeleine
Bagnoles-de-l'Orne
Arboretum
Beaulandais
C 30

185
174
E
F
G
H
1
2
3
4
5
6
C 203
C 303
C 202
Falaise
Château de la Fresnaye
Argentan
Château des Ducs
la Ferté-Macé
Carrouges
Mais. du Parc
Menhirs des Longrais
la Brèche du Diable
Arborétum
Menhir
Château de la Tour
Rés. Nat. du Coteau du Mesnil-Soleil
Anc. Abb. de St-André en Gouffern
Manoir de la Davoiserie
Camp Celtique
le Vaudobin
Château de Rabodanges
Moulin
Gorges de St-Aubert
Forêt de Gouffern
Manoir de Pommereux
Château d'Avoine
Château de Sassy
Château d'Ô
Prieuré de N.-D. du Repos
Cité Archéologique
Forêt de Petite Gouffern
Potigny
Bons-Tassilly
Soulangy
St-Pierre-Canivet
Aubigny
Versainville
Eraines
Damblainville
Jort
Bernières-d'Ailly
Vicques
Courcy
Louvagny
Barou-en-Auge
Morteaux-Coulibœuf
Norrey-en-Auge
Vaudeloges
Ammeville
Abbeville
Les Moutiers-en-Auge
le Marais-la-Chapelle
Louvières-en-Auge
Montreuil-la-Cambe
Fontaine-les-Bassets
Trun
Crocy
Ommoy
Merri
Guêprei
Coulonces
Tournai-sur-Dive
Villedieu-lès-Bailleul
Bailleul
Aubry-en-Exmes
Sévigny
Crennes
Urou-et-Crennes
Sai
Aunou-le-Faucon
Juvigny-sur-Orne
Sarceaux
Tercey
St-Loyer-des-champs
Boissei-la-Lande
Médavy
Marcei
St-Christophe-le-Jajolet
Montrée
Méheran
Montmerrei
le Cerceuil
St-Hilaire-la-Gérard
la Ferrière-Béchet
Tanville
le Signal d'Écouves 413
Ussy
Villers-Canivet
Leffard
Tréprel
Pierrepont
Martigny-sur-l'Ante
Noron-l'Abbaye
St-Martin-de-Mieux
St-Pierre-du-Bû
Cordey
Fourneaux-le-Val
Rapilly
Ménil-Vin
les Isles-Bardel
Ménil-Hermei
Bazoches-au-Houlme
Neuvy-au-Houlme
Rouffigny
Rônai
Nécy
Brieux
Fourches
Pertheville-Ners (les Monceaux)
la Hoguette
St-Clair
Fresné-la-Mère
Beaumais
Villy-lez-Falaise
Épaney
Perrières
Maison Rouge
Montabard
Villers
Ri
Commeaux
Occagnes
Sentilly
Moulins-sur-Orne
Montgaroult
Goulet
Sérans
Écouché
Batilly
Habloville
Champcerie
Rabodanges
la Forêt-Auvray
St-Aubert-sur-Orne
Ste-Croix-sur-Orne
Putanges-Pont-Écrepin
Giel-Courteilles
Ménil-Jean
Ménil-Gondouin
Chênedouit
la Fresnaye-au-Sauvage
St-André-de-Briouze
St-Hilaire-de-Briouze
les Yveteaux
la Lande-de-Lougé
Lougé-sur-Maire
St-Ouen-sur-Maire
Sevrai
Joué-du-Plain
Loucé
Tanques
Fleuré
Vrigny
Avoine
Bouce
Vieux Pont
St-Brice-sous-Rânes
Montreuil-au-Houlme
Faverolles
Lignou
Lonlay-le-Tesson
le Grais
St-Georges-d'Annebecq
Rânes
St-Marie-la-Robert
St-Martin-l'Aiguillon
la Chaux
le Champ-de-la-Pierre
Beauvain
Joué-du-Bois
la Motte-Fouget
Magny-le-Désert
le Ménil-Scelleur
Ste-Marguerite-de-Carrouges
Ste-Sauveur-de-Carrouges
la Lande-de-Goult
Chahains
Francheville
la Bellière
La Perdrière
Sai

180

A
B
C
D
1
2
3
4
5
6
Hyenville
Montmartin-sur-Mer
Contrières
St-Denis-le-Vêtu
Hérenguerville
Hauteville-sur-Mer
Annoville
Quettreville-sur-Sienne
Trelly
Sienne
D20
Lingreville
le Mesnil-Aubert
Bourg-Sey
la Planche Guillemette
Muneville-sur-Mer
Lengronne
D7
Bricqueville-sur-Mer
Cerences
D13
la Croix-au-Gros
St-Martin
Bréhal
Chanteloup
le Castillon
la Vanlée
la Violette
Ver
D7
Îles Chausey
Coudeville-sur-Mer
D971
le Loreur
Bréville-sur-Mer
Hudimesnil
le Mesnil-Rogues
C 410
D971E
Longueville
Anctoville-sur-Boscq
Anctoville-sur-Boscq
la Meurdraquière
Granville
Yquelon
St-Sauveur-la-Pommeraye
Équilly
Pointe du Roc
D924
S 409
la Maison Brûlée
D971
Malicorne
S 408
St-Planchers
St-Jean-des-Champs
Folligny
St-Pair-sur-Mer
St-Aubin-des-Préaux
Hocquigny
St-Ursin
Kairon-Plage
D973
la Rochelle-Normande
Anc. Abb. de la Lucerne
la Haye-Pesnel
C 407
D911
Thar
la Lucerne-d'Outremer
Champcervon
Bouillon
Jullouville
le Bourgeais
Edenville
la Rochelle-Normande
St-Michel-des-Loups
les Chambres
S 406
Angey
Sartilly
Carolles
Pointe de Champeaux
Cabane Vauban
Champeaux
Montviron
Sublingy
St-Jean-le-Thomas
le Tilleul
Lolif
Pointe de Champeaux
Ronthon
S 405
D911
Champcey
Dragey-Ronthon
D973
Bacilly
Château de Brion
Marcey-les-Grèves
la Chaîne
C 404
Genêts
D911
Bec d'Andaine
Anc. Prieuré de St-Léonard
S 403
Baie du Mont-St-Michel
la Chaussée
St-Léonard
le Val-St-Père
Pointe du Grouin du Sud
le Gué de l'Épine
Abbaye du Mont-Saint-Michel
le Mont-St-Michel
Bas-Courtils
Céaux
Pontaubault
Pont Passerelle du Mont Saint-Michel
D75
D75
D976
Courtils
D43
Hirel
Le Vivier-sur-Mer
Cherrueix
D275
Ossuaire Allemand
C 400
Meigne
le Lac
Palluel
la Rive
N175
D797
S 402
Ardevon
Huisnes-sur-Mer
Précey
D155
Roz-sur-Couesnon
Beauvoir
Servon
les Gasniers
la Banche
St-Marcan
D40
St-Broladre
D797
Tanis
Couesnon
S 401
les Pas
Crollon
Mont-Dol
St-Georges-de-Gréhaigne
Moidrey
Brée
E401
N176
D976
E401
Vergoncey
Mont-Rouault
Pontorson
Curey
Macey
Baguer-Pican
Dol-de-Bretagne
Sains
D90
Vills
D30

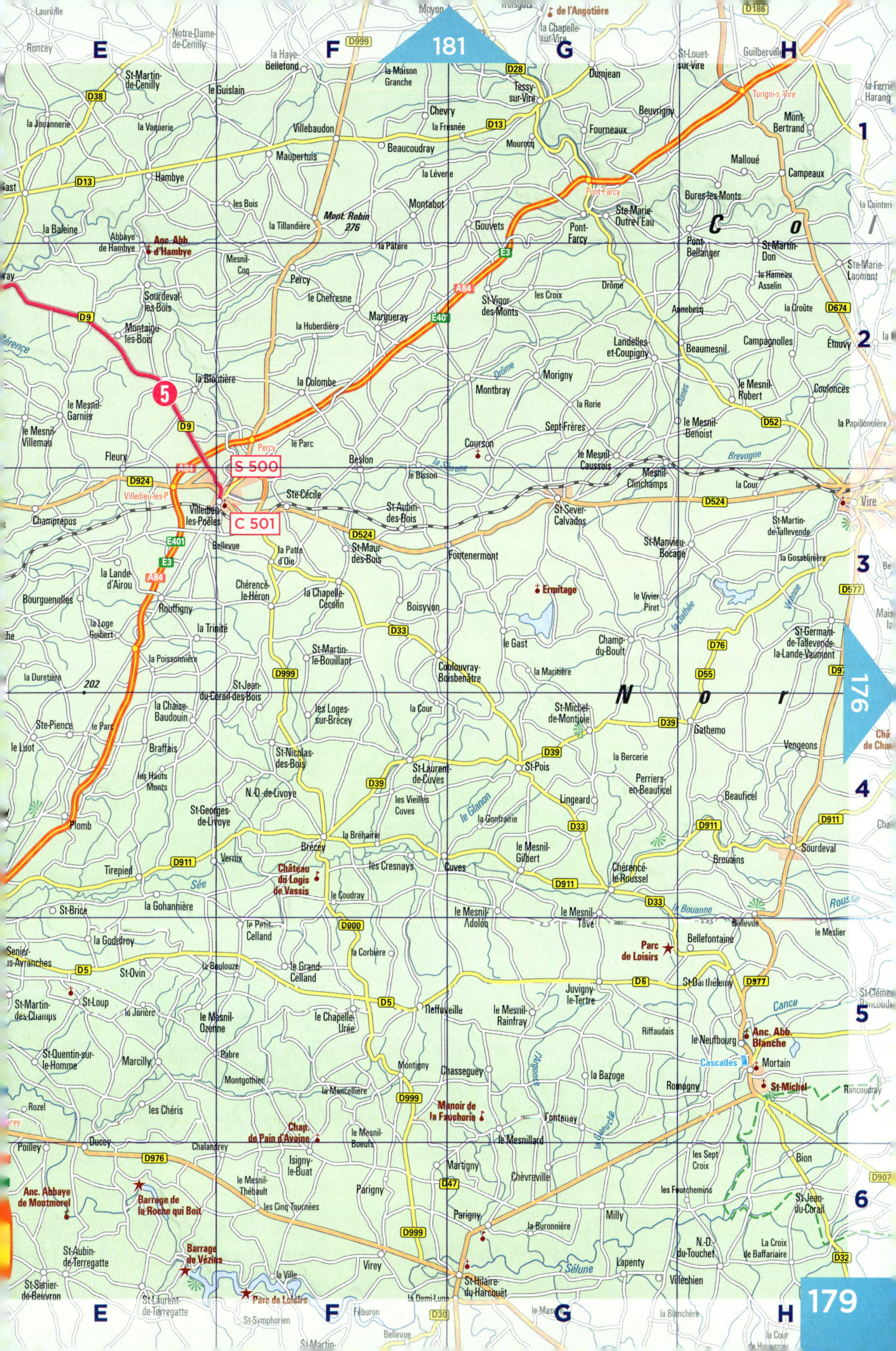
181
176
E
F
G
H
1
2
3
4
5
6
Notre-Dame-de-Cenilly
Roncey
la Haye-Bellefond
Moyon
de l'Angotière
la Chapelle-sur-Vire
St-Louet-sur-Vire
Guilberville
St-Martin-de-Cenilly
le Guislain
la Maison Granche
Tessy-sur-Vire
Domjean
Torigni-s.-Vire
la Ferrière-Harang
la Jouannerie
la Vaquerie
Villebaudon
Chevry
la Fresnée
Fourneaux
Beuvrigny
Mont-Bertrand
Maupertuis
Beaucoudray
Mouroq
Malloué
Campeaux
Hambye
la Lévérie
Pont-Farcy
Bures-les-Monts
les Buis
Montabot
Ste-Marie-Outre-l'Eau
la Baleine
la Tillandière
Mont Robin 276
Gouvets
Pont-Farcy
C o
Abbaye de Hambye
Anc. Abb. d'Hambye
la Patière
Pont-Bellanger
St-Martin-Don
Ste-Marie-Laumont
Mesnil-Coq
Percy
le Hameau Asselin
Sourdeval-les-Bois
le Chefresne
St-Vigor-des-Monts
les Croix
Drôme
Montaigu-les-Bois
la Huberdière
Margueray
Annebecq
la Croûte
Landelles-et-Coupigny
Beaumesnil
Campagnolles
Étouvy
la Bloutière
la Colombe
Montbray
Morigny
le Mesnil-Robert
Coulonces
le Mesnil-Garnier
la Rorie
Sept-Frères
le Mesnil-Benoist
la Papillonnière
le Mesnil-Villeman
le Parc
Courson
Fleury
Beslon
le Mesnil-Caussois
Mesnil-Clinchamps
Brevogne
la Sienne
S 500
C 501
Villedieu-les-P.
Villedieu-les-Poêles
Ste-Cécile
le Bisson
la Cour
Vire
Champrépus
St-Aubin-des-Bois
St-Sever-Calvados
St-Martin-de-Tallevende
Bellevue
la Patte d'Oie
St-Maur-des-Bois
Fontenermont
St-Manvieu-Bocage
la Gosselinière
la Lande-d'Airou
Chérencé-le-Héron
la Chapelle-Cécelin
Ermitage
Bourguenolles
Rouffigny
Boisyvon
le Vivier Piret
la Loge Guibert
la Trinité
le Gast
Champ-du-Boult
St-Germain-de-Tallevende-la-Lande-Vaumont
St-Martin-le-Bouillant
la Poissonnière
Coulouvray-Boisbenâtre
la Maritière
la Duretière
202
St-Jean-du-Corail-des-Bois
N o r
la Chaise-Baudouin
les Loges-sur-Brécey
la Cour
St-Michel-de-Montjoie
Gathemo
Ste-Pience
le Parc
Braffais
la Berçerie
Vengeons
le Luot
St-Nicolas-des-Bois
St-Laurent-de-Cuves
St-Pois
Perriers-en-Beauficel
les Hauts Monts
N.-D.-de-Livoye
les Vieilles Cuves
Lingeard
Beauficel
St-Georges-de-Livoye
le Glanon
la Gonfrairie
Plomb
la Bréhallière
le Mesnil-Gilbert
Sourdeval
Brécey
Brouains
Vernix
les Cresnays
Cuves
Tirepied
Château du Logis de Vassis
Chérencé-le-Roussel
Sée
le Coudray
la Gohannière
le Mesnil-Adelée
le Mesnil-Tôve
la Bouanne
Bellevue
St-Brice
le Petit-Celland
Rousse
le Meslier
Parc de Loisirs
Bellefontaine
la Godefroy
la Corbière
Senier-s.-Avranches
St-Ovin
la Boulouze
le Grand-Celland
Juvigny-le-Tertre
St-Barthélemy
St-Loup
Cance
St-Martin-des-Champs
la Juerie
le Mesnil-Ozenne
la Chapelle-Urée
Reffuveille
le Mesnil-Rainfray
Riffaudais
Anc. Abb. Blanche
le Neufbourg
St-Quentin-sur-le-Homme
Marcilly
Fabre
Montigny
l'Argonce
Cascades
Mortain
Chasseguey
la Bazoge
Montgothier
la Mancellière
Romagny
St-Michel
Rancoudray
Rozel
les Chéris
Manoir de la Fauchorie
Fontenay
la Gueuvre
Chap. de Pain d'Avaine
le Mesnil-Boeufs
le Mesnillard
Poilley
Ducey
Chalandrey
Bion
Isigny-le-Buat
les Sept Croix
Martigny
Anc. Abbaye de Montmorel
Barrage de la Roche qui Boit
le Mesnil-Thébault
Chèvreville
les Fourchemins
Parigny
St-Jean-du-Corail
les Cinq Tournées
Parigny
Milly
la Buronnière
St-Aubin-de-Terregatte
Barrage de Vezins
N.-D.-du-Touchet
la Croix de Baffairaire
Virey
Sélune
Lapenty
St-Senier-de-Beuvron
la Ville
St-Hilaire-du-Harcouët
Villechien
St-Laurent-de-Terregatte
Parc de Loisirs
la Demi-Lune
Féburon
le Mas
la Blanchère
St-Symphorien
Bellevue
la Cour
D999
D28
D13
D38
D9
A84
E3
E401
D924
D524
D674
D52
D33
D999
D39
D577
D76
D55
D911
D33
D000
D5
D6
D977
D976
D47
D999
D907
D32
D30

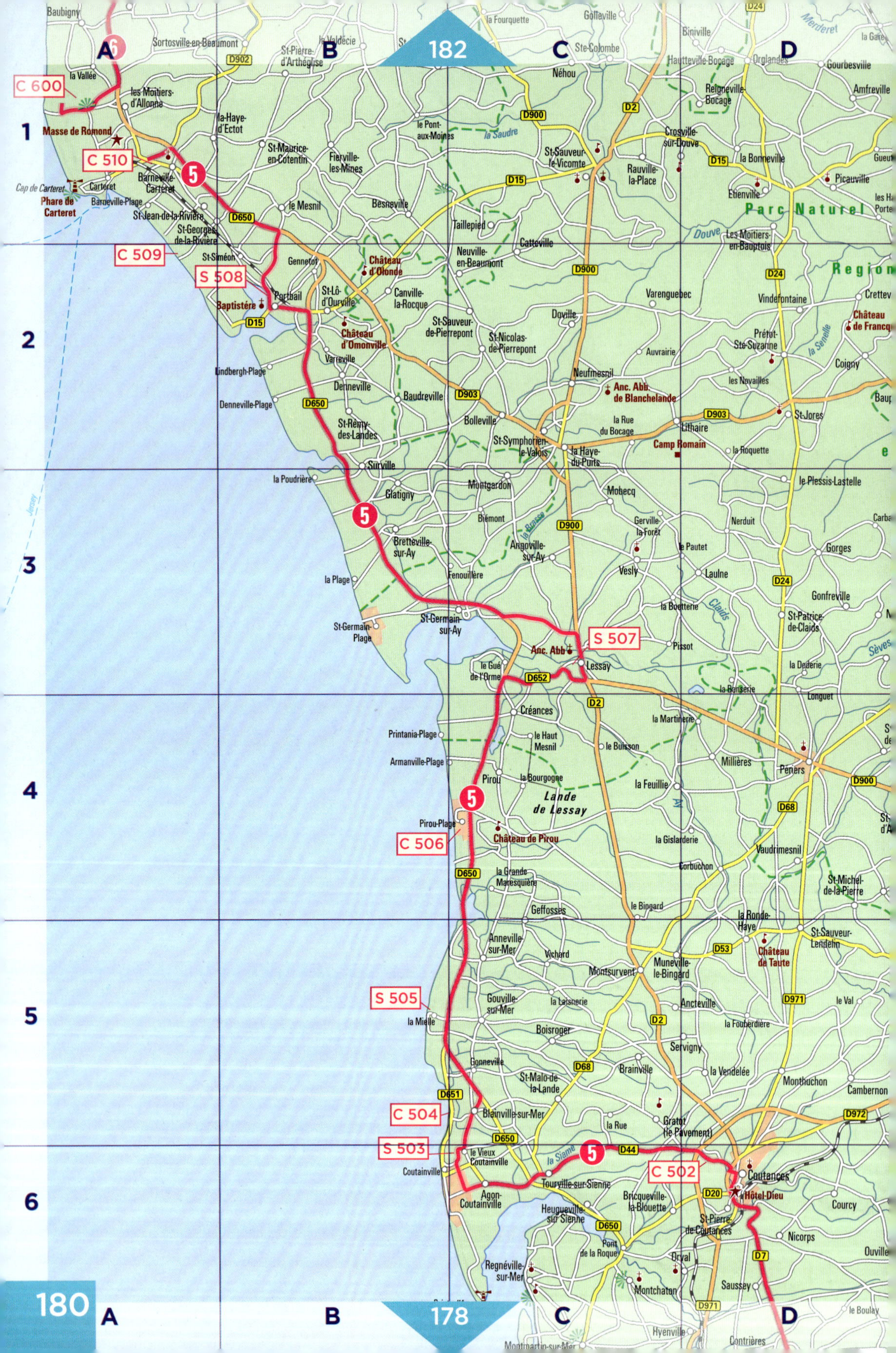
182
178
A
B
C
D
1
2
3
4
5
6
C 600
C 510
C 509
S 508
S 507
C 506
S 505
C 504
S 503
C 502
Masse de Romond
Cap de Carteret
Phare de Carteret
Barneville-Carteret
Château d'Olonde
Baptistère
Portbail
Château d'Omonville
Anc. Abb. de Blanchelande
Camp Romain
Anc. Abb.
Lessay
Lande de Lessay
Château de Pirou
Château de Taute
Coutances
Hôtel-Dieu
Parc Naturel
St-Sauveur-le-Vicomte
St-Germain-sur-Ay
Créances
Pirou
Agon-Coutainville
Périers
la Saudre
Douve
la Sienne
D900
D650
D15
D2
D24
D903
D652
D651
D44
D20
D7
D971
D972
D68
D53

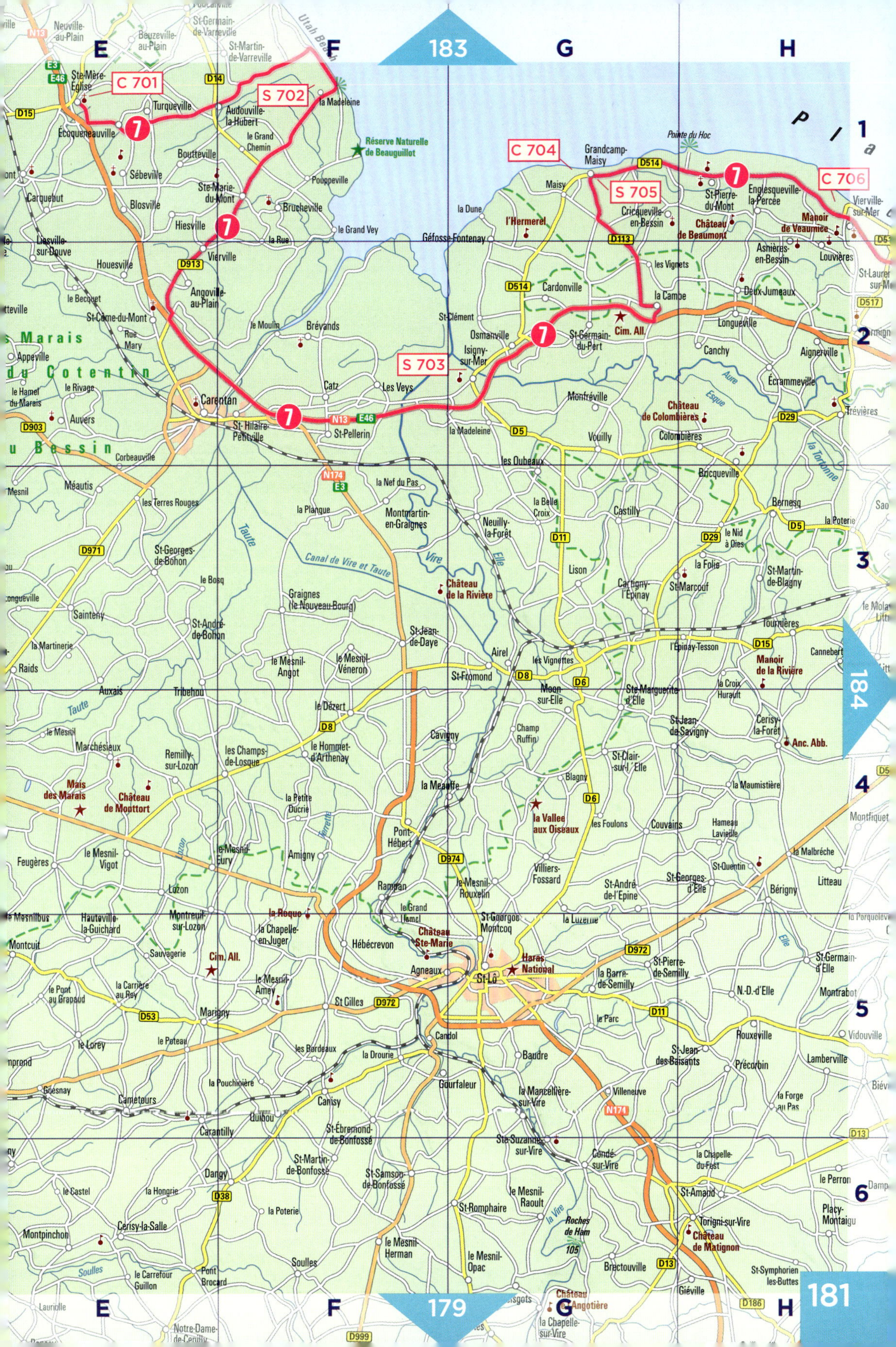

183
179
184
E
F
G
H
1
2
3
4
5
6
C 701
S 702
C 704
S 705
C 706
S 703
7
Ste-Mère-Eglise
Turqueville
Écoquenéauville
Audouville-la-Hubert
la Madeleine
Réserve Naturelle de Beauguillot
le Grand Chemin
Boutteville
Sébeville
Pouppeville
Carquebut
Blosville
Ste-Marie-du-Mont
Brucheville
Hiesville
le Grand Vey
la Rue
Liesville-sur-Douve
Houesville
Vierville
Angoville-au-Plain
le Becquet
St-Côme-du-Mont
Rue Mary
le Moulin
Brévands
Marais du Cotentin
Appeville
le Rivage
le Hamel du Marais
Auvers
Carentan
Catz
Les Veys
St-Hilaire-Petitville
St-Pellerin
Bessin
Corbeauville
Méautis
Mesnil
les Terres Rouges
la Planque
la Nef du Pas
Montmartin-en-Graignes
St-Georges-de-Bohon
Taute
Canal de Vire et Taute
Vire
le Bosq
Graignes (le Nouveau Bourg)
Sainteny
St-André-de-Bohon
la Martinerie
Raids
le Mesnil-Angot
le Mesnil-Véneron
St-Jean-de-Daye
Auxais
Tribehou
le Désert
le Mesnil
Marchésieux
Remilly-sur-Lozon
les Champs-de-Losque
le Hommet-d'Arthenay
Marais des Marais
Château de Montfort
Feugères
le Mesnil-Vigot
la Petite Ducrie
le Mesnil-Eury
Amigny
Lozon
Hauteville-la-Guichard
Montreuil-sur-Lozon
la Roque
la Chapelle-en-Juger
Montcuit
Sauvagerie
Cim. All.
le Mesnil-Amey
le Pont au Grapaud
la Carrière au Roy
Marigny
St Gilles
le Lorey
le Poteau
les Bordeaux
la Pouchinière
Goesnay
Cametours
Quibou
Carantilly
Canisy
St-Ébremond-de-Bonfossé
St-Martin-de-Bonfossé
St-Samson-de-Bonfossé
Dangy
le Castel
la Hongrie
la Poterie
Montpinchon
Cerisy-la-Salle
Soulles
le Carrefour Guillon
Pont Brocard
Notre-Dame-de-Cenilly
Pointe du Hoc
Grandcamp-Maisy
Maisy
la Dune
l'Hermerel
Géfosse-Fontenay
St-Pierre-du-Mont
Englesqueville-la-Percée
Cricqueville-en-Bessin
Château de Beaumont
Manoir de Veaumice
Vierville-sur-Mer
Asnières-en-Bessin
Louvières
les Vignets
la Cambe
Cardonville
Deux-Jumeaux
St-Clément
Osmanville
Isigny-sur-Mer
St-Germain-du-Pert
Cim. All.
Longueville
Canchy
Aignerville
Écrammeville
Trévières
Monfréville
Château de Colombières
Colombières
la Madeleine
Vouilly
les Oubeaux
Bricqueville
Neuilly-la-Forêt
la Belle Croix
Castilly
Bernesq
la Poterie
le Nid à Dies
Lison
la Folie
Cartigny-l'Epinay
St-Marcouf
St-Martin-de-Blagny
Château de la Rivière
Tournières
Airel
les Vignettes
l'Epinay-Tesson
Manoir de la Rivière
St-Fromond
Moon-sur-Elle
Ste-Marguerite-d'Elle
la Croix Hurault
Cavigny
Champ Ruffin
St-Jean-de-Savigny
Cerisy-la-Forêt
Anc. Abb.
St-Clair-sur-l'Elle
la Meauffe
Blagny
la Maumistière
la Vallée aux Oiseaux
les Foulons
Couvains
Hameau Lavieille
Pont-Hébert
Villiers-Fossard
St-Quentin
la Malbrèche
le Mesnil-Rouxelin
St-André-de-l'Epine
St-Georges-d'Elle
Bérigny
Litteau
Rampan
le Grand Hamel
St-Georges-Montcocq
la Luzerne
Château Ste-Marie
Hébécrevon
Haras National
Agneaux
St-Lô
la Barre-de-Semilly
St-Pierre-de-Semilly
St-Germain-d'Elle
N.-D.-d'Elle
Montrabot
le Parc
Rouxeville
Vidouville
Candol
la Drourie
Baudre
St-Jean-des-Baisants
Précorbin
Lamberville
Gourfaleur
la Mancellière-sur-Vire
Villeneuve
la Forge au Pas
Ste-Suzanne-sur-Vire
Condé-sur-Vire
la Chapelle-du-Fest
le Perron
St-Amand
Placy-Montaigu
St-Romphaire
le Mesnil-Raoult
Torigni-sur-Vire
Château de Matignon
Roches de Ham
le Mesnil-Herman
le Mesnil-Opac
Brectouville
St-Symphorien-les-Buttes
Giéville
Château de l'Angotière
la Chapelle-sur-Vire
D15
D14
D913
D903
D971
D8
D53
D38
D999
D514
D113
D5
D11
D29
D6
D974
D972
D11
D13
D517
D186
N13
E46
N174
E3

Cap de la Hague
A
B
C
D
Goury
Auderville
St-Germain-des-Vaux
C 605
Omonville-la-Petite
Omonville-la-Rogue
Digulleville
Baie d'Ecalgrain
Jobourg
Usine de retraitement
Rocher du Castel-Vendon
Eculleville
Dannery
Landemer
Urville-Nacqueville
Gréville-Hague
Manoir de Dur-Ecu
Herqueville
Beaumont-Hague
Dom. de Nacqueville
Querqueville
le Petit Beaumont
Ruines Mégalithiques les Pouquelées
Branville-Hague
la Houlgate
Hainneville
Fort des Flamands
Bretteville
S 606
Anse de Vauville
Vauville
C 604
Tonneville
Equeurdreville-Hainneville
Abb. du Vœu
Cherbourg-Octeville
Tourlaville
Ste-Croix-Hague
Réserve Naturelle de la Mare de Vauville
Flottemanville-Hague
Octeville
Fort du Roule
Château de Tourlaville
Digosville
Nouainville
Calv. des Dunes
Biville
Acqueville
le Saussey
la Loge
la Glacerie
le Mesnil-au-Val
Manoir de Barville
le Pont des Sablons
Sideville
Martinvast
la Maison Bertrand
Pénitot
Vasteville
Teurthéville-Hague
Domaine de Beaurepaire
Croix de la Flague
C 603
Héauville
Hardinvast
le Poteau
Clairefontaine
la Croix Cosme
Baudretot
Tollevast
S 602
Siouville-Hague
Divette
Virandeville
les Landes
Delasse
Hameau au Comte
Dielette
St-Christophe-du-Foc
St-Martin-le-Gréard
les Planques
Nucléaire de Flamanville
la Petite Siouville
Manoir de la Grande Maison
Couville
Flamanville
le Bois
Tréauville
Sotteville
Hameau Fouquet
Brix
St-Joseph
Cap de Flamanville
Bricquebosq
Breuville
Douve
Lieu Jourdan
Houel
Benoîtville
la Caudière
Rauville-la-Bigot
Sottevast
Pont Rilly
les Pieux
la Belle Etoile
Bréval
Grosville
St-Martin-le-Hébert
la Cour
Gloire
la Brique
Anse de Sciotot
Rocheville
St-Germain-le-Gaillard
Abb. N.-D. de Grâce
la Luzerne du Bas
Négreville
Yvetot Bocage
le Rozel
Quettetot
Morville
Pointe du Rozel
Pierreville
Bricquebec
Croix-de-la-Chaire
le Poux
la Croix Morain
l'Etang-Bertrand
S 601
Surtainville
le Mesnil
le Vrétot
la Vente aux Saulniers
Village Ste-Anne
Colomby
Scye
les Perques
Manoir de Gonneville
Magneville
Sénoville
Baubigny
la Fourquette
Golleville
Sortosville-en-Beaumont
le Valdécie
St-Jacques-de-Néhou
St-Pierre-d'Arthéglise
Ste-Colombe
Néhou
la Vallée
C 600
les Moitiers-d'Allonne
la Haye-d'Ectot
le Pont-aux-Moines
la Saudre
Masse de Romond
St-Maurice-en-Cotentin
Fierville-les-Mines
St-Sauveur-le-Vicomte
Rauville-la-Place
C 510
Barneville-Carteret
Cap de Carteret
Carteret
Phare de Carteret
Barneville-Plage
le Mesnil
Besneville
St-Jean-de-la-Rivière
St-Georges-de-la-Rivière
Taillepied
Catteville
C 509
St-Siméon
Gennetot
Château d'Olonde
Neuville-en-Beaumont
S 508
Portbail
St-Lô-d'Ourville
Canville-la-Rocque
Baptistère
Château d'Omonville
St-Sauveur-de-Pierrepont
St-Nicolas-de-Pierrepont
Doville
Varenguebec
Varreville
Auvrairie
Lindbergh-Plage
Denneville
Baudreville
Neufmesnil
Anc. Abb. de Blanchelande
Bolleville
la Rue
D901
D37
D22
D650
D900
D23
D902
D15
D56
D2
D903
N13
E3
E46
1
2
3
4
5
6
180

E
F
G
H
1
2
3
4
5
6
Phare de Gatteville
Pointe de Barfleur
Cosqueville
Rétoville
Néville-sur-Mer
Fermanville
Menhirs
Gouberville
Gatteville-le-Phare
C 607
Varouville
Tocqueville
Barfleur
St-Pierre-Église
Carneville
Cltitourps
Ste-Geneviève
Montfarville
Landemer
la Rue
Théville
Canteloup
Valcanville
Gonneville
les Aunays
Brillevast
le Vicel
Anneville-en-Saire
Crasvillerie
Manoir de la Crasvillerie
les Écoles
le Vast
la Pernelle
Réville
Valognes
Saire
Hameau Néel
C 608
Pointe de Saire
le Theil
Bonhomme
le Tronquet
la Buhotterie
Quettehou
Île de Tatihou
le Doucet
Parc Animalier
Teurthéville-Bocage
St-Vaast-la-Hougue
C 609
Hameau-du-Bost
Piédechon
Morsalines
Fort de la Hougue
Saussemesnil
Montaigu-la-Brisette
la Coucourie
Videcosville
la Galiserie
Octeville-l'Avenel
Crasville
Sinope
St-Martin-d'Audouville
Aumeville-Lestre
St-Germain-de-Tournebut
Lestre
Huberville
Vaudreville
Quinéville
Ruines Romaines d'Alauna
Ozeville
St-Floxel
Château de Courcy
les Gougins
Iles St-Marcouf
Fort de St-Marcouf
Sortosville
St-Cyr
Montebourg
Fontenay-sur-Mer
Vaudiville
Danguevillle
Flottemanville
Éroudeville
St-Marcouf
C 700
Ravenoville-Plage
Joganville
Hémevez
Emondeville
Urville
Écausseville
Azeville
Ravenoville
la Selleraie
le Ham
Magneville
Cibrantot
Foucarville
Merderet
Fresville
Neuville-au-Plain
St-Germain-de-Varreville
Beuzeville-au-Plain
Utah Beach
la Gare
St-Martin-de-Varreville
Orglandes
Gourbesville
Ste-Mère-Église
C 701
Amfreville
S 702
Turqueville
Audouville-la-Hubert
la Madeleine
le Grand Chemin
Écoquenéauville
Réserve Naturelle de Beauguillot
C 704
Grandcamp-Maisy
la Bonneville
Gueutteville
Picauville
Chef-du-Pont
Sébeville
Boutteville
Pouppeville
Maisy
S 705
Étienville
Parc Naturel
les Hautes Portes
Carquebut
Blosville
Ste-Marie-du-Mont
Brucheville
la Dune
l'Hermerel
Cricqueville-en-Bessin
Hiesville
la Rue
le Grand Vey
Géfosse-Fontenay
Les Moitiers-en-Bauptois
Beuzeville-la-Bastille
Liesville-sur-Douve
Regional
Houesville
Vierville
Angoville-au-Plain
Cardonville
Vindefontaine
Cretteville
le Becquet
St-Côme-du-Mont
le Moulin
Brévands
St-Clément
Osmanville
St-Germain-du-Pert
Cim. All.
Château de Francquetot
Houtteville
des Marais
Rue Mary
Isigny-sur-Mer
Prétot-Ste-Suzanne
la Sèvelle
Coigny
Appeville
du Cotentin
S 703
les Novailles
Baupte
le Hamel du Marais
le Rivage
181
Catz
Les Veys
St-Jores
D116
D901
D26
D335
D902
D24
D1
D14
D42
D15
N13
E3
F46
D913
D514
D113
6
7

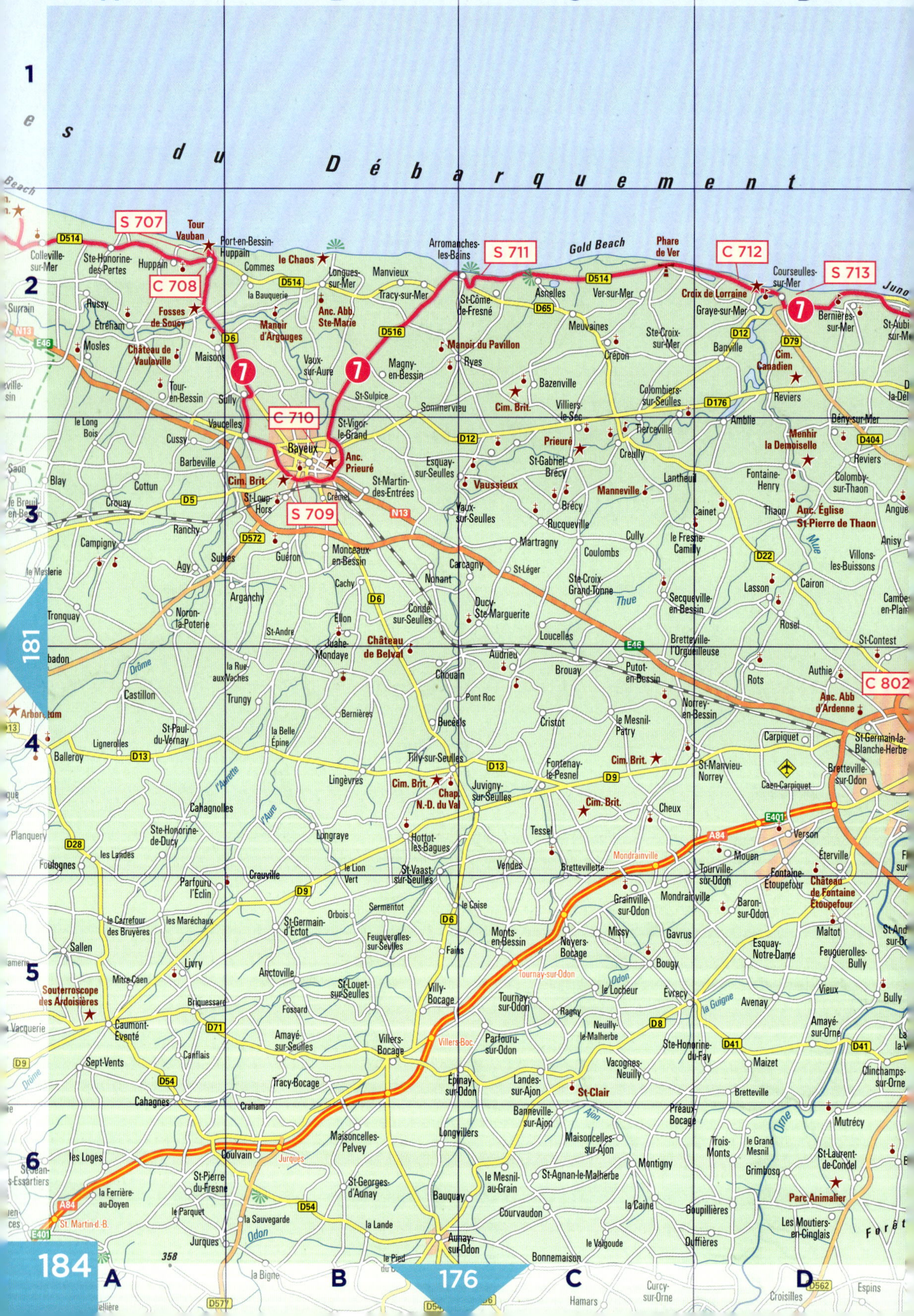
A
B
C
D
1
2
3
4
5
6
Plages du Débarquement
Gold Beach
Juno
S 707
S 711
C 712
S 713
C 708
C 710
S 709
C 802
7
Tour Vauban
Port-en-Bessin-Huppain
Colleville-sur-Mer
Ste-Honorine-des-Pertes
Huppain
le Chaos
Longues-sur-Mer
Manvieux
Arromanches-les-Bains
Phare de Ver
Courseulles-sur-Mer
Croix de Lorraine
Bernières-sur-Mer
St-Aubin-sur-Mer
Surrain
Russy
Etréham
Fosses de Soucy
Commes
la Bauquerie
Tracy-sur-Mer
St-Côme-de-Fresné
Asnelles
Ver-sur-Mer
Graye-sur-Mer
Mosles
Château de Vaulaville
Maisons
Manoir d'Argouges
Anc. Abb. Ste-Marie
Vaux-sur-Aure
Magny-en-Bessin
Manoir du Pavillon
Ryes
Meuvaines
Crépon
Ste-Croix-sur-Mer
Banville
Cim. Canadien
Tour-en-Bessin
Sully
St-Sulpice
Sommervieu
Bazenville
Cim. Brit.
Villiers-le-Sec
Colombiers-sur-Seulles
Reviers
Amblie
Bény-sur-Mer
le Long Bois
Cussy
Vaucelles
Bayeux
St-Vigor-le-Grand
Tierceville
Menhir la Demoiselle
Barbeville
Anc. Prieuré
Esquay-sur-Seulles
Prieuré
St-Gabriel-Brécy
Creully
Fontaine-Henry
Colomby-sur-Thaon
Blay
Cottun
Cim. Brit.
St-Martin-des-Entrées
Vaussieux
Manneville
Lantheuil
Thaon
Anc. Église St-Pierre de Thaon
Crouay
St-Loup-Hors
Vaux-sur-Seulles
Brécy
Rucqueville
Cainet
Ranchy
Campigny
Agy
Subles
Monceaux-en-Bessin
Martragny
Coulombs
Cully
le Fresne-Camilly
Villons-les-Buissons
Anisy
Guéron
Carcagny
Nonant
St-Léger
Ste-Croix-Grand-Tonne
Lasson
Cairon
Tronquay
Noron-la-Poterie
Arganchy
Cachy
Ducy-Ste-Marguerite
Thue
Secqueville-en-Bessin
Rosel
Cambes-en-Plaine
St-Andre
Ellon
Conde-sur-Seulles
Loucelles
Bretteville-l'Orgueilleuse
St-Contest
Juaye-Mondaye
Château de Belval
Audrieu
Brouay
Putot-en-Bessin
Rots
Authie
Drôme
la Rue-aux-Vaches
Chouain
Anc. Abb. d'Ardenne
Castillon
Trungy
Pont Roc
Norrey-en-Bessin
Arboretum
St-Paul-du-Vernay
la Belle Épine
Bernières
Bucéels
Cristot
le Mesnil-Patry
Carpiquet
St-Germain-la-Blanche-Herbe
Balleroy
Lignerolles
Tilly-sur-Seulles
Fontenay-le-Pesnel
Cim. Brit.
St-Manvieu-Norrey
Bretteville-sur-Odon
Caen-Carpiquet
Lingèvres
Cim. Brit.
Chap. N.-D. du Val
Juvigny-sur-Seulles
Cim. Brit.
Cheux
Cahagnolles
l'Aure
Ste-Honorine-de-Ducy
Longraye
Hottot-les-Bagues
Tessel
Verson
Éterville
Mouen
Planquery
les Landes
le Lion Vert
St-Vaast-sur-Seulles
Vendes
Brettevillette
Mondrainville
Tourville-sur-Odon
Fontaine-Étoupefour
Château de Fontaine-Étoupefour
Foulognes
Parfouru-l'Éclin
Crauville
Sermentot
le Caisse
Grainville-sur-Odon
Mondrainville
Baron-sur-Odon
Maltot
le Carrefour des Bruyères
les Maréchaux
Orbois
St-Germain-d'Ectot
Feuguerolles-sur-Seulles
Monts-en-Bessin
Noyers-Bocage
Missy
Gavrus
Esquay-Notre-Dame
Feuguerolles-Bully
Sallen
Livry
Anctoville
Fains
Bougy
Vieux
Souterroscope des Ardoisières
Mitre-Caen
St-Louet-sur-Seulles
Villy-Bocage
Tournay-sur-Odon
Odon
le Locheur
Évrecy
la Guigne
Avenay
Bully
Briquessard
Fossard
Tourney-sur-Odon
Ragny
Neuilly-le-Malherbe
Amayé-sur-Orne
Vacquerie
Caumont-l'Éventé
Amayé-sur-Seulles
Villers-Bocage
Villers-Boc.
Parfouru-sur-Odon
Ste-Honorine-du-Fay
Maizet
Canflais
Sept-Vents
Tracy-Bocage
Épinay-sur-Odon
Landes-sur-Ajon
St-Clair
Vacognes-Neuilly
Bretteville
Clinchamps-sur-Orne
Cahagnes
Créham
Banneville-sur-Ajon
Ajon
Préaux-Bocage
Mutrécy
Maisoncelles-Pelvey
Longvillers
Maisoncelles-sur-Ajon
Trois-Monts
le Grand Mesnil
Orne
St-Laurent-de-Condel
les Loges
Coulvain
Jurques
St-Georges-d'Aunay
Montigny
Grimbosq
St-Jean-des-Essartiers
St-Pierre-du-Fresne
le Mesnil-au-Grain
St-Agnan-le-Malherbe
Parc Animalier
la Ferrière-au-Doyen
Bauquay
la Caine
Goupillières
le Parquet
la Sauvegarde
la Lande
Courvaudon
les Moutiers-en-Cinglais
St-Martin-d.-B.
Jurques
Odon
Aunay-sur-Odon
le Valgoude
Ouffières
Forêt
358
Bonnemaison
la Bigne
le Pied du Bois
Hamars
Curcy-sur-Orne
Croisilles
Espins
D514
D516
D6
D65
D12
D176
D79
D404
D5
D572
N13
E46
D22
D13
D9
D28
D6
D71
D54
D8
D41
D562
D577
A84
E401
181
176

E
F
G
H
1
2
3
4
5
6
Côte de Nacre
Portsmouth
C 900
S 714
C 800
S 801
S 806
S 803
186
177
Trouville-sur-Mer
Deauville
St-Laurent
Benerville-sur-Mer
Blonville-sur-Mer
Mont Canisy
112
Anc. Prieuré
St-Arnoult
Tourgéville
Villers-sur-Mer
Vauville
Manoir de Glatigny
Auberville
Houlgate
Cabourg
Merville-Franceville-Plage
le Home
Dives-sur-Mer
Gonneville-sur-Mer
St-Vaast-en-Auge
St-Pierre-Azif
Glanville
Heuland
Branville
Bourgeauville
Grangues
Douville-en-Auge
Danestal (le Bourg)
Annebault
Périers-en-Auge
Angerville
Cresseveuille
Brucourt
Varaville
Gonneville-en-Auge
Merville
Sallenelles
Amfreville
Château de Béneauville
Bréville
Petiville
Bavent
le Hom
Dives
Divette
Cabourg
Dozulé
St-Léger-Dubosq
la Forge à la Planche
Beaufour-Druval
Repentigny
Goustranville
Bricqueville
Clermont
St-Jouin
Pays d'Auge
Gerrots
Auvillars
Rumesnil
Léaupartie
Beuvron-en-Auge
Montreuil-en-Auge
Victot-Pontfol
Dorette
Manoir du Bais
Cambremer
Corbon
N.-D.-d'Estrées
St-Laurent-du-Mont
St-Aubin-sur-Algot
Vie
Méry-Corbon
Canteloup
l'Hermitage
Bassenneville
Bures-sur-Dives
Troarn
St-Samson
St-Pierre-du-Jonquet
St-Ouen-du-Mesnil-Oger
St-Pair
Janville
le Fresne
Argences
Moult
Croissanville
Bissières
Biéville-en-Auge
St-Loup-de-Fribois
Crèvecoeur-en-Auge
N.-D.-de-Livaye
Monteille
Biéville-Quétiéville
Magny-le-Freule
Château du Mont de la Vigne
le Mesnil-Mauger
Mézidon-Canon
Anc. Abb. Ste-Barbe
Manoir d'Ecajeul
Château de Grandchamp
Grandchamp le-Château
Ecajeul
Ste-Marie-aux-Anglais
les Authieux-Papion
Ouville-la-Bien-Tournée
Vieux-Pont
Thiéville
Bretteville-sur-Dives
Hiéville
Boissey
Castillon-en-Auge
St-Pierre-sur-Dives
Berville
Mittois
Carel
Ouézy
Cesny-aux-Vignes-Ouézy
Château de Canon
Canon
Airan
Valmeray
Bray-la-Campagne
Muance
Château du Mesnil d'O
Vieux-Fumé
Percy-en-Auge
Magny-la-Campagne
Menhir
Condé-sur-Ifs
Ernes
le Bû-sur-Rouvres
Rouvres
St-Sylvain
Fierville-Bray
Soignolles
Poussy-la-Campagne
Conteville
Billy
Beneauville
Vimont
Chicheboville
Bellengreville
Frénouville
Cagny
la Tannerie
Émiéville
Banneville-la-Campagne
Anc. Prieuré
Cim. Brit.
Sannerville
Touffréville
la Grande Bruyère
Roncheville
Escoville
Démouville
Giberville
Cuverville
Colombelles
Hérouvillette
Ranville
Cim. Brit.
Bénouville
Blainville-sur-Orne
Biéville-Beuville
Biéville-sur-Orne
Ouistreham
Riva Bella
Sword Beach
Colleville-Montgomery
St-Aubin-d'Arquenay
Hermanville-sur-Mer
Cim. Brit.
Lion-sur-Mer
Luc-sur-Mer
N.-D. de la Délivrande
Langrune-sur-Mer
Réserve Naturelle de la Falaise du Cap Romain
Cresserons
Plumetot
Périers-sur-le-Dan
Mathieu
Hérouville-St-Clair
Abb. aux Dames
Caen
Mondeville
Cormelles-le-Royal
Grentheville
Soliers
Hubert-Folie
Ifs
St-Martin-de-Fontenay
Bourguébus
le Bas du Val
Tilly-la-Campagne
Garcelles-Secqueville
Rocquancourt
May-sur-Orne
Fontenay-le-Marmion
St-Aignan-de-Cramesnil
Caillouet
Cim. Canadien
Cintheaux
Laize
Bretteville-sur-Laize
Manoir de Quilly
Gouvix
Château d'Outrelaise
Urville
Cim. Polonais
Cauvicourt
Bretteville-le-Rabet
Estrées-la-Campagne
Grainville-Langannerie
St-Germain-le-Vasson
Barbery
le Mesnil Touffray
Suisse Normande
D5
D513
D163
D27
D275
D45
D514
D35
D60
D515
D223
D513
D37
D226
D400
D224
D675
E46
A 13
D49
D16
D50
D613
D37
D41
D40
N158
D47
D16
D511
D4
8
7

A
B
C
D
1
2
3
4
5
6
Côte de Grâce
Honfleur
N.-D. de Grâce
Pennedepie
Vasouy
Criquebœuf
Barneville-la-Bertran
Équemauville
Gonneville-sur-Honfleur
La Rivière-St-Sauveur
Ablon
Équainville
Fatouville-Grestain
Jobles
St-Pierre-du-Val
Conteville
Foulbec
Beaucher
Marais-Vernier
Vernier
Ste-Opportune-la-Mare
St-Thurien
Bouquelon
St-Ouen-des-Champs
Fourmetot
St-Mards-de-Blacarville
St-Sulpice-de-Grimbouville
Manneville-la-Raoult
Boulleville
Croix
St-Maclou
Manneville-sur-Risle
Pont-Audemer
Le Mont-les-Mares
St-Germain-Village
Risle
Deauville-St-Gatien
Le Clos Joli
St-Gatien-des-Bois
Forêt de St-Gatien
Genneville
Fourneville
Le Theil-en-Auge
Beuzeville
Quetteville
Bonneville-sur-Touques
Englesqueville-en-Auge
Tourville-en-Auge
St-Benoît-d'Hébertot
St-André-d'Hébertot
Vieux-Bourg
Coudray-Rabut
Surville
St-Martin-aux-Chartrains
Le Torpt
Fort-Moville
Triqueville
Les Préaux
Tourville-sur-Pont-Audemer
Campigny
St-Symphorien
Vannecrocq
Martainville
La Lande-St-Léger
Selles
La Caurie
Pont-l'Évêque
St-Julien-sur-Calonne
St-Étienne-la-Thillaye
Reux
Château de Betteville
Manneville-la-Pipard
Le Mesnil-sur-Blangy
Bonneville-la-Louvet
Le Bois-Hellain
Épaignes
La Chapelle-Bayvel
St-Siméon
La Noë-Poulain
St-Martin-St-Firmin
St-Étienne-l'Allier
La Poterie-Mathieu
Drubec
St-Hymer
Prieuré
Pierrefitte-en-Auge
Clarbec
Blangy-le-Château
Fierville-les-Parcs
Château du Breuil
Château du Malou
Cormeilles
St-Sylvestre-de-Cormeilles
St-Pierre-de-Cormeilles
Bréards
La Chapelle
St-Jean-de-la-Léqueraye
Le Brévedent
Le Faulq
La Chaule
Morainville-Jouveaux
Lieurey
Jouveaux
Noards
St-Georges-du-Mesnil
Le Torquesne
Le Breuil-en-Auge
Le Pin
Coquainvilliers
Manoir de Malou
St-Philbert-des-Champs
Bailleul-la-Vallée
La Croix de Fer
Épreville-en-Lieuvin
Formentin
Manoir du Pontif
Manoir du Pavillon
Norolles
Moyaux
Asnières
Fresne-Cauverville
Heudreville-en-Lieuvin
Giverville
Manerbe
Château de Souttemont
Fauguernon
Le Favril
Ouilly-le-Vicomte
Rocques
Hermival-les-Vaux
Fumichon
St-Aubin-de-Scellon
Bazoques
Ouilly-du-Houley
Piencourt
Fontaine-la-Louvet
Paquine
Le Pré-d'Auge
Firfol
Les Places
Barville
Folleville
Le Theil-Nolent
Lisieux
St-Désir
Basilique
Manoir d'Aubichon
L'Hôtellerie
Duranville
Cim. Brit.
La Boissière
Marolles
Thiberville
Manoir du Lieu Binet
Courtonne-la-Meurdrac
Bournainville-Faverolles
Malouy
Courbépine
Beuvillers
Manoir de St-Hyppolite
Courtonne
Glos
La Buissonnière
St-Pierre-des-Ifs
La Corne
St-Martin-de-la-Lieue
Le Mesnil-Guillaume
Cordebugle
La Chapelle-Hareng
Drucourt
St-Vincent-du-Boulay
St-Martin-du-Tilleul
St-Denis-de-Mailloc
Le Planquay
Plainville
Le Mesnil-Eudes
St-Jean-de-Livet
St-Martin-de-Mailloc
St-Julien-de-Mailloc
Courtonne-les-Deux-Églises
Carsix-St-Nicolas
Prêtreville
St-Germain-de-Livet
La Thiboutière
La Chapelle-Yvon
La Villaie
St-Mards-de-Fresne
St-Victor-de-Chrétienville
Manoir de Caudemone
St-Pierre-de-Mailloc
Auquainville
La Villaie
Le Bosc l'Abbé
La Chapelle-Noiremare
St-Cyr-du-Ronceray
St-Martin-de-Bienfaite-la-Cressonnière
St-Germain-la-Campagne
Grand-Camp
Le Mesnil-Durand
Tordouet
Capelle-les-Grands
Le Mesnil-Germain
Fervaques
Orbiquet
Cheffreville-Tonnencourt
St-Maur
Orbec
La Vespière
St-Aubin-du-Thenney
La Croupte
Cernay
Ste-Marguerite-des-Loges
Manoir de la Cauvinière
Friardel
Broglie
Le Bosc Morel
Caorches-St-Nicolas
Fourmetot
C 902
S 901
C 804
S 805
A13
A29
A132
A28
E44
E46
E402
D675
D513
D579
D62
D810
D139
D834
D613
D519
D406
D534
D510
D48
D45
D145
D131
D438
D49

188
185
172

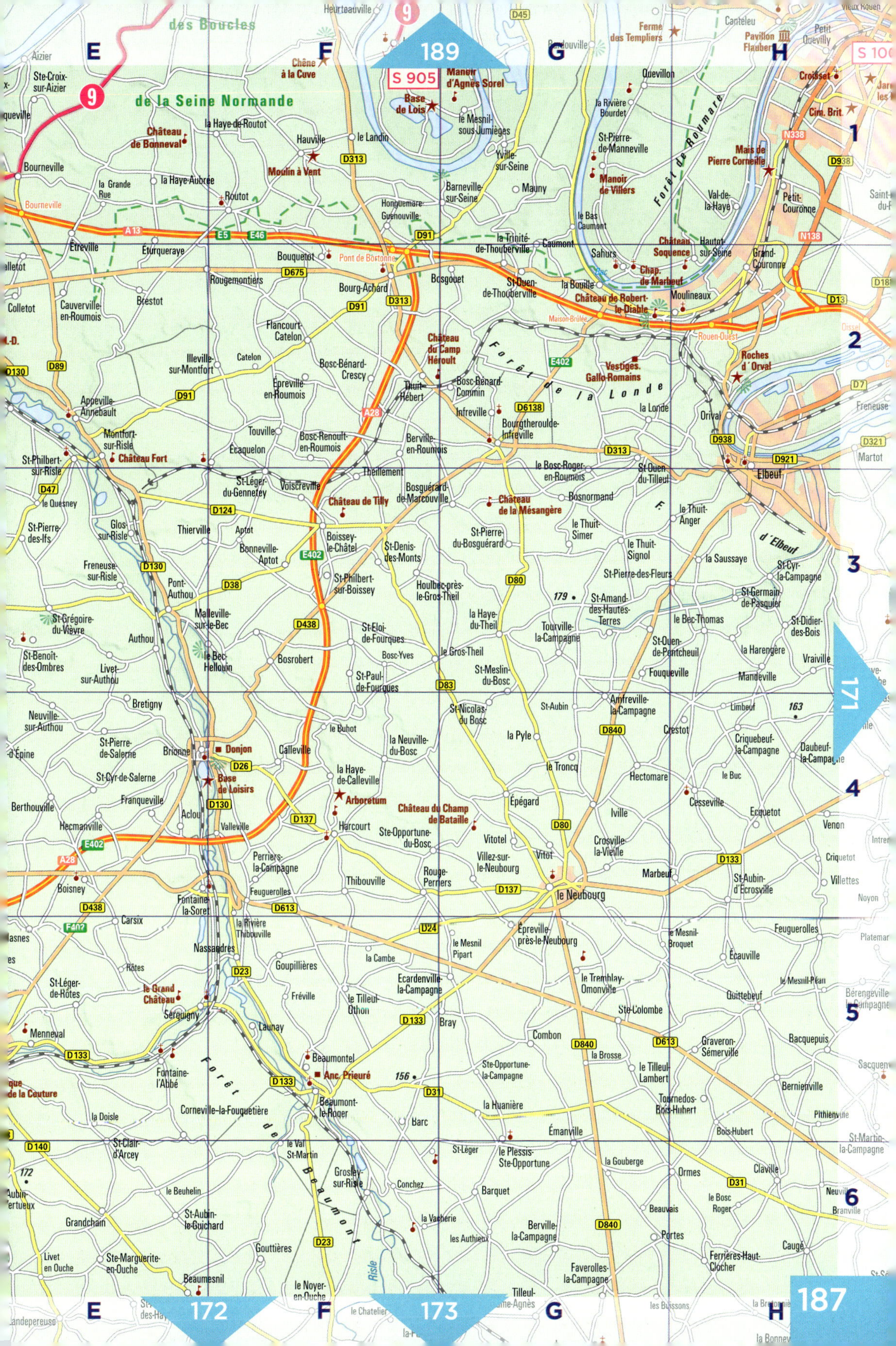
189
E
F
G
H
des Boucles
de la Seine Normande
S 905
Manoir d'Agnès Sorel
Base de Loisirs
Chêne à la Cuve
Heurteauville
Ferme des Templiers
Canteleu
Pavillon Flaubert
Petit Quevilly
Croisset
Cim. Brit.
Ste-Croix-sur-Aizier
Aizier
Château de Bonneval
la Haye-de-Routot
Hauville
le Landin
le Mesnil-sous-Jumièges
Yville-sur-Seine
Quevillon
la Rivière Bourdet
St-Pierre-de-Manneville
Manoir de Villers
Forêt de Roumare
Maison de Pierre Corneille
Val-de-la-Haye
Petit-Couronne
Bourneville
la Grande Rue
la Haye-Aubrée
Moulin à Vent
Routot
Honguemare-Guenouville
Barneville-sur-Seine
Mauny
le Bas Caumont
A13
E5
E46
Étreville
Éturqueraye
Bouquetot
Pont de Brotonne
la Trinité-de-Thouberville
Caumont
Sahurs
Château Soquence
Hautot-sur-Seine
Grand-Couronne
Rougemontiers
Bourg-Achard
Bosgouet
St-Ouen-de-Thouberville
la Bouille
Chap. du Marbeuf
Château de Robert-le-Diable
Moulineaux
Maison-Brûlée
Rouen-Ouest
Cauverville-en-Roumois
Brestot
Colletot
Flancourt-Catelon
Catelon
Illeville-sur-Montfort
Château du Camp Hérout
Forêt de la Londe
Vestiges Gallo-Romains
Roches d'Orval
Bosc-Bénard-Crescy
Épreville-en-Roumois
Thuit-Hébert
Bosc-Bénard-Commin
Infreville
Bourgtheroulde-Infreville
la Londe
Orival
Appeville-Annebault
Montfort-sur-Risle
Château Fort
Touville
Écaquelon
Bosc-Renoult-en-Roumois
Berville-en-Roumois
le Bosc-Roger-en-Roumois
St-Ouen-du-Tilleul
Elbeuf
St-Philbert-sur-Risle
le Quesnay
St-Léger-du-Gennetey
Voiscreville
Theillement
Château de Tilly
Bosguérard-de-Marcouville
Château de la Mésangère
Bosnormand
le Thuit-Anger
Glos-sur-Risle
Thierville
Aptot
Boissey-le-Châtel
St-Denis-des-Monts
St-Pierre-du-Bosguérard
le Thuit-Simer
le Thuit-Signol
d'Elbeuf
St-Pierre-des-Ifs
Bonneville-Aptot
la Saussaye
St-Cyr-la-Campagne
Freneuse-sur-Risle
Pont-Authou
St-Philbert-sur-Boissey
Houlbec-près-le-Gros-Theil
St-Pierre-des-Fleurs
St-Germain-de-Pasquier
St-Grégoire-du-Vièvre
Malleville-sur-le-Bec
St-Éloi-de-Fourques
la Haye-du-Theil
179
St-Amand-des-Hautes-Terres
le Bec-Thomas
St-Didier-des-Bois
Authou
Tourville-la-Campagne
St-Ouen-de-Pontcheuil
la Harengère
Vraiville
St-Benoît-des-Ombres
Livet-sur-Authou
le Bec-Hellouin
Bosrobert
Bosc-Yves
le Gros-Theil
St-Paul-de-Fourques
St-Meslin-du-Bosc
Fouqueville
Mandeville
171
Bretigny
St-Nicolas-du-Bosc
St-Aubin
Amfreville-la-Campagne
Limbeuf
163
Neuville-sur-Authou
le Buhot
Crestot
St-Pierre-de-Salerne
Brionne
Donjon
Calleville
la Neuville-du-Bosc
la Pyle
Criquebeuf-la-Campagne
Daubeuf-la-Campagne
St-Cyr-de-Salerne
Base de Loisirs
la Haye-de-Calleville
le Troncq
Hectomare
le Buc
Berthouville
Franqueville
Arboretum
Château du Champ de Bataille
Épégard
Cesseville
Ecquetot
Hecmanville
Aclou
Valleville
Harcourt
Ste-Opportune-du-Bosc
Vitotel
Iville
Crosville-la-Vieille
Venon
E402
A28
Villez-sur-le-Neubourg
Vitot
Criquetot
Boisney
Perriers-la-Campagne
Thibouville
Rouge-Perriers
le Neubourg
Marbeuf
St-Aubin-d'Écrosville
Villettes
Fontaine-la-Soret
Feugurolles
Carsix
la Rivière Thibouville
Épreville-près-le-Neubourg
le Mesnil-Broquet
Feugerolles
Nassandres
le Mesnil Pipart
la Cambe
Écauville
Rôtes
Goupillières
le Tremblay-Omonville
le Mesnil-Péan
St-Léger-de-Rôtes
le Grand Château
Fréville
le Tilleul-Othon
Ecardenville-la-Campagne
Quittebeuf
Serquigny
Bray
Ste-Colombe
Menneval
Launay
Combon
Graveron-Sémerville
Bacquepuis
Beaumontel
Anc. Prieuré
156
la Brosse
le Tilleul-Lambert
Ste-Opportune-la-Campagne
Fontaine-l'Abbé
de la Couture
Corneville-la-Fouquetière
Beaumont-le-Roger
la Huanière
Tournedos-Bois-Hubert
Bernienville
la Doisle
Barc
Émanville
Bois-Hubert
St-Clair-d'Arcey
le Val St-Martin
St-Léger
le Plessis-Ste-Opportune
la Gouberge
Ormes
Claville
172
Grosley-sur-Risle
Conchez
Barquet
le Bosc Roger
le Beuhelin
St-Aubin-le-Guichard
Forêt de Beaumont
la Vacherie
Berville-la-Campagne
Beauvais
Portes
Grandchain
les Authieux
Livet en Ouche
Ste-Marguerite-en-Ouche
Gouttières
Risle
Ferrières-Haut-Clocher
Caugé
Faverolles-la-Campagne
Beaumesnil
le Noyer-en-Ouche
Tilleul-Dame-Agnès
173
le Chatelier
les Buissons
la Bonneville

A
B
C
D
1
2
3
4
5
6
S 1002
C 1003
C 1001
S 1000
S 907
10
9
Chapelle N.-D. du Salut
Fécamp
Senneville-sur-Fécamp
Életot
St-Pierre-en-P
Ste-Hélène-Bondeville
Bondeville
Colleville
Valmont
Toussaint
Criquebeuf-en-Caux
Yport
St-Léonard
Ganzeville
Vattetot-sur-Mer
Bénouville
Étretat
Falaise d'Amont
Falaise d'Aval
Château des Aygues
Froberville
Contremoulins
Tourville-les-Ifs
la Rousse
Château du Grand Daubeuf
Épreville
Bec-de-Mortagne
Daubeuf-Serville
Gerville
Mentheville
Bordeaux-St-Clair
les Loges
Viertot
Maniquerville
Cap d'Antifer
Phare d'Antifer
la Place
le Tilleul
Château de Bailleul
Annouville-Vilmesnil
Angerville-Bailleul
Auberville-la-Renault
Fongueusemare
la Poterie-Cap-d'Antifer
Pierrefiques
Beaurepaire
Bruneval
Sausseuzemare-en-Caux
Cuverville
Ste-Marie-au-Bosc
Villainville
Bretteville-du-Grand-Caux
Grainville-Ymauville
Port Pétrolier du Havre-Antifer
Écrainville
St-Maclou-la-Brière
Goderville
Gonneville-la-Mallet
Gonfreville-Caillot
St-Jouin-Bruneval
Criquetot-l'Esneval
Bréauté
Bornambusc
Vattetot-sous-Beaumont
Anglesqueville-l'Esneval
Heuqueville
Vergetot
Manneville-la-Goupil
Bernières
St-Martin-du-Bec
Mirville
Buglise
St-Sauveur-d'Émalleville
Turretot
Château Bec-Crespin
Hermeville
St-Sauveur
Houquetot
Beuzeville-la-Grenier
Cauville
Virville
Mannevillette
N.-D.-du-Bec
Pays
Parc d'Anxtot
Angerville-l'Orcher
Rolleville
St-Gilles-de-la-Neuville
Bolbec
Graimbouville
St-Jean-de-la-Neuville
Ecqueville
Manéglise
Château des Fillières
Octeville-sur-Mer
St-Barthélemy
Fontenay
Étainhus
Epouville
Gommerville
Sainneville
St-Eustache-la-Forêt
Cim. militaire de Brisegaret
Parc d'Attractions
Épretot
St-Romain
les Trois-Pierres
Montivilliers
Mélamare
St-Andrieux
le Havre-Octeville
Edreville
Fontaine-la-Mallet
St-Martin-du-Manoir
St-Romain-de-Colbosc
le Mont Gaillard
Manoir de Bévilliers
St-Laurent-de-Brèvedent
la Remuée
le Nouveau Monde
Gournay
Gainneville
St-Aubin-Routot
Rouelles
Cap de la Hève
Sanvic
Prieuré de Graville
la Cerlangue
St-Nicolas-de-la-Taille
Harfleur
Gonfreville
Rogerville
St-Vincent-Cramesnil
Ste-Adresse
Graville
Oudalle
St-Jean-d'Abbetot
Sandouville
St-Vigor-d'Ymonville
Le Havre
Port Sud
Tancarville
Pont de Tancarville
Grand Canal du Havre
Réserve Naturelle
D11
D940
D925
D926
D10
D39
D111E
D139
D910
D31
D147
D6015
D81
A29
A131
E44
E5

186

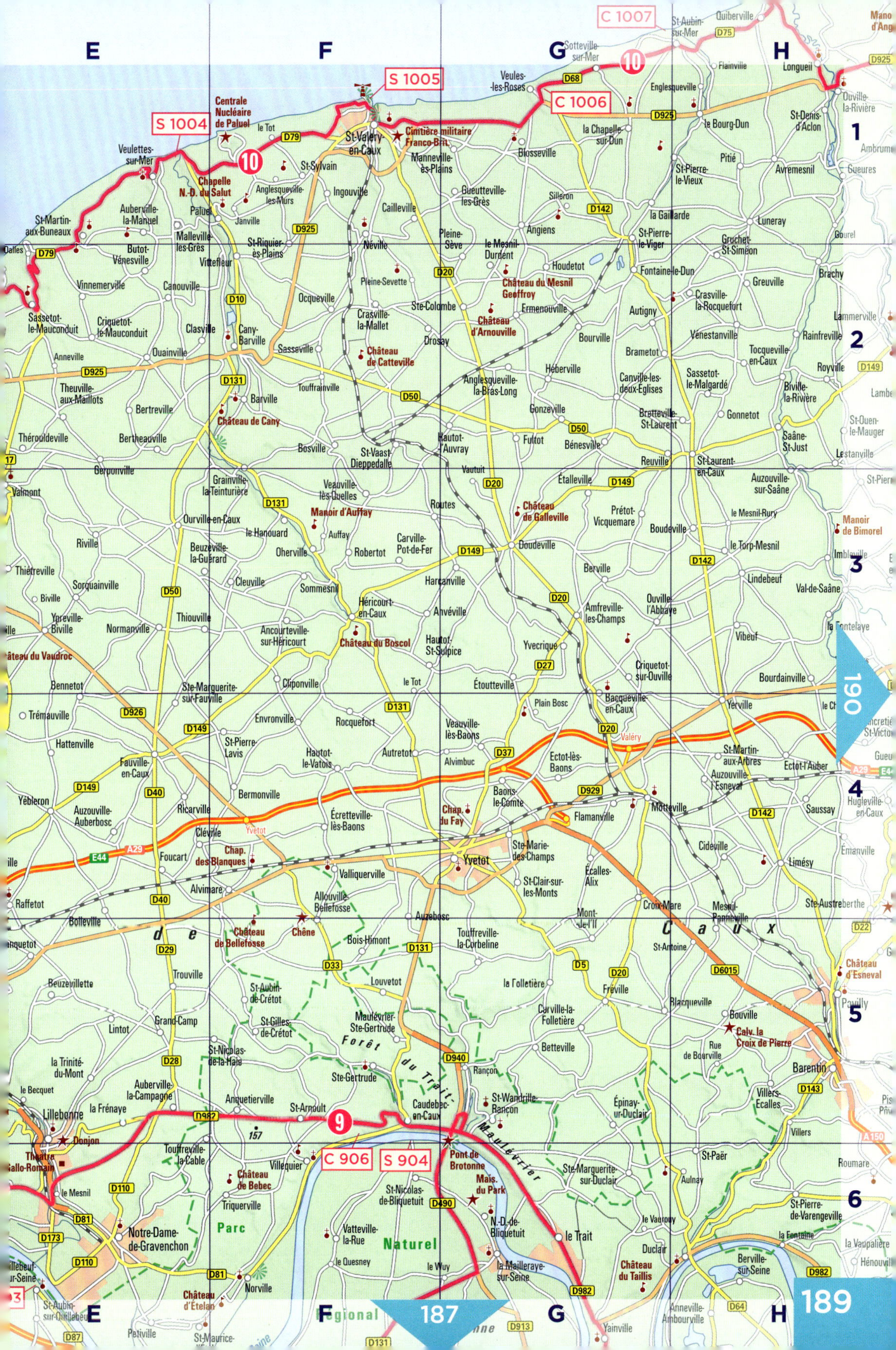

E
F
G
H
1
2
3
4
5
6
S 1004
S 1005
C 1006
C 1007
C 906
S 904
10
9
Veulettes-sur-Mer
Centrale Nucléaire de Paluel
Chapelle N.-D. du Salut
St-Valery-en-Caux
Cimitière militaire Franco-Brit.
St-Sylvain
Veules-les-Roses
Sotteville-sur-Mer
St-Aubin-sur-Mer
Quiberville
Manneville-ès-Plains
Blosseville
Ingouville
Anglesqueville-les-Murs
Paluel
Janville
St-Martin-aux-Buneaux
Auberville-la-Manuel
Butot-Vénesville
Malleville-les-Grès
Vittefleur
St-Riquier-ès-Plains
Cailleville
Néville
Gueutteville-les-Grès
Silleron
Angiens
Pleine-Sève
le Mesnil-Durdent
Houdetot
Englesqueville
le Bourg-Dun
la Chapelle-sur-Dun
St-Pierre-le-Vieux
St-Denis-d'Aclon
Pitié
Avremesnil
la Gaillarde
St-Pierre-le-Viger
Luneray
Gruchet-St-Siméon
Longueil
Ouville-la-Rivière
Vinnemerville
Canouville
Sassetot-le-Mauconduit
Criquetot-le-Mauconduit
Clasville
Cany-Barville
Ocqueville
Pleine-Sevette
Crasville-la-Mallet
Ste-Colombe
Château du Mesnil Geoffroy
Château d'Arnouville
Ermenouville
Fontaine-le-Dun
Greuville
Crasville-la-Rocquefort
Autigny
Brachy
Anneville
Ouainville
Sasseville
Château de Catteville
Drosay
Bourville
Vénestanville
Rainfreville
Tocqueville-en-Caux
Lammerville
Theuville-aux-Maillots
Barville
Touffrainville
Anglesqueville-la-Bras-Long
Héberville
Brametot
Canville-les-deux-Eglises
Sassetot-le-Malgardé
Royville
Bertreville
Château de Cany
Gonzeville
Bréteville-St-Laurent
Gonnetot
Biville-la-Rivière
Thérouldeville
Bertheauville
Bosville
St-Vaast-Dieppedalle
Hautot-l'Auvray
Futtot
Bénesville
Saâne-St-Just
Lestanville
Gerponville
Valmont
Grainville-la-Teinturière
Veauville-lès-Quelles
Vautuit
Reuville
St-Laurent-en-Caux
Auzouville-sur-Saâne
Étalleville
Manoir d'Auffay
Auffay
Ourville-en-Caux
le Hanouard
Routes
Château de Galleville
Prétot-Vicquemare
le Mesnil-Rury
Boudeville
Riville
Beuzeville-la-Guérard
Oherville
Robertot
Carville-Pot-de-Fer
Doudeville
le Torp-Mesnil
Thiétreville
Cleuville
Harcanville
Berville
Lindebeuf
Sorquainville
Sommesnil
Héricourt-en-Caux
Val-de-Saâne
Biville
Yprevville-Biville
Normanville
Thiouville
Ancourteville-sur-Héricourt
Anvéville
Amfreville-les-Champs
Ouville-l'Abbaye
Château du Boscol
Hautot-St-Sulpice
Vibeuf
Yvecrique
Bennetot
Ste-Marguerite-sur-Fauville
Cliponville
le Tot
Étoutteville
Criquetot-sur-Ouville
Bourdainville
Trémauville
Environville
Rocquefort
Plain Bosc
Bacqueville-en-Caux
Yerville
Hattenville
St-Pierre-Lavis
Veauville-lès-Baons
Valéry
Fauville-en-Caux
Hautot-le-Vatois
Autretot
Alvimbuc
Ectot-lès-Baons
St-Martin-aux-Arbres
Ectot-l'Auber
Auzouville-l'Esneval
Yébleron
Auzouville-Auberbosc
Bermonville
Baons-le-Comte
Motteville
Saussay
Hugleville-en-Caux
Ricarville
Écrettevilllle-lès-Baons
Chap. du Fay
Flamanville
Yvetot
Cléville
Chap. des Blanques
Ste-Marie-des-Champs
Cideville
Foucart
Valliquerville
Écalles-Alix
Limésy
Émanville
Alvimare
St-Clair-sur-les-Monts
Raffetot
Allouville-Bellefosse
Croix-Mare
Mesnil-Panneville
Ste-Austreberthe
Bolleville
Chêne
Auzebosc
Mont-de-l'If
Château de Bellefosse
Bois-Himont
Touffreville-la-Corbeline
St-Antoine
Caux
Beuzevillette
Trouville
St-Aubin-de-Crétot
Louvetot
la Folletière
Fréville
Château d'Esneval
Pavilly
Blacqueville
Bouville
Lintot
Grand-Camp
St-Gilles-de-Crétot
Maulévrier-Ste-Gertrude
Carville-la-Folletière
Calv. la Croix de Pierre
Rue de Bourville
St-Nicolas-de-la-Haie
Forêt du Trait-Maulévrier
Betteville
Barentin
la Trinité-du-Mont
Ste-Gertrude
Rançon
le Becquet
Auberville-la-Campagne
la Frénaye
Lillebonne
Anquetierville
St-Arnoult
Caudebec-en-Caux
St-Wandrille-Rançon
Épinay-sur-Duclair
Villers-Écalles
Donjon
Théâtre Gallo-Romain
157
Touffreville-la-Cable
Villequier
Pont de Brotonne
Villers
St-Paër
Roumare
Château de Bebec
Mais. du Park
Ste-Marguerite-sur-Duclair
Aulnay
le Mesnil
Triquerville
St-Nicolas-de-Bliquetuit
N.-D.-de-Bliquetuit
St-Pierre-de-Varengeville
Notre-Dame-de-Gravenchon
Parc
Vatteville-la-Rue
Naturel
le Trait
le Vaurouy
la Fontaine
Duclair
le Quesney
le Wuy
la Mailleraye-sur-Seine
Château du Taillis
Berville-sur-Seine
Hénouville
Norville
Château d'Ételan
St-Aubin-sur-Quillebeuf
Petiville
St-Maurice
Régional
Anneville-Ambourville
Yainville
Manoir de Bimorel
D925
D79
D68
D75
D142
D20
D10
D131
D50
D149
D27
D37
D929
D926
D40
D29
D33
D28
D982
D940
D5
D6015
D143
D110
D81
D173
D490
D913
D64
D87
D22
A29
A150
E44

187
190

A
B
C
D
1
2
3
4
5
6
Newhaven
Centrale Nucléaire de Penly
Penly
Tocqueville-sur-Eu
Biville-sur-Mer
Assigny
St-Martin Plage
St-Martin-en-Campagne
Brunville
Berneval-le-Grand
Tourville-la-Chapelle
Belleville-sur-Mer
Bracquemont
Derchigny
S 1009
Neuville-lès-Dieppe
Puys
D925
Château de Wargemont
Glicourt
Intraville
Grèges
Sauchay
Dieppe
S 1010
D920
Coquereaumont
Phare d'Ailly
Pourville
Bellengreville
le Bucq
Bray
Ste-Marguerite-sur-Mer
Park du Bois des Moutiers
Varengeville-sur-Mer
D75
10
D154
Ancourt
C 1008
Manoir d'Ango
Rouxmesnil-Bouteilles
Martin-Église
Eaulne
Envermeu
C 1007
St-Aubin-sur-Mer
Quiberville
Hautot-sur-Mer
Cim. Canadien
Forêt d'Arques
Sotteville-sur-Mer
D75
Arques-la-Bataille
D56
St-Nicolas-d'Aliermont
D920
Flainville
Longueil
D925
Tous les Mesnils
D927
Château Féodal
St-Aubin-le-Cauf
D149
Angreville
D68
Englesqueville
St-Aubin-sur-Scie
D54b
D1
1006
Ouville-la-Rivière
Offranville
Miromesnil
D154
Dampierre-St-Nicolas
D925
le Bourg-Dun
St-Denis-d'Aclon
Château de Miromesnil
Martigny
D149
la Chapelle-sur-Dun
Sauqueville
Tourville-sur-Arques
Aubermesnil-Beaumais
St-Jacques-d'Aliermont
Ambrumesnil
Béthune
Pitié
Colmesnil-Manneville
St-Pierre-le-Vieux
Avremesnil
Gueures
D915
le Bois-Robert
St-Germain-d'Étables
Meulers
Manéhouville
D142
Thil-Manneville
la Gaillarde
Anneville-sur-Scie
Freulleville
Luneray
Auppegard
Château de Breauté
la Chapelle-du-Bourgay
St-Vaast-d'Équiqueville
St-Pierre-le-Viger
Gourel
Crosville-sur-Scie
la Chaussée
D1
Gruchet-St-Siméon
Hermanville
Torcy-le-Petit
Fontaine-le-Dun
Brachy
Bertreville-St-Ouen
Dénestanville
Bois Hulin
Greuville
D23
Ricarville-du-Val
Crasville-la-Rocquefort
Omonville
Autigny
Lammerville
Linto-les-Bois
Ste-Foy
D149
Torcy-le-Grand
D915
Les Grandes-Ventes
Ferme de la Valouine
Venestanville
Rainfreville
Bacqueville-en-Caux
Longueville-sur-Scie
Brametot
Tocqueville-en-Caux
St-Honoré
St-Crespin
189
Royville
D149
D149
Criquetot-sur-Longueville
Château de Montigny
Muchedent
Canville-les-deux-Églises
Sassetot-le-Malgardé
Biville-la-Rivière
Lamberville
Belmesnil
Brettevill-St-Laurent
Gonnetot
St-Ouen-le-Mauger
Gonneville-sur-Scie
Carcuit
les Cent-Acres
le Catelier
D154
D50
St-Mards
Bénesville
Sâane-St-Just
N.-D.-du-Parc
la Frenaye
Ardouval
Reuville
St-Laurent-en-Caux
Lestanville
Beauval-en-Caux
Auzouville-sur-Saâne
St-Pierre-Bénouville
Heugleville-sur-Scie
Cropus
Fréval
Forêt d
D149
St-Hellier
Prétot-Vicquemare
le Mesnil-Rury
Ste-Geneviève
la Corbière
Orival
Boudeville
Manoir de Bimorel
Biville-la-Baignarde
Auffay
Cressy
Anc. Prieuré
Chapelle de la Heuze
le Torp-Mesnil
Berville
D142
Imbleville
Belleville-en-Caux
N27
le Bosc
St-Martin
Bellencombre
St-Denis-sur-Scie
Sévis
Lindebeuf
Val-de-Saâne
le Bosmelet
Amfreville-les-Champs
Ouville-l'Abbaye
Calleville-les-deux-Églises
Vassonville
la Crique
Rosay
la Fontelaye
St-Vaast-du-Val
la Pommeraye
D151
D154
Vibeuf
Varenne
Varvannes
Tôtes
St-Maclou-de-Folleville
St-Victor-l'Abbaye
Montreuil-en-Caux
Criquetot-sur-Ouville
Bourdainville
Beaumont-le-Hareng
Mesnil-Bénard
D2
Bertrimont
Louvetot
Bacqueville-en-Caux
Yerville
le Château
Bracquetuit
Ancretiéville-St-Victor
N27
Grigneuseville
D929
Varneville-Bretteville
Château d'Haucourt
Fresnay-le-Long
St-Martin-aux-Arbres
Étaimpuis
le Puch
Ectot-l'Auber
Gueutteville
Beautot
A29
E44
D151
Auzouville-l'Esneval
Biennais
A29
E44
Bosc-Bérenger

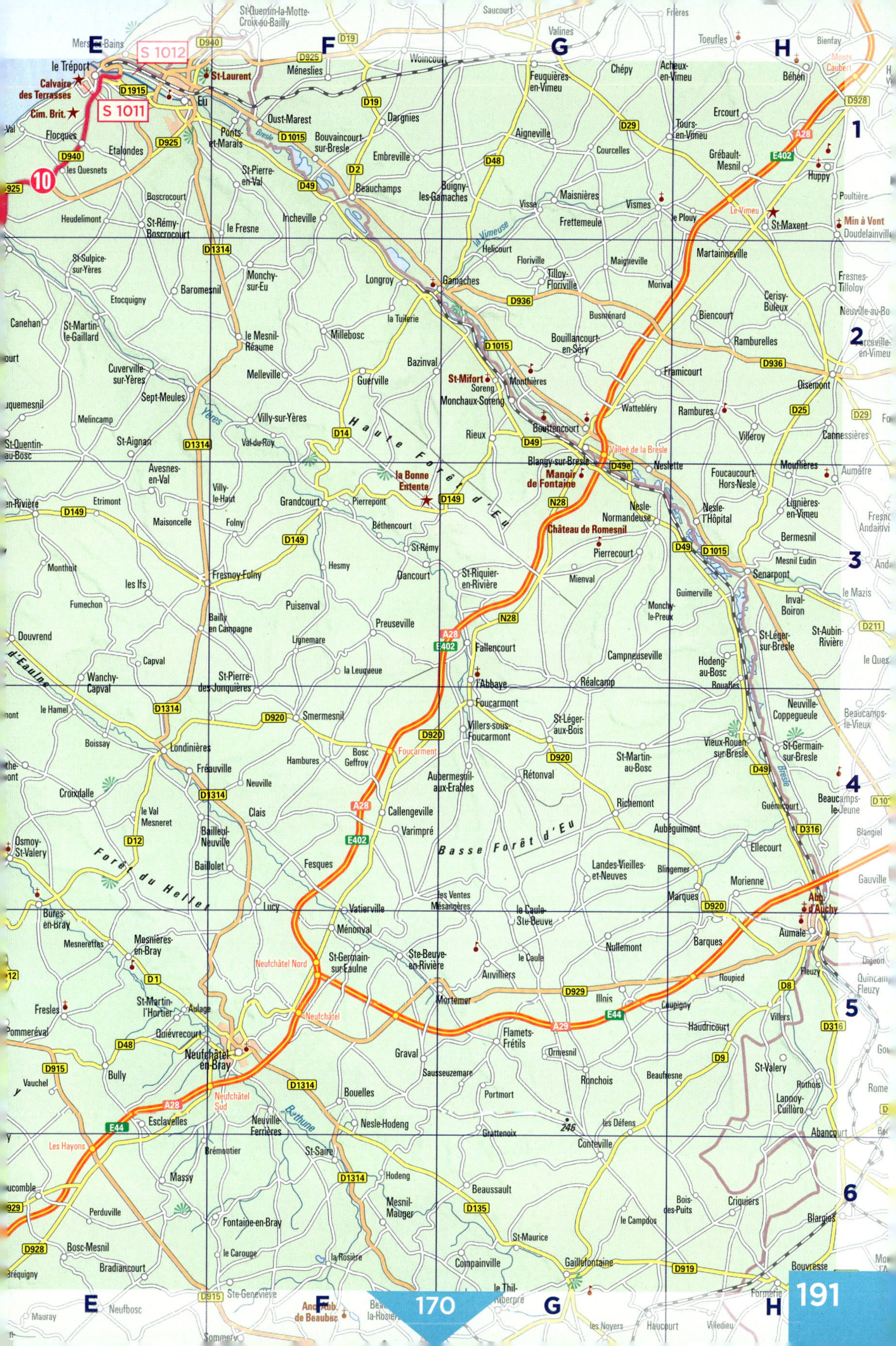
E
F
G
H
1
2
3
4
5
6
S 1012
S 1011
10
Mers-les-Bains
le Tréport
Calvaire des Terrasses
Cim. Brit.
Flocques
Etalondes
les Quesnets
Eu
St-Laurent
St-Quentin-la-Motte-Croix-au-Bailly
Saucourt
Frières
Valines
Toeufles
Bienfay
Méneslies
Woincourt
Feuquières-en-Vimeu
Chépy
Acheux-en-Vimeu
Béhen
Monts Caubert
Oust-Marest
Dargnies
Ercourt
Ponts-et-Marais
Bouvaincourt-sur-Bresle
Aigneville
Tours-en-Vimeu
Embreville
Courcelles
Grébault-Mesnil
Huppy
St-Pierre-en-Val
Beauchamps
Buigny-les-Gamaches
Maisnières
Vismes
Poultière
Boscrocourt
Incheville
Visse
Frettemeule
le Ploüy
Le Vimeu
St-Maxent
Min à Vent
Doudelainville
Heudelimont
St-Rémy-Boscrocourt
le Fresne
Helicourt
Floriville
Maigneville
Martainneville
St-Sulpice-sur-Yères
Monchy-sur-Eu
Longroy
Gamaches
Tilloy-Floriville
Morival
Fresnes-Tilloloy
Etocquigny
Baromesnil
la Tuilerie
Busménard
Cerisy-Buleux
Neuville-au-Bois
Canehan
St-Martin-le-Gaillard
le Mesnil-Réaume
Millebosc
Biencourt
Bouillancourt-en-Séry
Ramburelles
Frucourt
Melleville
Bazinval
Framicourt
Oisemont
Cuverville-sur-Yères
Guerville
St-Mifort
Soreng
Monthières
Monchaux-Soreng
Wattebléry
Rambures
Sept-Meules
Villy-sur-Yères
Haute Forêt d'Eu
Melincamp
Val-du-Roy
Rieux
Bouttencourt
Villeroy
Cannessières
St-Quentin-au-Bosc
St-Aignan
Vallée de la Bresle
Blangy-sur-Bresle
Nesle-Normandeuse
Neslette
Moufflières
Aumâtre
Avesnes-en-Val
la Bonne Entente
Manoir de Fontaine
Foucaucourt-Hors-Nesle
Lignières-en-Vimeu
Villy-le-Haut
Grandcourt
Pierrepont
Nesle-l'Hôpital
Etrimont
Maisoncelle
Folny
Béthencourt
Château de Romesnil
Bermesnil
Fresnoy-Folny
Pierrecourt
Mesnil Eudin
Monthuit
St-Rémy
Hesmy
Dancourt
St-Riquier-en-Rivière
Mienval
Senarpont
les Ifs
Guimerville
Inval-Boiron
Le Mazis
Fumechon
Puisenval
Monchy-le-Preux
Bailly-en-Campagne
Preuseville
St-Léger-sur-Bresle
St-Aubin-Rivière
Douvrend
Lignemare
Fallencourt
Campneuseville
Hodeng-au-Bosc
Capval
la Leuqueue
Wanchy-Capval
St-Pierre-des-Jonquières
l'Abbaye
Réalcamp
Bouafles
Neuville-Coppegueule
Beaucamps-le-Vieux
le Hamel
Smermesnil
Foucarmont
Villers-sous-Foucarmont
St-Léger-aux-Bois
Vieux-Rouen-sur-Bresle
St-Germain-sur-Bresle
Boissay
Londinières
Bosc Geffroy
Hambures
St-Martin-au-Bosc
Fréauville
Aubermesnil-aux-Erables
Rétonval
Neuville
Croixdalle
Richemont
Beaucamps-le-Jeune
Guémicourt
Blangiel
le Val Mesneret
Clais
Callengeville
Varimpré
Aubéguimont
Osmoy-St-Valery
Bailleul-Neuville
Basse Forêt d'Eu
Ellecourt
Bailleolet
Fesques
Landes-Vieilles-et-Neuves
Blingemer
Gauville
Forêt du Hellet
Morienne
Lucy
Vatierville
les Ventes Mésangères
le Caule-Ste-Beuve
Marques
Abb. d'Auchy
Aumale
Bures-en-Bray
Ménonval
Mesnerettes
Mesnières-en-Bray
St-Germain-sur-Eaulne
Neufchâtel Nord
Ste-Beuve-en-Rivière
le Caule
Nullemont
Barques
Digeon
Quincampoix-Fleuzy
Fleuzy
Aulvilliers
Mortemer
Illois
Roupied
St-Martin-l'Hortier
Aulage
Fresles
Neufchâtel
Coupigny
Villers
Pommeréval
Flamets-Frétils
Haudricourt
Quièvrecourt
Neufchâtel-en-Bray
Ormesnil
Graval
Vauchel
Bully
Sausseuzemare
Ronchois
Beaufresne
St-Valery
Rothois
Lannoy-Cuillère
Neufchâtel Sud
Bouelles
Portmort
Esclavelles
Romé
Béthune
Nesle-Hodeng
les Défens
Les Hayons
Neuville-Ferrières
Grattenoix
Conteville
Abancourt
Brémontier
St-Saire
Hodeng
Massy
Beaussault
Mesnil-Mauger
Criquiers
Bois-des-Puits
Fontaine-en-Bray
le Campdos
Blargies
Perduville
St-Maurice
Bosc-Mesnil
le Carouge
la Rosière
Compainville
Gaillefontaine
Bouvresse
Bradiancourt
Bréquigny
Le Thil-Riberpré
Formerie
Ste-Geneviève
Mauray
Neufbosc
Anc. Abb. de Beaubec
Beaubec-la-Rosière
Les Noyers
Haucourt
Villedieu
Sommery
Yères
Bresle
la Vimeuse
Eaulne
A28
E402
E44
A29
N28
D1015
D1915
D940
D925
D49
D49e
D2
D19
D29
D48
D928
D936
D1314
D14
D149
D920
D25
D211
D12
D1
D48
D915
D929
D8
D9
D316
D135
D919
D1314
246
170

IMPRESSUM

Verantwortlich: Kerstin Thiele
Lektorat: Michaela Zelfel
Layout- und Reihengestaltung: Mathias Frisch
Satz: Elke Mader
Repro: LUDWIG:media
Kartografie: Huber Kartographie, Heike Block
Herstellung: Alexander Knoll
Printed in Turkey by Elma Basim

Sind Sie mit diesem Titel zufrieden? Dann würden wir uns über Ihre Weiterempfehlung freuen. Erzählen Sie es im Freundeskreis, berichten Sie Ihrem Buchhändler, oder bewerten Sie bei Onlinekauf. Und wenn Sie Kritik, Korrekturen, Aktualisierungen haben, freuen wir uns über Ihre Nachricht an Bruckmann Verlag, Postfach 40 02 09, D-80702 München oder per E-Mail an lektorat@verlagshaus.de.

Unser komplettes Programm finden Sie unter www.bruckmann.de

In diesem Buch wird aus Gründen der besseren Lesbarkeit das generische Maskulinum verwendet. Weibliche und anderweitige Geschlechteridentitäten werden dabei ausdrücklich mitgemeint, soweit es für die Aussage erforderlich ist.

Bildnachweis: Alle Bilder stammen von der Autorin außer Lookphotos: S. 43 (Saga Photo), 86 (Hemis); Shutterstock: S. 6 o. (Ad_hominem), S. 6 u. r. (Phant), S. 22 (andre quinou), S. 40 (ldgfr photos), S. 93 (Cynthia Liang), S. 107 (JCQS), S. 150 (ChiccoDodiFC), S. 153 (ilolab); Picture Alliance: S. 17 (DUMONT Bildarchiv | Franz Marc Frei)

Umschlagvorderseite: Gerfried Ries; Baie de l'Écalgrain
Umschlagrückseite: shutterstock/Flowersandtraveling; Mont-Saint-Michel

Die Deutsche Nationalbibliothek verzeichnet diese Publikation in der Deutschen Nationalbibliografie; detaillierte bibliografische Daten sind im Internet über http://dnb.d-nb.de abrufbar.

ISBN 978-3-7343-2711-7